浙江改革开放三十年研究系列·理论篇

协同创新

浙江国有企业发展之路

蔡宁 周颖 等著

浙江大学出版社
ZHEJIANG UNIVERSITY PRESS

浙江文化研究工程成果文库总序

　　有人将文化比作一条来自老祖宗而又流向未来的河，这是说文化的传统，通过纵向传承和横向传递，生生不息地影响和引领着人们的生存与发展；有人说文化是人类的思想、智慧、信仰、情感和生活的载体、方式和方法，这是将文化作为人们代代相传的生活方式的整体。我们说，文化为群体生活提供规范、方式与环境，文化通过传承为社会进步发挥基础作用，文化会促进或制约经济乃至整个社会的发展。文化的力量，已经深深熔铸在民族的生命力、创造力和凝聚力之中。

　　在人类文化演化的进程中，各种文化都在其内部生成众多的元素、层次与类型，由此决定了文化的多样性与复杂性。

　　中国文化的博大精深，来源于其内部生成的多姿多彩；中国文化的历久弥新，取决于其变迁过程中各种元素、层次、类型在内容和结构上通过碰撞、解构、融合而产生的革故鼎新的强大动力。

　　中国土地广袤、疆域辽阔，不同区域间因自然环境、经济环境、社会环境等诸多方面的差异，建构了不同的区域文化。区域文化如同百川归海，共同汇聚成中国文化的大传统，这种大传统如同春风化雨，渗透于各种区域文化之中。在这个过程中，区域文化如同清溪山泉潺潺不息，在中国文化的共同价值取向下，以自己的独特个性支撑着、引领着本地经济社会的发展。

　　从区域文化入手，对一地文化的历史与现状展开全面、系统、扎实、有序的研究，一方面可以藉此梳理和弘扬当地的历史传统和文化资源，繁荣和丰富当代的先进文化建设活动，规划和指导未来的文化发展蓝图，增强文化软实力，为全面建设小康社会、加快推进社会主义现代化提供思想保证、精神动力、智力支持和舆论力量；另一方面，这也是深入了解中国文化、研究中国文化、发展中国文化、创新中国文化的重要途径之一。如今，区域文化研究日益受到各地重视，成为我国文化研究走向深入的一个重要标志。我们今天实施浙江文化研究工程,其目的和意义也在于此。

千百年来,浙江人民积淀和传承了一个底蕴深厚的文化传统。这种文化传统的独特性,正在于它令人惊叹的富于创造力的智慧和力量。

浙江文化中富于创造力的基因,早早地出现在其历史的源头。在浙江新石器时代最为著名的跨湖桥、河姆渡、马家浜和良渚的考古文化中,浙江先民们都以不同凡响的作为,在中华民族的文明之源留下了创造和进步的印记。

浙江人民在与时俱进的历史轨迹上一路走来,秉承富于创造力的文化传统,这深深地融汇在一代代浙江人民的血液中,体现在浙江人民的行为上,也在浙江历史上众多杰出人物的身上得到充分展示。从大禹的因势利导、敬业治水,到勾践的卧薪尝胆、励精图治;从钱氏的保境安民、纳土归宋,到胡则的为官一任、造福一方;从岳飞、于谦的精忠报国、清白一生,到方孝孺、张苍水的刚正不阿、以身殉国;从沈括的博学多识、精研深究,到竺可桢的科学救国、求是一生;无论是陈亮、叶适的经世致用,还是黄宗羲的工商皆本;无论是王充、王阳明的批判、自觉,还是龚自珍、蔡元培的开明、开放,等等,都展示了浙江深厚的文化底蕴,凝聚了浙江人民求真务实的创造精神。

代代相传的文化创造的作为和精神,从观念、态度、行为方式和价值取向上,孕育、形成和发展了渊源有自的浙江地域文化传统和与时俱进的浙江文化精神,她滋育着浙江的生命力、催生着浙江的凝聚力、激发着浙江的创造力、培植着浙江的竞争力,激励着浙江人民永不自满、永不停息,在各个不同的历史时期不断地超越自我、创业奋进。悠久深厚、意韵丰富的浙江文化传统,是历史赐予我们的宝贵财富,也是我们开拓未来的丰富资源和不竭动力。党的十六大以来推进浙江新发展的实践,使我们越来越深刻地认识到,与国家实施改革开放大政方针相伴随的浙江经济社会持续快速健康发展的深层原因,就在于浙江深厚的文化底蕴和文化传统与当今时代精神的有机结合,就在于发展先进生产力与发展先进文化的有机结合。今后一个时期浙江能否在全面建设小康社会、加快社会主义现代化建设进程中继续走在前列,很大程度上取决于我们对文化力量的深刻认识、对发展先进文化的高度自觉和对加快建设文化大省的工作力度。我们应该看到,文化的力量最终可以转化为物质的力量,文化的软实力最终可以转化为经济的硬实力。文化要素是综合竞争力的核心要素,文化资源是经济社会发展的重要资源,文化素质是领导者和劳动者的首要素质。因此,研究浙江文化的历史与现状,增强文化软实力,为浙江的现代化建设服务,是浙江人民的共同事业,也是浙江各级党委、政府的重要使命和责任。

2005 年 7 月召开的中共浙江省委十一届八次全会,作出《关于加快建设文化大省的决定》,提出要从增强先进文化凝聚力、解放和发展生产力、增强社会公共服务能力入手,大力实施文明素质工程、文化精品工程、文化研究工程、文化保护工程、文化产业促进工程、文化阵地工程、文化传播工程、文化人才工程等"八项工程",实施科教兴国和人才强国战略,加快建设教育、科技、卫生、体育等"四个强省"。作为文化建设"八项工程"之一的文化研究工程,其任务就是系统研究浙江文化的历史成就和当代发展,深入挖掘浙江文化底蕴、研究浙江现象、总结浙江经验、指导浙江未来的发展。

浙江文化研究工程将重点研究"今、古、人、文"四个方面,即围绕浙江当代发展问题研究、浙江历史文化专题研究、浙江名人研究、浙江历史文献整理四大板块,开展系统研究,出版系列丛书。在研究内容上,深入挖掘浙江文化底蕴,系统梳理和分析浙江历史文化的内部结构、变化规律和地域特色,坚持和发展浙江精神;研究浙江文化与其他地域文化的异同,厘清浙江文化在中国文化中的地位和相互影响的关系;围绕浙江生动的当代实践,深入解读浙江现象,总结浙江经验,指导浙江发展。在研究力量上,通过课题组织、出版资助、重点研究基地建设、加强省内外大院名校合作、整合各地各部门力量等途径,形成上下联动、学界互动的整体合力。在成果运用上,注重研究成果的学术价值和应用价值,充分发挥其认识世界、传承文明、创新理论、咨政育人、服务社会的重要作用。

我们希望通过实施浙江文化研究工程,努力用浙江历史教育浙江人民、用浙江文化熏陶浙江人民、用浙江精神鼓舞浙江人民、用浙江经验引领浙江人民,进一步激发浙江人民的无穷智慧和伟大创造能力,推动浙江实现又快又好发展。

今天,我们踏着来自历史的河流,受着一方百姓的期许,理应负起使命,至诚奉献,让我们的文化绵延不绝,让我们的创造生生不息。

2006 年 5 月 30 日于杭州

浙江文化研究工程成果文库序

赵洪祝

浙江是中国古代文明的发祥地之一,历史悠久、人文荟萃,素称"文物之邦",从史前文化到古代文明,从近代变革到当代发展,都为中华民族留下了众多弥足珍贵的文化遗产。勤劳智慧的浙江人民历经千百年的传承与创新,在保留自身文化特质的基础上,兼收并蓄外来文化的精华,形成了具有鲜明浙江特色、深厚历史底蕴、丰富思想内涵的地域文化,这是浙江人民共同创造的物质财富和精神财富的结晶,是中华文化中的一朵奇葩。如何更好地使这一文化瑰宝为我们所用、为时代服务,既是历史传承给我们的一项艰巨任务,也是时代赋予我们的一项神圣使命。深入挖掘、整理、探究,不断丰富、发展、创新浙江地域文化,对于进一步充实浙江文化的内涵和拓展浙江文化的外延,进一步增强浙江文化的创新能力、整体实力、综合竞争力,进一步发挥文化在促进浙江经济、政治和社会建设中的作用,具有重要的现实意义和深远的历史意义。

改革开放以来,历届浙江省委始终高度重视社会主义文化建设。早在1999 年,浙江省委就提出了建设文化大省的目标;2000 年,制定了《浙江省建设文化大省纲要》;2005 年,作出了《关于加快建设文化大省的决定》,经过全省上下的共同努力,浙江文化大省建设取得了显著成效。

浙江文化研究工程是浙江文化建设"八项工程"的重要内容之一,也是迄今为止国内最大的地方文化研究项目之一。该工程旨在以浙江人文社会科学优势学科为基础,以浙江改革开放与现代化建设中的重大理论、现实课题和浙江历史文化为研究重点,着重从"今、古、人、文"四个方面,梳理浙江文明的传承脉络,挖掘浙江文化的深厚底蕴,丰富与时俱进的浙江精神,推出一批在研究浙江和宣传浙江方面具有重大学术影响和良好社会效益的学术成果,培养一支拥有高水平学科带头人的学术梯队,建设一批具有浙江特色的"当代浙江学术"品牌,进一步繁荣和发展哲学社会科学,提升浙江的文化软实力，为浙江全面建设惠及全省人民的小康社会和实现社会主义现代化，提供强大的精神动力、正确的价值导向和有力的智力支持，为提升浙江文化影响力、丰富中华文化宝库作出贡献。

浙江文化研究工程开展三年来，专家学者们潜心研究，善于思考，勇于创新，在浙江当代发展问题研究、浙江历史文化专题研究、浙江名人研究、浙江历史文献整理等诸多研究领域都取得了重要成果，已设立 10 余个系列 400 余项研究课题，完成 230 项课题研究，出版 200 余部学术专著，发表大量的学术论文，产生了广泛而深远的社会影响。这些阶段性成果，对于加快建设文化大省提供了新的支撑力和推动力。

党的十七大突出强调了加强文化建设、提高国家文化软实力的极端重要性，并对兴起社会主义文化建设新高潮、推动社会主义文化大发展大繁荣作出了全面部署。为深入贯彻落实党的十七大精神，浙江省第十二次党代会提出"创业富民、创新强省"总战略，并坚持把建设先进文化作为推进创业创新的重要支撑。2008 年 6 月，省委召开工作会议，对兴起文化大省建设新高潮、推动浙江社会主义文化大发展大繁荣进行专题部署，制定实施了《浙江省推动文化大发展大繁荣纲要（2008—2012）》，明确提出：今后一个时期我省兴起文化大省建设新高潮、推动文化大发展大繁荣的主要任务是，在加快建设教育强省、科技强省、卫生强省、体育强省的同时，继续深入实施文明素质工程、文化精品工程、文化研究工程、文化保护工程、文化产业促进工程、文化阵地工程、文化传播工程、文化人才工程等文化建设"八项工程"，着力建设社会主义核心价值体系、公共文化服务体系、文化产业发展体系等"三大体系"，努力使我省文化发展水平与经济社会发展水平相适应，在文化建设方面继续走在前列。

当前，浙江文化建设正站在一个新的历史起点上，既面临千载难逢的机遇，也面对十分严峻的挑战。如何抓住机遇，迎接挑战，始终保持浙江文化旺盛的生命力，更好地发挥文化软实力的重要作用，是需要我们认真研究、不断探索的重大新课题。我们要按照科学发展观的要求，全面实施"创业富民、创新强省"总战略，以更深刻的认识、更开阔的思路、更得力的措施，大力推进浙江文化研究工程，努力回答浙江经济、政治、文化、社会建设和党的建设遇到的各种新问题，努力回答干部群众普遍关心的热点问题，努力形成一批有较高学术价值和社会效益的研究成果。继续推进浙江文化研究工程，是一件功在当代、利在千秋的事业。我们热切地期待有更多的优秀成果问世，以展示浙江文化的实力，增强浙江文化的竞争力，扩大浙江文化的影响力。

2008 年 9 月 10 日于杭州

目　　录

浙江改革开放三十年研究系列·理论篇

30年

第一章 导　言

改革开放 30 年来,中国国有企业改革已取得实质性重大进展,尽管依然存在难点和挑战,但国有企业改革最困难的时期已经过去,中国已经逐步形成了以公有制为主体、多种所有制经济共同发展的基本经济制度。美国管理学家赫曼·梅纳德说:"未来属于企业,社会中心将是企业,因为企业将是社会的中坚力量、经济基础、左右世界的主要力量。"中国国有企业经过多年改革和创新,不但脱离了当初的困境,而且成为具有较高劳动生产率、较强盈利能力和竞争力的市场主体。国有经济也不断向能发挥自己优势的重要行业和领域集中,以大企业为主要形式,成为我国社会主义市场经济的一支骨干力量,主导着国民经济的发展。

国有企业改革,是中国经济体制改革过程中最困难和最有争议的改革。社会经济发展遗留下的很多问题都构成了国有企业改革的阻力,如企业制度建设滞后、企业社会负担沉重、结构不合理等。随着改革开放的进一步深化,政府采取了一系列措施为国有企业改革铺平道路,如调整国有经济的布局和结构、改革和完善国有资本监督管理体制等。从 1978 年底至今,国有企业改革经历了从放权让利到建立现代企业制度的阶段。经过多年的努力,我国国有企业股份制公司制改革已取得巨大进展。到 2005 年底,国家统计局统计的国家重点企业中的 2524 家国有及国有控股企业,已有 1331 家改制为股份制企业,改制面达到 52.7%;国有中小企业改制面已达 80%以上,其中县属企业改制面最大,一些地区已达 90%以上。与此同时,国有企业也在改革与调整中,不断发展壮大和增强自己的实力,在经济和社会发展中发挥着越来越重要的作用。国有企业的组织结构不仅得到了明显优化,而且进一步转换了经营机制,技术装备水平大幅提高,在激烈的市场竞争中形成了一批优强企业,创新能力明显增强。

国有企业在坚持不懈探索改革之路的过程中取得了令人耳目一新的创新成果,坚持不断自主创新才是中国国有企业做大做强的必由之路。企业要提高核心竞争力,必须在引进、借鉴、吸收国外先进技术基础上,努力培育自己的核心技术。改革开放 30 年来,国有企业在改革过程中努力实现制度创新,不断增强科技开发能力、市场竞争能力和抵御风险能力,取得了显著的成绩。产权改革是从体制上打破原有的体系重新建立国有企业的基础,而企业创新则是从企业内部改革的角度出发,彻底转换了企业经营机制,通过深化技术、市场、人力资源、战略等方面的创新来重新对企业内部各种生产要素进行整合,国有企业在有全新基础的条件下又有了全新的发展动力,这样就保证了国有企业沿着顺畅持续快速的道路发展。

1978 年改革开放以来,在全国各地纷纷掀起改革和创新的巨浪中,浙江像一颗璀璨的明珠光芒四射。改革开放的时代背景为浙江经济的全面崛起创造了绝佳的发展机遇,而全国经济的改革浪潮又为浙江国有企业的改革壮大提供了良好的外部环境,同时新的历史时期又为浙江国有企业赋予了崭新的历史使命。30 年来,浙江不仅民营经济发展迅猛,在全国刮起了一阵强劲的浙江民企风潮,同时国有经济发展也不甘落后,两者各领风骚、相得益彰,集中体现了浙江市场经济的活力和改革发展的成就。特别是党的十六大以来,浙江省国有企业的改革发展取得了重要进展,全省国有经济结构调整力度不断加大,整体素质和竞争力不断增强,国有资产监管体制不断完善,国有资产实现保值增值,在实践中探索和积累了一些宝贵的经验。无论是在社会主义市场经济的大潮中,还是在构建社会主义和谐社会的实践中,国有企业的主体和龙头作用都发挥得淋漓尽致。

特别是近年来,通过国有资产管理体制改革等重要举措,全省国有企业努力适应形势、不断转换机制,运行效益连续多年保持良好增长态势,明显高于全省平均水平。全省国有企业虽然在数量上减少了,但在质量上有了明显的提升。2006 年,有 9 家省属国有企业进入了中国国有企业 500 强,比 2003 年增加了 3 家。许多国有企业在全国同行中排在较前位置,在全省各行业中发挥了领头羊的作用。一批企业集团也在新的基础上进行了多层次的创新和发展,进一步增强了企业的核心竞争力。

一、现实意义

中国共产党浙江省第十二次代表大会报告提出,要"坚定不移地走创业富民、创新强省之路",作为全省经济主力军和领头羊的国有企业,更应该把创新作为科学发展观的内在要求来落实,大力营造自主创新的社会氛围,进一步激发国有企业的竞争活力,增强国有企业的影响力、控制力和带动力,努力促进全省国有企业进一步提高与发展。

在自然资源禀赋缺乏的大环境约束下,持续的全面创新使国有经济在民营经济蓬勃发展的浙江也取得了令人瞩目的成绩。对浙江省国有企业 30 年创新与发展的经验进行总结和提炼,是对浙江经济社会发展规律的深刻把握。而且,通过总结推广在改革创新实践中涌现出来的一批国有企业的典型经验,对进一步提高浙江国有企业整体管理水平,加快国有企业持续快速发展具有很好的示范和引导作用,对于浙江省塑造民营经济和国有经济双强形象,进一步推动浙江国有经济的发展,乃至促进浙江经济的持续稳定和发展都具有重要的现实意义。

站在新的历史起点上,总结与回顾 30 年浙江国有企业改革和创新的历程,其现实意义体现在:

首先,对于国有企业改革历程的回顾,有助于进一步坚持国有资产管理体制和国有企业改革的正确方向,遵循企业发展规律,使国有企业不断提高发展质量和效益。同时,对企业的实践经验总结,不仅会深化管理者对国有企业改革发展规律的认识,而且还会进一步增强管理者搞好国有企业的信心和决心,有利于加快转变国有企业的发展运作方式,努力实现国有企业又好又快发展。

其次,进一步促进浙江国有企业在体制方面的深化与改革,将会基本完善国有资本管理体制,更好地发挥国有经济在国民经济中的主导作用,推动社会主义市场经济健康稳定发展。

最后,对于国有企业创新经验的总结,有助于为浙江省国有企业营造和建立更适宜的创新环境。另外,浙江国有企业体制改革的经验也会为其他省份国有企业改革提供更多丰富的素材和参考,起到一定的示范和借鉴作用。

二、理论意义

在中外学术界,学者们已经意识到国有企业创新宝贵的学术价值和重要的现实意义,并对国有企业体制改革和创新行为进行了大量深入的理论研究,不断涌现出很多有代表性的观点。

在企业产权制度方面,很多学者认为企业产权制度创新与企业绩效是有相当程度的关联性的。Djankov 和 Murrel(2002)研究了转轨国家的企业私有化产权改革,认为就总体绩效而言,除独联体国家外,私有化促使企业采取了更多的改善经营的措施,企业的业绩有了较大幅度的提高。Dewenter 与

Malatesta(2001)应用多国别、多年度、跨行业的大样本数据进行的研究发现,国有企业的盈利性远低于民营企业。也有很多学者比较研究了市场竞争与产权对国有企业绩效关系的差异,证明了市场对于国有企业的效率而言具有不可替代的作用。林毅夫(1995)认为,国有企业效率不高的根源在于不公平竞争调价下形成的企业预算软约束,国有企业改革的关键在于为其创造公平的竞争环境。刘芍佳(1998)的研究表明,只要市场竞争是充分的,无论是国有企业还是私有企业都是可以有效率的,即在充分竞争的条件下,产权是无关的。Sheshinski 与 Lbpez-Calva(2003)认为,私有化的效果取决于市场失灵的程度。在市场失灵表现最弱的地方,例如在竞争市场,国有企业所面临的私有化正面作用最大,"在竞争性结构中,向私有产权的转变应该有重要的效率收益"。

目前创新研究主要集中在企业协同创新与绩效之间的关系研究。熊彼特认为,创新既包括技术上的创新,也包括组织和管理等非技术要素的创新。Daft(1978)等的"双核心理论"认为,只有技术和管理创新(包括组织结构、流程、文化等非技术的方面)互相协同,才能使得创新绩效最佳。20 世纪 90 年代中期以来,随着研究的深入和创新过程的日益复杂化,出现了组合创新观(许庆瑞,2003)、集成创新观(Tidd etc,2001;江辉,2000)等新的创新理论。特别是近年来,以全要素创新、全员创新(Tucker,2002;Wheatley,2001)、全时空创新(Shapiro,2002)、全球化创新(Chowdhury,2003)、开放式创新(陈劲,2006)、协同创新(彭纪生,2000)等为主要内容的系统、全面创新思想成为创新理论发展的一个新方向。许庆瑞(2003)提出了以"三全一协同"(全要素创新、全时空创新、全员创新、全面协同)为主要特征的"全面创新管理"(Total Innovation Management,TIM)的创新管理新范式。

学者们从不同的视角对国有企业改革与创新进行了研究,并且深入探讨了国有企业创新方法和模式及其绩效,为国有企业创新和发展的研究奠定了良好的基础。但是目前国内外的相关研究还有很多地方值得进一步展开和深化,基于此,本书拟从以下方面丰富和发展现有的国有企业创新研究理论。

(一)关注焦点从单纯的技术或制度创新转移到全面协同创新

以前有关企业技术与非技术协同创新与绩效的研究并没有充分考虑产权制度创新对于绩效的影响,而已有的关于产权制度创新与绩效关系的研究,只是从企业内在激励不足的角度展开讨论,而忽略了技术和其他非技术因素对企业的影响。在面对同样充分的市场竞争环境下,浙江也存在着效益不佳的国有企业。因此,只有以企业所处市场环境为基础,结合对国有企业内部的深入分析,从产权制度创新、运营管理创新、技术创新角度对企业创新进行全面剖析,才能真正阐述推动浙江国有企业发展的因素,从而为政府制定引导和支持国有企业创新发展的政策提供理论支撑。而本书突破了以往国有企业创新研究仅仅关注技术创新的局限,将国有企业创新发展的焦点放在各种创新要素(如技术、组织、市场、战略、管理、文化、制度等)的有机组合与协同上,对浙江省国有企业创新与发展的规律作出归纳总结,提出指导国有企业协同管理创新的理论框架。

(二)突破现有案例研究在取样方面的局限

现有案例研究在取样方面存在的局限性是:第一,案例企业几乎全部集中在制造业,流通业和投资业企业的技术与非技术协同创新并未涉及;第二,样本企业主要是海尔、海信、中集等超大型国有企业。而本书区分了不同发展区域、行业和规模,对中小企业占绝大多数的浙江国有制造业和流通贸易业企业进行案例研究,将企业的现实运作经验进行理论提升,有助于丰富和完善现有理论体系。

(三)对浙江国有企业创新与发展的经验进行总结提炼,在理论上具有探索性

浙江作为民营经济强省,已经引起了全国学术界和企业界的广泛关注,有关浙江民营企业战略、创新与融资的理论、实证和政策的研究已经非常丰富。而浙江的国有企业,无论是区域性垄断企业还是非垄断企业都取得了骄人的成绩。诚然,浙江国有企业的发展与市场环境、经济和社会发展水平息息相关,但浙江国有企业如此富有活力和高效率,必然在企业运营和管理方面有其独到之处。

基于上述分析,全面总结和提炼浙江省国有企业近 30 年创新与发展经验,不仅对国有企业创新发展具有重要的示范效应,而且对于丰富和发展创新理论具有重要的价值。

二、研究思路及内容

本书的研究思路主要是以案例研究为方法,选取不同区域和类型的浙江省典型国有企业为研究对象,归纳总结改革30年来浙江省国有企业改革与创新的成功经验,从各种创新要素(如技术、组织、市场、战略、管理、文化、制度等)的有机组合与协同创新的角度,分析企业创新管理的运行机制和方法以及政策制度对浙江国有企业的影响,由此从浙江国有企业持续创新和创新环境营造的角度提出建议。通过这种基于实际案例的总结与提炼而提出的国有企业创新的理论框架,可以对浙江国有企业的持续创新及其环境营造提供理论指引,以贯彻浙江省委、省政府提出的"创业富民、创新强省"的战略步骤。

本书的总体研究技术路线如图1-1所示。

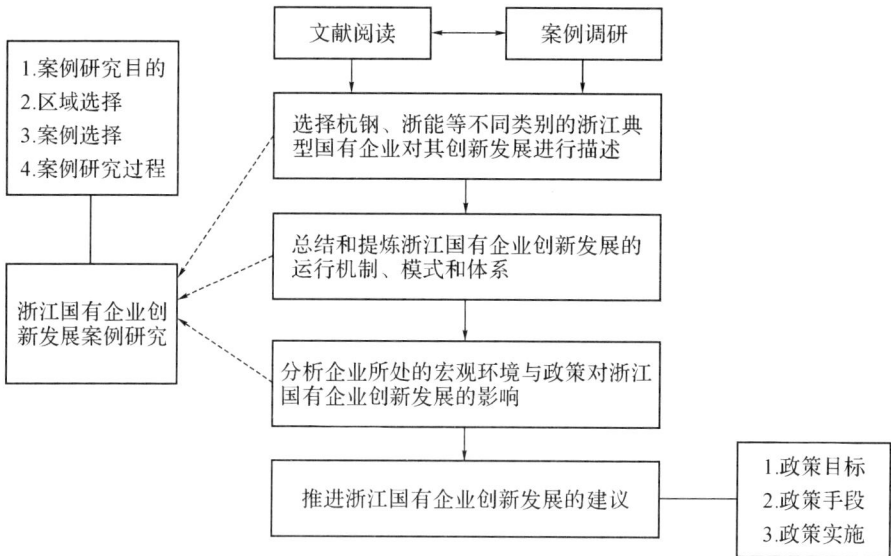

图1-1 研究技术路线

本书在不同区域、不同类型的浙江国有企业全面创新的案例分析基础上,提炼总结浙江国有企业创新发展的成功经验,在为国有企业树立创新典范的同时,推动浙江国有企业的持续创新,进一步提升浙江经济的活力。本书共分九章:

第一章导言,概述本书的理论和现实意义、研究对象、研究方法和研究内容等。

第二章阐述浙江省国有企业体制创新历程,将浙江省国有企业体制改革分成四个阶段,分析总结不同阶段国有企业在体制创新方面的主要思想、实施措施与步骤、实践特点、创新成果、经验以及存在的问题。

第三章回顾浙江省国有企业的技术与管理创新历程,包括技术创新数据资料的统计回顾以及管理创新行为,从组织、信息化、人力、文化等四方面回顾管理创新对企业的重要作用和影响。

第四章阐述浙江省国有企业在全国的地位以及示范作用。包括浙江国有企业改革的成果以及与其他省份国有企业的比较分析,而后分析浙江省国有企业对全国其他省份国有企业改革创新的三个重要的示范效应。

第五章是有关浙江省国有企业技术创新动力模式以及政策的研究,首先分析了浙江国有企业技术创新的内部和外部动力因素;然后结合典型的调研案例详细阐述企业技术创新的三种基本模式:模仿创新、合作创新和自主创新;最后总结浙江国有企业技术创新的政策支持。

第六章是浙江省国有企业管理创新内容体系及成效。首先从理论角度描述管理创新的内涵与作用;然后结合案例分析浙江国有企业管理创新的动力与阻力;最后仍然紧密结合案例总结浙江国有企业管理创新内容体系,包括战略、组织、文化三个方面。

第七章是浙江国有企业全面创新体系构建。首先总结了浙江国有企业在 30 年中创新方面的新发展和突破;然后结合案例分析浙江国有企业的全面创新体系框架是如何构建的;最后从各创新要素协同整合的角度分析浙江国有企业全面创新体系的建立与运行。

第八章是有关浙江省国有企业的创新环境与政策分析。首先阐述国有企业创新环境构建的有效途径;然后总结国资委在过去的主要工作成果及重要作用,并分析国有企业创新中面临的问题;最后提出了进一步完善国有企业创新的政策建议。

第九章是对于浙江国有企业持续创新与发展的思考,从四个方面描述了浙江国有企业持续创新的动力机制,然后从区域创新环境构建方面总结了目前还存在的问题以及提出改进建议。

附录一列举了本次调研的企业;附录二列举了本次调研的国资委;附录三是本次调研企业的代表性案例;附录四是调研提纲。

四、研究观点及结论

通过以上各章节的分析,本书的主要观点是:

观点一:国有企业创新发展不能仅仅依赖技术创新,而需要各要素的全面协同

国有企业全面协同创新不是单一维度的技术创新,创新绩效与技术、战略、文化、制度、组织等要素能否全面协同紧密相关。而任何的管理创新活动都是在各种力量的作用下进行的,都要受到正反两方面力的作用和影响。根据对浙江省国有企业管理创新情况的调研和材料梳理,可以将企业管理创新的动力归纳为:企业成长内驱力、同行竞争压力、新技术推动力和政策激励力四个方面,而管理创新的阻力包括心理阻力、利益阻力和文化阻力三个方面。对浙江省国有企业而言,创新体系的建立并不仅仅停留在创新要素上各自的改造提升,更重要的是形成各创新要素之间的相互协同效应,使得不同的创新要素之间能够相互促进和推动,从而达到提升企业核心竞争力,保证国有资产保值增值的目的。

观点二:在资源相对缺乏的现状下浙江省国有企业持续发展的关键是:全面协调的创新体系、创新环境的构建以及具有创新精神的企业家

通过对浙江省 30 年的技术创新动力和创新模式的分析,本研究发现众多浙江国有企业依托不同的经济环境、行业背景和自身的发展特点,都不约而同地把创新作为自身发展的重要因素。在浙江资源缺乏的客观约束下,国有企业借助于各种创新要素的协同创新,同样可以赢得持续竞争优势。企业的创新模式从单一维度的技术创新,逐步转变为组织、体制、技术等各要素全面协同创新。创新要素在不同行业和不同发展阶段国有企业内的协同方式和机制也是有差异的,只有建立和选择合适有效的管理创新机制、方法和路径,才能发挥创新要素的协同效应。在浙江资源缺乏的情况下,全面协同创新对于国有企业发展更具有重要意义。

本书认为浙江省国有企业之所以能在资源匮乏、企业基础薄弱、国家支持力度较小的情况下快速发展,关键在于涌现出了一批又一批勇于创新和突破的国有企业的管理者。他们利用有限的资源,带领团队攻克一个又一个技术难关,推动了企业乃至整个行业的技术创新。浙江国有企业的经营者并不是被动地接受市场现状,而更多地选择了提前行动,多要素协同,获得先发优势。此外,浙江国有企业的领导者积极培育了各具特色的企业创新氛围,无论是高层管理者还是普通员工,都能接受创新并投身于创新,将创新带来的阵痛变成最小,带来的收益变成最大。

另外,浙江省政府在资金、人才、配套设施等各方面提供的政策支持,为企业提供了良好的创新环境,实现了企业的持续快速发展和区域创新体系的形成。特别是浙江省国资委及各地市国资委自成立以来,切实转变观念,以国有企业为主体,因地制宜地开展各项工作,监管与服务并重,有力地促进了浙江国有企业资产保值增值的根本目标的实现。

观点三:浙江省国有企业创新体系的构建过程经历了多次转变,最终建立了全面创新体系

国有企业和其他性质的企业一样在构建全面创新体系的道路上经历了从忽视到重视、从简单到复杂的一系列变化,并呈现了其国有性质的特殊性质,形成了三种不同创新体系的转变:从单一创新到多维度创新、从引进吸收到自主创新、从间断创新到持续创新。目前浙江省国有企业已经初步建立起全面创新体系,包括技术创新、体制创新和管理创新三个大部分,而在管理创新中又包括战略创新、组织创新和文化创新等要素。在建立全新的管理创新内容体系过程中,既要倡导一种全面、全员、全过程的管理创新理念,同时也要理清管理创新的思路,把握管理创新的重点。

观点四:浙江省国有企业技术创新的动力来源于多方面的因素,包括企业本身、市场环境、政策等

改革开放 30 年来,浙江国有企业技术创新的动力因素与国有企业改革的进程、市场经济的成熟度、企业自身主体特征以及企业竞争环境的变化都有着紧密的联系。概括起来,浙江省国有企业技术创新的动力因素分为技术推动、需求拉动、技术推—市场拉动综合作用、市场竞争推动以及企业家和环境共同推动五种类型。相应的,国有企业技术创新模式也在不断演进中,从最初的纯粹模仿到后来的联合开发,再发展为现在的自主创新。同时,国有企业技术创新过程是离不开政府的政策支持的,浙江省政府和职能机构都十分重视技术创新政策的制定和实施。随着企业技术创新的蓬勃发展,政府及时制定了相应的鼓励合作创新和自主创新的政策来支持企业更好地进行技术创新。

观点五:浙江发达的民营经济极大地推动了国有企业的发展,为国有企业创新创造了良好的市场环境

30 年的改革历程使浙江国有经济得到了长足的发展,浙江省国有企业在数量和质量上都实现了惊人的跨越。许多企业不仅在全国同行中排在较前位置,形成了非常重要的示范效应,而且在全省各行业中也发挥了领头羊的作用,在重要行业和关键领域占据着非常重要的地位。与此同时,浙江省民营企业也呈现出蓬勃旺盛的生命力,始终引领着全国民营企业的发展潮流,在全国民营经济的发展中处于先锋和榜样的地位。因此,浙江作为全国民营经济最为发达的省份,其经济发展水平、市场发育程度和市场化意识为国有企业创新发展营造了一个良好的外部环境,这是浙江成为国有经济大省和强省的必要条件。

第二章　浙江国有企业体制创新历程

一、经营权放权让利阶段

1978—1984 年,是国有企业改革的起步阶段。这一阶段改革的基本思路是放权让利,采取的主要措施是以企业利润留成为重点来扩大企业自主权,即通过放权把剩余控制权交给有经营能力的人,让其经营才能得到充分发挥;通过让利一方面调动企业管理者的经营积极性,另一方面抑制其在拥有决策权后因追求剩余控制权收益而侵蚀国有资产的收益。

(一)放权让利思想的主要内容

党的十一届三中全会后,国家经委、财政部等部门选择首都钢铁公司、天津自行车厂等单位进行扩大企业自主权的试点。1979 年 7 月,国务院发布了《关于扩大国营企业经营管理自主权的若干规定》、《关于国营企业实行利润留成的规定》等诸多文件,给予国有企业一定的自主权,规定凡是实行独立经济核算并且经营有盈利的企业都可以实行利润留成制度,并要求地方部门按照统一规定的办法选择少数企业试点。1979 年底,试点企业扩大到 4200 家。1980 年发展到 6000 家,占全国预算内工业企业的 16％、产值的 60％、利润的 70％。通过扩权试点,企业有了部分的自主计划权、部分的产品销售权、部分的资金使用权和部分的干部任免权等。扩权内容最重要的有两条:一是在利润分配上,给企业以一定比例的利润留成;二是在权力分配上,给企业以一定的生产计划制订、产品购销和资金运用的权力,打破企业是政府机关的附属物、吃国家"大锅饭"的体制,其基本思路是希望把企业经营好坏与企业和职工的利益相挂钩,以调动企业和职工的积极性。

1980 年 12 月举行的中共中央工作会议对党的十一届三中全会以来的经济改革作了充分的肯定。鉴于 1979 年、1980 年连续出现巨额财政赤字,中央提出了增加财政收入、减少财政赤字的要求。在放权试点的基础上,对工业企业实行利润包干的经济责任制。1981 年又在商业系统推行经营责任制,实行的商业企业达 17750 个,占独立核算企业的 35%。同年 12 月,国务院批准了国家经委等单位拟定的《关于实行工业企业经济责任制若干问题的意见》,到这一年底,全国推行经济责任制的工业企业达 42000 家。

1984 年 5 月 10 日,国务院颁发了《关于进一步扩大国营工业企业自主权的暂行规定》,明确自主权划分为 10 个方面:(1)生产经营计划权;(2)产品销售权;(3)产品价格权;(4)物资选购权;(5)资金使用权;(6)生产处置权;(7)机构设置权;(8)人事劳动权;(9)工资资金使用权;(10)联合经营权。1985 年国务院又批准了国家经委、国家体改委制定的《关于增强大中型国营企业活力若干问题的暂行规定》的通知,作了 14 条规定,要求继续扩大企业自主权。

这一阶段是浙江国有企业改革拉开序幕、初步走向市场、开始与非公有经济齐头并进的时期。当时,浙江省国有经济受到国家产业政策和投资导向的影响,国有经济整体规模较小,国有大中型企业在重点骨干行业和领域分布较少,国有经济占经济总量的比重较低。1978 年,浙江省国有经济增加值为 47.8 亿元,占国民生产总值的比重为 38.6%,同期全国国有经济的增加值为 2038.5 亿元,占全国国民生产总值的比重为 56.2%。但也正是这一时期,浙江国有企业作为全国的试点,积极地迈出了国有企业改革的第一步,成为全国国有企业改革大潮的先行者。作为试点的杭州汽轮机集团公司,按照所有权与经营权相分离的原则,建立了企业的自主经营、自负盈亏、自我发展和自我约束的模式,经历了简政放权、扩权让利、税利分流、资产承包等产权经营形式的不同阶段,对增强企业活力起到了一定的作用。这一时期,国有企业的活力确实被激发了起来,但随之而来的负面影响也让人们看到了放权让利的缺陷。

(二)放权让利的经验及存在的问题

1. 放权让利的经验

放权让利的企业改革,实际上是在旧的体制框架下对政府和企业的关系作局部的调整,虽然这种调整是表面的,但已触及了"政企不分"这一国有企业的根本性弊端,并试图通过调整政府和企业在生产过程中的权力结构来解决这一问题。可以说,在国有企业改革的初始阶段,我国就抓住了国有企业改革的核心问题,这决定了我国国有企业改革一直沿着正确的方向前进。[1] 这个阶段在某种程度上改变了旧体制下国有企业仅仅被动完成指令性计划的状况,促进了企业经营自主权的扩大和利润留存制度的建立,也使企业普遍具有超额完成计划与增产的积极性,发展意识和盈利意识大大增强。改革使行政机关对企业经营的权限有所下放,确实在一定程度上缓解了国有企业的困境。总的来说,放权让利改革较以往的计划体制更有效率。

2. 放权让利存在的问题

(1)放权让利改革思路的根本缺陷源于其"社会大工厂"理论基础的不切实际性。这一改革是在不触动企业财产关系的前提下进行的行政性分权、让利,产权制度并无实质变化。由于企业自主权由政府机关和领导人掌握,他们可以给予,也可以收回,企业自主权往往难以落实;并且由于政府目标和企业目标很可能发生冲突,也使得政府很可能随时改变决定,甚至收回已经下放的权力。

(2)伴随着放权让利改革的进行,整个经济的市场化进程滞后于微观企业激励机制的改革,计划机制仍广泛发挥作用,国民经济的价格体系扭曲,价格"双轨制"普遍存在。这种情况下国有企业的利润水平并不能反映企业的经营状况。于是国家就无法准确评价国有企业的实际绩效,国家从放权让利改革中所得的收益份额也日渐下降。

(3)放权让利式的改革改进了微观层次的企业激励,但是,放权让利过程中一再出现所谓"权力截留"现象,即中央政府规定应下放给企业的权力,被地方政府或主管部门所掌握。与不断扩大的非国有企业相比,国有企业自主权始终不充分。

(4)放权让利政策本身并没有规定企业应上缴国家的利润及企业的资产价值是多少,政府只规定在取得利润时双方的分成比例,这就可能导致企业对其与政府成比例的关心胜于企业的生产。企业在获得自主权的同时,却没有受到相应的约束,企业与上级主管部门讨价还价,使约定条件向企业利润倾斜。[2] 由于资源配置机制、宏观政策环境改革不配套,特别是由于不存在竞争性市场,从而没有单一、充分地反映企业经营的信息指标,一旦企业获得了一定的生产经营决策权,企业就有动机和可能侵占国家应得的利润。企业自主权的发挥,变成一种单纯为企业谋取利益的手段,企业甚至不惜通过减少国家利益来增加企业利益。于是,放权让利改革的实际结果就有悖于国家

①　陶传平、林玉海:《国有企业改革历程述评》,《山东省青年管理干部学院学报》2000年第8期。

②　柯清芳:《国有企业二十多年改革的分析与评价(上)》,《福建商业高等专科学校学报》2003年第4期。

改革的初衷,由于国家与企业之间的信息不对称,出现了"工资侵蚀利润"的现象。

(5)企业经理和职工是企业人力资本所有者,不是企业固定投入的所有者,企业的所有权归政府拥有。虽然从理论上讲企业财产全民所有,但全民所有的概念太抽象,企业财产在实际中并没有按比例分解归属于具体的个人。因此,企业的职工不能切身感受到作为所有者的利益。由于产权没有明确界定,个人的行为必然是短期化的。[①]

案例:杭州钢铁集团扩大企业经营自主权的尝试

杭钢的改革改制启动于 1978 年,较早地走上了企业改革改制的探索之路。1978 年,杭钢固定资产净值为 1.15 亿元;铁、钢、材、焦产量分别为 25 万吨、20 万吨、19 万吨和 26 万吨;人均实物劳动生产率为 16 吨;职工人均年收入为 685 元。从 1957 年建厂到 1978 年,杭钢都在高度集中的计划经济体制下运作,原材料由国家统一调拨,产品由国家统一分配,资金由国家统一拨款,职工由国家统一调配,盈利统一上缴国家,国家对企业大包大揽。改革改制就是要打破这个僵局,从而解放和发展生产力,走出一条有中国特色社会主义的国有企业发展之路。30 年来,杭钢为适应我国经济体制改革的形势,从工厂制发展到公司制;从纯而又纯的公有制经济,到构建多元的所有制经济结构;从政府的行政附属物,逐步演变成为自主经营、自负盈亏、自我发展、自我约束的经济实体和市场竞争主体,进行了一系列改革改制的有益探索与实践,为企业的持续快速发展提供了强大动力。

杭钢改革改制的起步,大体在 1978—1988 年这 10 年。这一时期,重点是国家实行放权让利,企业扩大经营自主权。在国务院和省政府关于进一步扩大国营企业自主权的两个十条指导下,杭钢从实际出发,充分运用扩权的有利条件,先后进行了利润递增包干与利改税、工资总额与企业效益按比例浮动包干的承包经济责任制改革。先后实行了党委领导下的厂长分工负责制和职工代表大会制。1984 年初,开始推行厂长负责制。到 1986 年,通过贯彻执行《厂长工作条例》、《基层党组织工作条例》和《职代会条例》,进一步完善规范了企业的基本管理制度。杭钢充分利用国家规定的计划内 2% 自销产品、计划外超产产品和副产品等资源,开始运用价值规律,改革经营方式,搞活经营,提高效益。在劳动用工、工资奖金分配制度、干部管理和内部经济责任制等方面,进行了由浅入深的破冰式改革。

---

① 柯清芳:《国有企业二十多年改革的分析与评价(上)》,《福建商业高等专科学校学报》2003 年第 4 期。

二、经营权向所有权改革转型阶段

自1984年底开始,国有企业改革进入了一个新的阶段,其主要特点是"两权分离"改革原则的提出,以实施承包经营责任制为主要手段。

(一)两权分离思想的主要内容

党的十二届三中全会通过的《中共中央关于经济体制改革的决定》提出,过去国家对企业管得过多过死的一个主要原因,就是把全民所有制企业与国家机构直接经营的企业混为一谈。根据马克思主义的理论和社会主义的实践,所有权和经营权是可以适当分开的。由于社会需求十分复杂而且经常处于变动之中,企业条件千差万别,企业之间的经济联系错综复杂,任何国家机构都不可能完全了解和迅速适应这种情况。如果全民所有制的各种企业都由国家机构直接经营和管理,就不可避免地会产生严重的主观主义和官僚主义,抑制企业的生机和活力。因此,在服从国家计划的前提下,企业有权选择灵活多样的经营方式,有权安排自己的产销活动,有权拥有和支配自留资金,有权依照规定自行任免、聘用和选举本企业的工作人员,有权自行决定用工办法和工资奖励方式,有权在国家允许的范围内确定本企业产品的价格。这就是当时关于国有企业所有权与经营权适当分离原则的基本思想。

(二)承包经营责任制的实施

1987—1992年,改革开放从经营权向所有权层面过渡,产权制度改革在国有企业改革中的作用日益受到政府和学者的重视。1986年末,国家曾经试图将股份制作为国有企业改革的新形式加以推广。但由于从中央到地方的思想解放不足,人们对股份制这一西方资本主义国家普遍使用的企业制度把握不准,认识分歧较大,因此,在这一时期,承包制作为企业改革的主要形式被确立下来。

1986年12月,国务院在《关于深化企业改革、增强企业活力的若干规定》中提出,"推行多种形式的承包经营责任制,给企业经营者以充分的经营自主权"。1987年3月,全国人大六届五次会议通过的《政府工作报告》强调,要把改革的重点放到完善企业经营机制,实行多种形式的承包经营责任制上来。1988年2月,国务院发布《全民所有制工业企业承包经营责任制暂行条例》,对国有企业实行承包经营责任制作出了具体规定,并逐步推广。

承包经营责任制通过契约的形式,明确了国家与企业的责任、权力和分配关系,其实质是所有者将自己的一定财产交给承包人经营,通过双方达成的协议,保证所有者得到固定的收益量,超额部分则归承包方所有或按照比例在双方之间分配。承包经营责任制的基本内容就是包上缴国家利润,包完成技术改造任务,实行工资总额与经济效益挂钩。在国家与企业的分配关系上,确定了"包死基数,确保上交,超收多留,欠收自补"的原则。推行承包经营责任制的目的在于,改变企业吃国家"大锅饭"、职工吃企业"大锅饭"的局面,调动企业和职工的积极性;实现所有权与经营权的分离,使企业能以独立法人地位进行市场竞争。① 一般而言,企业可以结合自身优势,采用以下不同的承包经营形式:(1)上缴利润按固定比例逐年递增;(2)上缴利润基数不变,超收部分在国家和企业之间按一定比例分成;(3)上缴利润定额包干;(4)亏损企业减亏包干;(5)国家批准的其他承包形式。②

到1988年,实行承包经营责任制的企业占到全国预算内工业企业的90%,占大中型企业总数的95%。③ 在这一期间,国家还制定了《企业法》、《破产法》,以法律形式确立了国有企业的地位,认可已经实行的一些改革方针和原则。

(三)承包经营责任制在实践中的特点和成果

自从国家全面实行承包责任制以来,承包责任制显示了巨大的生命力和良好的发展势头。据国家统计局统计,截至1987年底,我国大中型企业中,实行多种形式承包经营责任制的企业占82%;小型工业企业中,集体或个人经营、租赁或承包的企业占46%。在实践中,承包经营责任制呈现出以下特点:

1. 引入人才竞争机制

国家对不少中小型企业的经营者采用了选任的办法,为经营性人才脱颖而出开辟了新渠道和新天地。其中还广泛采用了干部选聘制、工人组合制等方法,促进了劳动力的合理流动,也有利于承包基数确定的合理化。

2. 引入风险机制

部分企业从经营者到生产者,全厂职工根据承担责任的大小,分别以工资、奖金及缴纳不同数额的抵押金充做风险基金。由于企业与全体职工都承担了风险,同时根据奖惩对应的原则,在企业超收时,职工得以按合同规定进

---

① 马建堂:《中国国有企业改革的回顾与展望》,首都经济贸易大学出版社2000年版,第78—85页。
② 芮明杰:《国有企业战略性改组》,上海财经大学出版社2002年版,第135—140页。
③ 王珏:《国有企业改革新探》,远东出版社1996年版,第113页。

行分红,因而大大加强了包括经营者在内的全体职工的压力与动力。

3. 承包内容进一步多样化

北京等地区的部分企业带头实行了"两保一挂",即保证上缴国家利润和保证完成技术改造任务,将工资总额与企业经济效益挂钩。实行该项措施有力地促进了企业重点技术改造任务的完成,并增强了企业活力。

4. 引进联合机制

部分地区出现的企业承包企业的举措,既具有承包制的特征,利于实行两权分离的原则,扩大企业经营自主权;又突破了"隶属关系不变"的原则,使得承包企业能够领导被承包企业,集中经营权,形成紧密联合。

5. 在部分地区萌生了企业承包租赁市场

国内有的省区组建了企业承包租赁市场,为有关客户提供承包信息、网罗与推荐承包经营者,对促进承包租赁的发展起到了积极作用。①

企业承包经营责任制的实施,使得企业外部经营环境发生了深刻的变化:企业已经具有一定的战略选择空间,具有一定的资源配置权力。企业受"计划"的约束越来越少,逐步成为独立的经济主体。国有企业改革从单纯的放权让利,逐步走向了转变经营机制;从政企不分,逐步走向了企业自主经营;从内部责、权、利的调整,逐步走向了外部环境创造;同时,企业外部的市场竞争环境逐步形成,市场决定价格形成的机制初步建立。青春宝、西湖电子、巨化等一大批国有企业都在此阶段勃发了新的生机。据转型期的相关新闻报道可知,采取承包经营责任制后,企业内部许多以前默默无闻的员工都纷纷自告奋勇地参与企业内部承包,并因此成为全国闻名的企业家,如现在杭州青春宝集团董事长冯根生。②

三、建立现代企业制度阶段

1994 年起,国有企业改革迈出了"建立现代企业制度"的第三步。1994年《公司法》的正式实施,标志着企业改革进入了建立"产权清晰、权责明确、政企分开、管理科学"的现代企业制度的新阶段。这是国有企业改革的一次质的飞跃,主要表现在对传统计划经济的彻底摆脱,对市场经济的明确认同。宏观领域的经济体制改革,实现了以计划配置经济资源到以市场配置经济资

---

① 章迪诚:《中国国有企业改革编年史》,中国工人出版社 2006 年版,第 178—179 页。
② 陈高生:《转型期国有企业创业的一个组织影响模型》,《经济与管理》2007 年第 4 期。

源的突破以后,随之而来的就是要求微观领域国有企业制度的创新。

(一)国有企业进行现代企业制度改造的积极作用

党的十五大进一步提出从战略上调整国有经济布局,明确了有进有退、有所为有所不为和抓大放小的方针,国有经济结构调整取得了很大进展。经过多年的努力,我国已对许多国有大中型企业进行了公司制企业制度改造,初步搭起了现代企业制度的框架,在许多企业中建起了股东会、董事会、监事会、经理班子的治理机构。

按照现代企业制度的要求进行国有企业改革,是一种改革思路上重大调整,表明我们对国有企业改革的认识上升到了应有的新高度。它的基本特征是产权清晰、权责明确、政企分开、管理科学。这能较好地解决政企不分的问题,并确立国有企业市场主体的地位,使企业适应现代生产力发展的客观要求。

(二)浙江国有企业建立现代企业制度的措施与步骤

1978—1999 年,浙江省国有企业改革与全国一样,大致经历了放权让利、转变经营方式和现代企业制度改革三个阶段。在前两个阶段,基本不涉及企业体制和制度创新方面的改革,国家仍然对企业承担无限责任,多数国有企业职工的劳动关系也没有按照社会主义市场经济的要求作出相应的调整。

党的十四届三中全会以后,浙江省国有企业改革逐渐形成了以产权改革为主线的格局,特别是党的十五大召开以后,企业产权制度改革步子进一步加快,总体而言,浙江省产权制度改革主要迈了四大步:

第一步是在 1994 年召开的台州会议,提出了以产权制度改革为突破口,加快建立现代企业制度。这次会议肯定了基层的改革实践,要求全省上下通力合作,做好产权制度改革这篇文章。

第二步是金华、萧山等地国有企业全面推行股份合作制,成为当时国有企业中小企业改制的一种主要形式。

第三步是在 1997 年,浙江省委、省政府召开关于推进全省产权制度改革的电视电话会议,提出"用两年时间基本完成全省国有企业产权制度改革"的任务。

第四步是 1998 年以来,县市国有资产加快了从竞争性领域退出的速度,同时转变原国有企业职工劳动关系,形成了全省国有企业产权改革的新局面。

到 1999 年 6 月底止,全省国有工业、流通企业共 5966 户,已改制企业

4456 户,改制面 74.7%,比上年年末的 68.2% 增加了 6.5 个百分点。在已改制的国有企业中,股份有限公司 300 余户,其中上市公司 37 家,股份合作企业 1209 家,中外合资企业 1644 家,破产国有企业 310 家,拍卖、兼并、合并和分立企业 927 家。省属企业改革步伐有所加快,期权激励、要素入股等开始试行。相对上海、福建、江西、江苏、安徽和山东 6 省市的情况,浙江省国有企业改革进度较快。

从浙江省各地改制进展看,温州、嘉兴、衢州和舟山等四地国有企业改制面都在 90% 以上,改制面在 80% 以上的有金华和台州,绍兴、杭州、湖州等地改制进展相对缓慢。

浙江省政府重点培育的 15 家大企业、大集团,积极推进企业制度创新,以改革促发展,充分发挥了国有大企业在全省经济发展中的支柱作用。到 1999 年 6 月底,这 15 家大企业、大集团完成工业总产值 276.6 亿元,同比增长 14.2%;产品销售收入 273.0 亿元,同比增长 12.7%;实现利税总额 40.7 亿元,同比增长 45.9%,其中利润 22.7 亿元,同比增长 44.5%。[①]

(三)本阶段浙江国有企业体制改革的成果

1. 产权制度改革取得重大突破,促进所有制结构趋向合理

到 1998 年,全省 500 万元产值以上的工业企业共实际收到资本金 1485.6 亿元,其中国家资本金占 26.8%。国有资本与社会资本初步形成了相互配合、相互参股的局面。国有企业产权制度改革促进了所有制结构调整,形成了以公有经济为主、多种经济成分共同发展的格局。1998 年,按工业产值计算,国有及国有控股企业占全省企业总数的 11.5%,集体所有制企业占 40.3%,城乡个体私营经济占 42.5%,中外合资与港澳台投资企业占 5.7%。

2. 国有资产布局的调整取得重大进展

首先,国有资产向省属和大城市集中。1998 年,省属和杭州、宁波两市国有资产占全省国有资产总量的 67.22%。其次,国有资产向基础性产业、公益性产业和特殊性产业集中。国有资产在电力、自来水和煤气生产供应业中比重超过 80%,在化学、冶金等基础原材料产业中比重超过 50%,在机械、医药、电子、建材等行业中都起到了龙头和带动作用。第三,国有资产向大企业、大集团集中。国有企业户数占大中型企业户数的 16.86%,但国有资产比重达到了 65.47%。

---

① 浙江省体改委"国有企业改革现状"课题组:《浙江国有企业改革状况分析》,2004 年 6 月。

3. 企业制度创新取得明显效果,加快了企业经营机制的转换

大部分改制企业实行了员工持股,部分企业实行了经营者持大股。1997、1998 两年在企业改制中,共吸收增量资产 144.75 亿元,其中大部分为员工入股资金。同时,有不少企业积极试行技术成果、管理等要素入股,对经营者实行股权、期权奖励,强化企业的激励和风险约束机制。

案例:杭州汽轮机集团公司开始建立现代企业制度

杭州汽轮机集团公司是全国 100 家实行现代企业制度试点的国有大中型骨干企业之一,改制是根据国务院有关现代企业制度精神进行的,各阶段改革步伐的展开基本与全国同步。[①]

1. 具有典型的公司制企业特性

按照市场经济的要求,现代企业的组织形式不应以所有制性质划分,而是按照财产的组织形式和所承担的法律责任划分。公司制企业是由两个以上股东出资构造出来的,能够独立对自己经营的财产享有权利,以合资为特征,股东对债务负有限责任。实行公司有限责任制,是企业财产组织形式的一个重大进步,是企业发展史上的一次飞跃。这是现代企业制度的重要标志。

杭州汽轮机集团公司正是按照公司制企业进行改制的。该公司总资产 5.3 亿元,资本金 2 亿元,职工 4300 人。企业主要生产工业用汽轮机、印染机械等产品。1994 年销售额为 3.4 亿元,利税 0.5 亿元。改制后,公司明确了以国有资产为投资主体,建立母子公司体制,集团公司经政府授权,改为有限责任制的国有独资公司,并作为投资主体,对下属的全资、控股、参股的子公司依法实行股权管理。集团公司建成以资产为联结纽带,工、科、贸、金融相结合的母子型、跨地区、跨行业的大型集团和跨国公司。

2. 设置了比较科学的公司治理结构

按现代企业的管理要求和"资产经营,分层管理,精干高效,权责明确"的原则,集团公司分别设立了权力机构——股东会,经营决策机构——董事会,监督机构——监事会,日常管理由总经理负责。集团公司的管理机构分两个层面进行治理:第一层面由集团公司董事会、监事会、总经理、三部一室(综合管理部、科技质量部、资财部、总经理办公室)组成;第二层面由集团公司技术中心、杭州汽轮机厂、其他分(子)公司组成。两个层面之间用资产、人事、行政三条纽带连接和指挥。

现代企业与现行企业两者之间虽一字之差,但有本质上的区别。现行企业的管理体制是强调在党委领导下的厂长经理负责制,重大事项基本上由厂

---

① 王国益:《杭州汽轮机集团公司改制方案的基本特点》,《浙江经济》1995 年第 8 期。

长、经理说了算。决策的正确与否,没有专门机构进行监督,企业的存亡系于厂长或经理一人之身。改制后现代企业的权力主要由股东会来执掌,股东会的职权体现在四个方面:一是人事权,公司的董事和监事由股东会选举和更换,并决定他们的报酬;二是重大事项决策权;三是受益分配权;四是股东财产处理权。董事会的主要职权是对公司的经营作出决策,执行股东会的决策。监事会监督公司的经营情况,对董事、经理执行公司职务时违反法律、法规或者公司章程的行为进行监督,防止他们滥用职权。按照当时流行的说法是"新三会"代替"旧三会"(党委会、职代会、工会)。这在决策、经营、监督几个方面都发生了实质性的变化。

杭州汽轮机集团公司改制时间不长,有些改革措施还未完全到位。但从长远观点看,效果是好的。

首先,减轻了国家的压力和负担。公司通过资产重组,国家作为出资者依法享有出资者权利,对投资的企业以出资额承担有限责任,企业作为财产经营者依法享有法人财产权。政府一方面是出资者,另一方面是社会管理者,企业在国家宏观调控和市场信号指引下,真正实现自主经营、自负盈亏,国家承担的是有限责任。企业通过国有资产重组,大大减轻了国家的负担。

其次,调动了广大职工的积极性。过去职工领取的是劳动报酬——工资,实行股份制后,除了工资,还有分红。职工可以参股经营,参股越多分红越多,企业的效益同职工的利益紧紧地联系在一起,企业的生死与职工密切相关,大大地激发了广大职工的参与性和积极性。

最后,使国家集中更多的资金投向效益好、关系国计民生的企业。原国家体改委副主任洪虎同志说:"搞活国有企业,必须从过去单纯地搞活经济细胞转到从整体上搞活国有资本上来。"现在的问题是一些企业长期亏损,但国家考虑到方方面面的问题,又无法宣布其破产,迫使国家继续投资,使投入的资本越来越多。改制后,企业自己决定前途,可以倒闭,可以破产。对倒闭的企业,国家不需要再投资,可以把资金投向效益好的企业上去,使国有资本搞得更活。

四、国有企业战略性重组阶段

(一)浙江国有企业战略性重组原则

决定国有经济生命力和影响力在于国有企业的竞争力和国有资产的质量。改革开放以来,浙江经济发展迅猛,国民生产总值从 1978 年的 123.72

亿元提高到 1998 年的 463824 亿元。在一些重要行业和关键领域,如电力、公路、铁路、邮电、通信、银行、矿山及一些公共基础设施等部门,国有经济仍然居支配地位。在一些竞争性领域,规模较大、技术比较先进、竞争力较强的仍然是国有企业,如石化行业中的镇海炼化、巨化,机械行业中的钱江摩托、诸暨电除尘器、杭州汽轮机,电子行业中的东方通信、西湖电子,医药行业中的浙药股份、中美华东、海正药业、正大青春宝,建材行业中的温州东方、三狮集团,冶金行业中的杭钢,食品行业中的娃哈哈、绍兴黄酒集团,轻工行业中的纳爱斯、金松家电等。可以说,国有企业仍然是先进生产力的代表,在一些重大装备、原材料和高新技术产业中也只有国有企业才能成为主角。实践证明,改革开放以来,浙江国有经济并没有因为其在整个国民经济中的比重降低而丧失其应有的地位,它仍然控制着国民经济命脉,主导着国民经济发展的方向。

从浙江实际出发、调整国有经济的布局,按照有所为有所不为的原则,收缩战线,加强重点。在具体操作上结合以下两点:

1. 结合全省经济结构战略性重组,从支撑国民经济发展、增强浙江经济实力和竞争力出发调整国有经济布局

主要原则包括两方面:一方面是关系到全省经济和社会发展全局,维护国家经济和国防安全需要的领域和部门,在目前情况下,主要包括交通、通信、电力、重大水利设施等关系全局的基础性行业,国防科工、重要战略资源的开采等垄断性行业,金融、保险等关系国民经济命脉的行业,重要原材料、重大装备等在国民经济发展中起关键作用的行业;另一方面是对产业升级、提高竞争力起关键作用、国有经济有相对优势的行业或领域,这主要有投资大、风险高、产业关联度强的高新技术产业,还有那些已被浙江省确定为支柱产业(或主导产业),如电子信息、医药、食品等行业。

2. 着力于引导国有资产向优势产业、优秀企业集中

从浙江的国有企业实际情况看,具有竞争优势的国有骨干企业多数崛起于竞争性行业。若要国有企业全部从竞争性行业退出,不仅缺乏可操作性,而且完全没有必要。实际上,哪些行业重要、哪些行业不重要、哪些行业属于竞争性、哪些行业属于非竞争性,在不同国家不同地区、在同一国家同一地区的不同时期都会有所不同,都是根据经济社会发展的具体情况变化而变化的,国有经济的分布结构也会因此随着发生变化。引导国有资产从效益差、经营困难、长期亏损且扭亏无望的企业和领域中退出来,从技术水准低、规模化要求低、并经实践证明不宜于国有经济发展的行业中退出来,向优势企业和优势企业家集中,提高国有资产质量和经营效益,增强国有经济的竞争力和扩张力。在这个前提下,不断适应国际和国内经济发展的新变化、新情况,

对国有经济布局进行动态调整,发挥国有经济引导、推动、调控经济和社会发展的作用。

(二)浙江国有企业战略性重组措施和方向

推进浙江国有企业改革和战略性重组的对策措施主要包括:

1. 明确界定浙江省国有企业的产业分布格局,对现有国有企业实行分类改组

浙江处于工业化加速期,经济结构调整的任务重,工业发展中技术水准低、企业小而散、布局不合理、资源和环境问题严重等结构性矛盾是需要着重解决的。因此国有经济的战略性重组也就更加迫切,调整的幅度也更大。

浙江省的国有经济在保持必要数量的基础上,取得了分布的优化和质量的提高。在经济发展的不同阶段,国有经济在不同产业和地区的比重有所差别,布局相应进行了调整。国有经济主要在民间资本难以进入的领域,如投资大、风险大、回收慢、建设周期长、社会迫切需要的重要基础设施建设和高新技术产业开发中发挥作用,国有经济的作用也主要体现在促进浙江省的产业结构升级及对经济发展的带动上。

2. 深化国有企业产权制度改革,完善现代企业制度

随着资本市场的发展、资产证券化条件的成熟以及企业公司制改革的推进,浙江省大中型国有企业结合产权多元化改革,采取职工持股计划、国有股减持等方式减少国有资本的比重,实现国有资本的退出,改变大多数国有控股企业股权结构单一的局面,实现了股权多元化。即使是需要由国家控制的关系国民经济命脉的重要行业和关键领域,也并不都要求国家独资,大部分可由国家控股并辅之以吸收民间资本。

法人治理结构是现代企业制度的核心。浙江省国有企业在加快推进国有企业股权结构多元化的同时,积极完善法人治理结构。通过改革,让股东会、董事会、监事会和经理层各负其责、协调运转,推进经营者市场化、职业化。

3. 理顺管理关系,完善国有资产监管营运体制

国有资产监管体制改革,是从整体上搞好国有经济、确保国有资产安全增值的一项重要的基础性工作。国有资产所有者代表的行政化、多环节化与多元化,是国有资产利益主体结构中存在的一个重大问题。这种多元化的管理体制导致国有经济在战略性重组中决策难、操作难,如不及时加以改变,很难形成国有经济的自发调整机制。浙江省国有资产营运机构的设置符合精简、效能的原则,管理幅度适当。县市一级一般不设或只设一个国有资产

营运公司,继续保留国有经营的企业资产可转入授权经营的集团公司或者划转给上一级政府的资产营运机构管理。

4. 切实抓好一批大企业、大集团

浙江省政府为切实抓好一批大企业、大集团,主要开展了三方面工作:(1)推进配套改革,着力为浙江大企业大集团发展创造良好的外部环境。一是转变观念,增强服务意识;二是改革投融资体制,赋予集团投融资决策权;三是扩大外资、外事自主权;四是创造适应市场经济要求的选拔、使用、培养人才的机制,加大人才培育力度;五是扶持集团形成技术创新机制。(2)推动存量资产重组,促进低成本扩张。浙江省以强有力的政策措施,为大企业大集团的兼并、联合、收购等资本扩张扫除障碍,采取行政划拨等多种模式,支持和推进有效存量资产向大企业集团集聚,走低成本扩张道路,以迅速扩张大企业大集团的资产规模。(3)加大增量投入与存量调整。目前浙江仍有相当部分企业集团的负债率偏高,包袱较重,将存量调整与增量投入相结合,最终实现总量的增加和优化。

5. 建立国有资本的市场化退出机制,促进国有资本有序退出

浙江省坚持有进有退的原则,一方面,推动国有资产进一步向基础产业、关键性领域及大企业、大集团和优势企业集中;另一方面,进一步加大破产重组的力度,重点淘汰落后的生产能力。充分利用浙江民间资金充裕的优势,吸收和集聚非国有社会资本,大力发展混合所有制经济,并在重要企业中由国有资本控股,放大国有资本的功能,进一步提高国有经济的控制力、影响力和带动力。

6. 建立新型劳动关系,保障国有企业战略性改组的实施

浙江省大力健全社会保障体系,缩短国有企业职工身份置换到社会保障健全这一过程。这一置换过程的困难和震动会随着保障制度的健全而逐步减轻,最后直至消失。离退休职工和内退职工的社会保险从资产中提取,从而保证了离退休职工的基本生活费和医疗待遇,保证了职工伤残能医、大病能治。对一些困难职工家庭,由政府发给最低生活保障费。

7. 解决企业债务负担过重问题,增强国有企业竞争力

在一定条件下,部分有发展前景的浙江省国有企业实施了债转股,进行生产经营的重组,从而盘活了存量资产、减轻了企业负担、增强了企业发展的后劲。而对于那些没有市场前景、债务负担过重的企业则果断实施重组或破产,以减少进一步损失的风险。

8. 建立有效的激励与约束机制,实行国有企业人力资源重组

企业经营者和科研人员的报酬要与其个人劳动付出、才能、贡献及其所

承担的风险和责任相对称。调动企业经营者和科技开发人才的积极性,就要改革现行的分配制度,让生产要素参与分配,体现企业经营者的经营才能、科研人员的技术对企业发展作出的贡献。拉开收入差距,向企业经营者、科技人员重点倾斜,实施年薪制、股票期权等以建立对经营者和科技骨干的激励机制。①

(三)浙江国有企业战略重组的成效

随着浙江省产权制度改革的不断深入,国有企业资产重组的步伐大大加快,出现了资产重组、优化的新态势,国有资产重组力度加强,运行效率明显提高。② 2000 年,浙江国有及国有控股企业利润同比增长 11.96%,利税同比增长 12.38%。到 2000 年底,浙江国有企业改革与脱困"三年两目标"的完成率在全国率先双双提高到八成以上。国家经贸委的统计显示,浙江省列入国家考核的 203 户亏损国有大中型企业中,已有 180 户扭亏脱困,扭亏率达到 89%。

浙江省还充分发挥个体私营经济发展快、机制活、民间资金雄厚的特点,积极引进优势民营企业参与国有企业改革。

1. 国有经济的战略性调整和国有企业改组不断推进,经济结构得到优化

从战略上调整国有经济布局,坚持"有进有退、有所为有所不为"的原则,集中力量,加强重点。经过几年的实践,浙江省在国有经济布局的战略调整方面取得了较好的成效。国有资本在经营性领域相对收缩,而在社会公共产品等领域得到了加强,如降低了工业、商贸业等领域的比重,同时加强了对交通、邮电、城建、教育、卫生等领域的投资。1996—1998 年,浙江省国有经济在工业领域的固定资产投资占国有投资的 50%左右下降为 30%左右,对交通、邮电、城建等的投资比重则从 50%左右上升到 60%多,全省交通、邮电、城建等状况明显改善,国有资产总量快速增长。根据浙江省国资委的资料显示,1998 年浙江省国有企业资产总额 38380.7 亿元,一、二产业占 49.2%,第三产业占 50.8%,国有资产的重心已初步转到了第三产业。而在第三产业,相当一部分是非经营性资产,如包括机关、学校等行政事业部门的国有资产、国有经营性资产的比重,大致已降至占全社会国有资产的 2/5—1/3 左右。在重点突破的同时,浙江企业改革向纵深发展,国有企业的战略性调整和改组全面展开,企业改制面达到 90.94%,其中产权制度和劳动关系调整一并改革到位的占 43%,省属企业改制面超过 88%。

---

① 浙江省体改委"国有企业改革现状"课题组:《浙江国有企业改革状况分析》,2004 年 6 月。
② 浙江省体改委"国有企业改革现状"课题组:《浙江国有企业改革状况分析》,2004 年 6 月。

国有企业和国有资产的区域分布结构有了很大变化。由于分布于县级的国有企业主要是在竞争性领域的中小企业,近几年加快了退出的步伐,而大中型国有企业主要分布于杭州、宁波等大中城市,形成了国有经济区域分布相对集中的态势。

国有经济产业结构不断优化。从轻重工业来看,重工业的国有资产有了较大幅度的增加,对改变浙江省原工业结构中偏轻工业的局面有重要的意义。从行业分布情况来看,非金属矿采选业、其他矿采选业、食品加工业、食品制造业、纺织业、服装及其他纤维制品制造业、皮革、毛皮、羽绒及其制品业、印刷业记录媒介的复制、文教体育用品制造业、塑料制品业、有色金属冶炼及压延加工业、金属制品业、普通机械制造业、仪器仪表及文化、办公机械制造业等产业中,国有企业的资产总量呈明显的下降趋势,说明国有资产正在从这些产业中退出。饮料制造业、烟草加工业、造纸及纸制品业、石油加工及炼焦业、医药制造业、化学纤维制造业、非金属矿物制品业、黑色金属冶炼及压延加工业、电气机械及器材制造业、电子及通信设备制造业、电力、蒸汽、热水的生产和供应业、煤气生产和供应业等行业中的国有企业资产总量都有较大的增长。可见,国有工业企业在基础产业、重要资源产业及浙江省重点支柱产业及高新产业中都体现了较好的发展态势。从国有资产自身的分布情况来看,这一趋势更为明显。[①]

2. 国有资产优势集中的政策产生了良好的效果

国有资产向少数基础性行业和重点行业集中。1998 年,浙江省 500 万元产值以上企业在全部 37 个行业中,按国有资产排序,列前 10 位的行业占国有工业资产总额的 77.1%。也就是说,浙江国有资产的 3/4 是在电力、纺织、电子、化工、机械、钢铁等 10 个行业。在浙江省国有资产总额中,电力、蒸汽、热水生产供应业占 34.0%,纺织业占 7.9%,电子及通信设备制造业占 5.3%,化学原料及化学制品制造业占 4.8%。这些行业的国有资产,占浙江省国有工业资产总额的 52.0%。此外,占国有工业资产比重 1.0%—4.8% 的有 14 个行业,占 0.8% 及以下的有 19 个行业。造成这一格局的原因,一方面是浙江国民经济高速发展对于电力工业的旺盛需求,另一方面是近几年浙江国有资产布局的增量调整和结构性调整已初见成效。1998 年,浙江 500 万元产值以上工业企业,国有资产比重占 50% 以上的有 10 个行业。其中,武器弹药业占 100.0%,煤气和自来水占 94.5%,黑色和有色金属冶炼业占 91.2%,

---

① 陈畴镛、胡宝清、石洪斌:《推进浙江国有企业改革和战略性改组的探讨》,《数量经济技术经济研究》2002 年第 6 期。

电力占 78.8%,国有经济在这些行业具有较强的控制力、影响力和竞争力。

国有资产向杭州、宁波等地省属国有企业集中。根据浙江省统计局资料显示,1998 年,浙江国有工业资产中,中央属占 34.8%,省属占 8.7%,市地属占 32.5%,县市属仅为 24.0%。1997 年,杭州、宁波等 9 个市区的国有工业产值占全省国有工业产值的 59.3%;全省 74 个县和县以上行政区域,国有企业产值在 50 亿元以上的只有杭州、宁波和绍兴市区 3 地,20 亿—50 亿元的有 6 个市县,10 亿—20 亿元的有 17 个市县,3 亿—10 亿产值的有 22 个县市,3 亿元以下的有 26 个县市,多数县市的国有工业产值很小。

国有资产向骨干大中型企业集中。根据浙江省统计局资料,1998 年,大型和中型国有工业企业资产占全省国有工业资产的 81.6%,其中 130 户国有大型工业企业占国有工业企业资产总额的 59.1%。根据浙江省国资局资料,1998 年,全省 848 家预算内国有工业企业,销售收入列前位的 100 家企业占预算内工业企业销售收入总额的 67.8%,资产总额的 54.6%。浙江国有工业企业已经具有一定的规模集中度。

3. 积极推进强强联合,进一步推进全行业重组

1996 年,原新昌制药股份有限公司、仙居制药股份有限公司与浙江省医药有限公司,实行资产重组"倒旗联合",组建为浙江医药股份有限公司,并随后上市,大大增强了浙江医药行业的总体竞争实力。

宁波纺织(控股)公司将市属 20 多家国有纺织企业,通过兼并、破产、联合等改革办法,以优势产品为龙头,依托优势企业进行全系统大规模、全方位的资产重组和结构调整,聚集了这 20 多家企业的市场、资金、设备和人才,总资产达 17 亿元,联合重组而成维科集团。集团成立后,形成资本运作中心、经营利润中心、生产成本中心三个中心,迅速形成专业化生产链:以色纺纱、针织服装为主导产品的针纺分公司;以高支高密宽幅防雨布为龙头的装饰用品分公司;以大提花贡缎为龙头的大提花分公司;以拉舍尔毛毯为龙头的毛毯分公司;以高档服装面料为龙头的面料分公司,加上敦煌、博洋两个已经形成专业化生产的企业集团,宁波市属纺织业形成了 7 条各具产品特色和市场竞争力的产业链。宁波纺织工业的整体实力登上国内纺织市场的制高点。1998 年,宁波纺织工业实现销售收入 17 亿元,比上年增长 3.4%,实现利润 7488 万元,比上年增长 26%。

4. 大力推进破产重组,盘活存量国有资产

1998 年以来,衢州市加快对长期亏损、扭亏无望的企业的破产进程和力度。累计受理破产案件 220 件,审结 125 件,涉及企业资产总额 12.2 亿元,债务总额 25.58 亿元,职工总人数 6000 多人。企业破产的关键是如何妥善

安置职工和盘活破产企业的闲置资产。衢州市在资产重组方案的实施过程中,及时分流安置下岗、失业职工,同时积极多方筹措改革成本,保障足额发放职工安置费,职工得以妥善安置。他们还采取多种形式盘活破产企业闲置资产,一是原企业内部职工买断企业财产进行重组盘活,市本级有 3 家企业通过这种方式盘活了资产,生产重新启动,大部分职工重新就业。二是社会法人和自然人收购破产资产,先破后购盘活存量。市本级有 4 家破产企业破产后由社会法人整体收购,也都得以恢复生产。2000 年以来,浙江省通过联合重组、购并重组,破产重组等,共盘活存量资产 558.5 亿元,实现了有效资产向重点行业、优势企业和优秀企业经营者集中,大大提高了国有资产的运行效率。①

五、浙江国有企业体制创新历程总结

浙江国有企业改革在"放权让利"、"经营权向所有权过渡"、"建立现代企业制度"、"战略性重组"四个阶段的体制改革中不断激活企业活力,勇于探索新的企业经营形式,展现了自身的特点,突显了许多标志性事件。如表 2-1 所示,浙江省国有企业体制改革可以划分为两轮,共四个阶段。

表 2-1   浙江省国有企业改革发展历程表

国有企业改革轮次	经历阶段	时间	特征	标志性工作
第一轮国有企业改革	放权让利阶段	1978—1984 年	以扩大国有企业经营管理自主权、利改税、厂长负责制来推动改革。	杭钢进行了利润递增包干与利改税、工资总额与企业效益按比例浮动包干的承包经济责任制改革;实行了党委领导下的厂长分工负责制和职工代表大会制。1984 年初,开始推行厂长负责制。
	经营权向所有权转型	1985—1993 年	提出"两权分离"改革原则,实施承包经营责任制。	杭州青春宝集团董事长冯根生等企业内部员工开始自告奋勇地参与企业内部承包。
	建立现代企业制度	1994—1998 年	国有企业开始认同市场经济体制,积极建立"产权清晰、权责明确、政企分开、管理科学"的现代企业制度。	新昌制药厂、仙居制药厂、浙江医药有限公司 3 家企业组建成浙江医药股份有限公司;杭州汽轮机集团施行现代企业制度试点工作。

---

① 浙江省体改委"国有企业改革现状"课题组:《浙江国有企业改革状况分析》,2004 年 6 月。

续表

国有企业改革轮次	经历阶段	时间	特征	标志性工作
第二轮国有企业改革	国有企业战略性重组阶段第一步	1998—2003年	按照中央提出的"三年两目标"的要求,浙江省国有企业改革和发展的目标分两步走,实现"两个率先"。	1998年浙江省制定了国有大中型企业改革和脱困3年规划;杭州金龙集团通过改制只留下20%的股份,由绝对控股转为相对控股。
	国有企业战略性重组阶段第二步	2004—2008年	以产权主体多元化改革为重点,以促进国有经济布局结构进一步优化为目标。	浙江耀江集团、浙江省丝绸集团整体产权公开转让;杭州萧山国际机场引进外资;三狮集团下属子公司通过引进各种资本实现产权多元化。

浙江省的第一轮国有企业改革从改革开放初期到1998年,经过了三个阶段:

第一阶段,从改革初期到20世纪80年代初,主要是围绕扩大企业经营管理自主权、利改税、厂长负责制等三个层面推动改革。

第二阶段,从1985年到1993年,其主要特点是"两权分离"改革原则的提出,以实施承包经营责任制为主要手段。

第三阶段,从1993年到1998年,浙江国有企业改革进入了建立"产权清晰、权责明确、政企分开、管理科学"的现代企业制度的新阶段。这是国有企业改革的一次质的飞跃,主要表现在对传统计划经济的彻底摆脱,对市场经济的明确认同。

经过第一轮改革,浙江省市县的国有企业改革已基本告一段落,一些省属公司的子公司也陆续进行了改制,但省属国有企业基本上还是国有独资,少数几个改制的企业,也是国有股一股独大,决策上依然沿袭传统的思维,影响了企业的活力;在结构布局上,国有企业在一些竞争性行业中已明显缺乏竞争力。和当时整个经济形势相比,省属国有企业的改制进程相对滞后,法人治理结构还不够完善,产业结构布局不尽合理,国有资产监管营运体制有待进一步完善。

浙江省的第二轮国有企业改革从1998年到2008年,按照国家的统一部署,实施国有企业的战略性调整,并以产权主体多元化改革为重点,实现国有经济布局结构优化为目标。

第三章　浙江国有企业技术与管理创新成果回顾

一、浙江国有企业技术创新统计回顾

改革开放伊始,受当时国家产业政策和国家投资导向的影响,浙江省国有企业整体规模较小,国有大中型企业和重点骨干行业和领域分布相对较少,国有经济的比重较低。1978 年全省国有经济增加值仅为 47.8 亿元,占 GDP 的比重为 38.6%。而同期全国国有经济的增加值为 2038.5 亿元,占 GDP 的比重为 56.2%。浙江省国有经济的比重低于全国 17.6 个百分点。至 1990 年,浙江省国有经济增加值达到 255 亿元,比 1978 年增长了 5.3 倍。国有经济的比重为 28.4%,比 1978 年下降了近 10 个百分点。而同期浙江省的集体经济增加值从 1978 年的 68.9 亿元、占 GDP 的 55.7%,增加到 1990 年的 477 亿元、占 GDP 的 53.1%,总量增加了 6.9 倍,比重下降了 2.6 个百分点。在这一时期,浙江省的经济基本格局没有改变,国营经济也没有呈现出太多的活力。[①] 到 1990 年,现代企业制度在国有经济中的建立,开始了浙江省国有经济结构大调整、行业大进退、制度大改革的时期。国有经济从过于广泛的竞争性行业逐步退出,集中到关系国民经济命脉的重要行业,以及一些虽是竞争性行业、但科技要求较高且国有企业有一定基础的行业,如钢铁行业、化工行业、电子通讯、机械制造等。浙江培育出了一大批如娃哈哈、杭钢、镇海炼化等上规模、科技含量高、管理先进的龙头国有企业。到 2000 年,国有及国有控股企业创造的工业总产值为 1292.72 亿元,比 1978 年增加了 6.7 倍。到 2005 年浙江省国有经济总资产达 8214.2 亿元,居全国第 6 位;净资产为 3013.6 亿元,居全国第 5 位;所有者权益为 2598.6 亿元,居全国第 4

---

① 《在改革创新中实现超越——对浙江国有经济发展历程的分析》,《浙江统计》2002 年第 12 期。

位;利润总额为 253.2 亿元,居全国第 3 位;净利润为 122.6 亿元,居全国第 2 位。[①] 这些成绩的取得,与国有企业的技术创新与科技活动是密不可分的。在 30 年改革开放的历程中,特别是进入 20 世纪 90 年代以后,国有企业对技术创新的重视逐渐增强,技术创新的成果日益显著(见表 3-1、图 3-1、图 3-2、图 3-3、图 3-4)。

表 3-1　1987—2005 年浙江省国有大中型工业企业技术活动统计表

年份	企业办技术开发机构(个)	企业科技活动人员数(人)	科学家工程师(人)	经费筹集总额(万元)	上级拨款(万元)	经费支出总额(万元)	开发新产品(个)
1987	134	12180	3492	17354	1212	13475	7146
1988	158	12917	4493	26854	980	21969	6752
1989	187	12491	4804	22471	1187	15959	7125
1990	313	14384	5586	32894	1246	24741	9808
1991	420	19768	7261	70379	1061	45012	16104
1992	467	23567	8847	108283	2040	85373	35594
1994	506	26605	10343	82272	908	85747	40244
1995	632	35879	11827	188267	2700	168373	59934
1996	583	27812	16542	160765	3036	141596	87027
1997	618	31359	19103	187588	6216	161050	86451
1998	599	27689	14705	217032	6825	179347	98161
1999	476	33922	17700	235902	9030	200347	110671
2000	442	35690	21018	336794	13420	342251	168023
2001	436	41881	25746	438501	10013	420620	208580
2002	394	44975	26491	484952	8127	457409	241924
2003	752	78200	45465	996263	19150	853636	487992
2004	947	79488	45147	1239240	38436	1156830	651958
2005	1261	113488	70071	1977611	47935	1799974	1408969

　　资料来源:《浙江统计年鉴(2007)》(注:1993 年数据缺失)。

---

　　① 厉佛灯:《浙江国有经济的"六五四三二"——国有经济与民营经济成为浙江耀眼的双子星座》,《今日浙江》2006 年第 19 期。

开发新产品数（个）

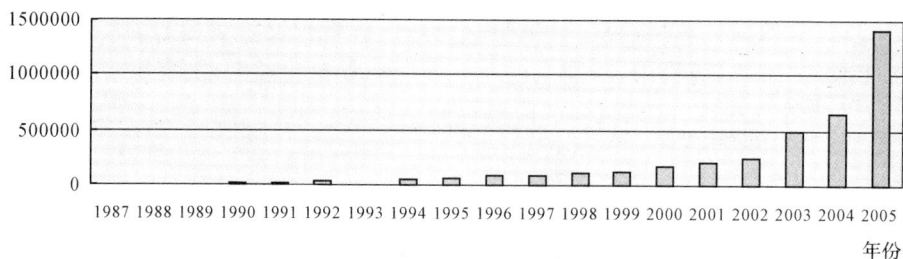

图 3-1　1987—2005 年浙江省国有大中型工业企业开发新产品
　　　资料来源:《浙江统计年鉴(2007)》(注:1993 年数据缺失)。

企业科技活动人员数（人）

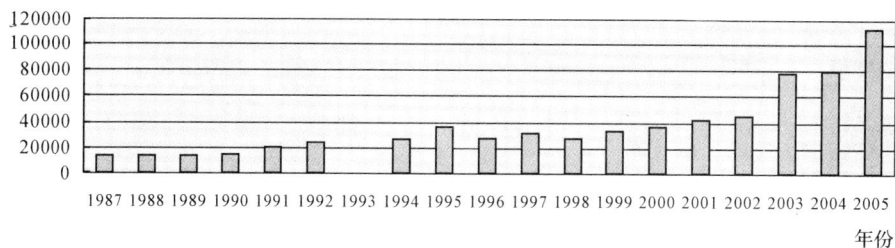

图 3-2　1987—2005 年浙江省国有大中型工业企业科技活动人员人数统计图
　　　资料来源:《浙江统计年鉴(2007)》(注:1993 年数据缺失)。

科学家工程师（人）

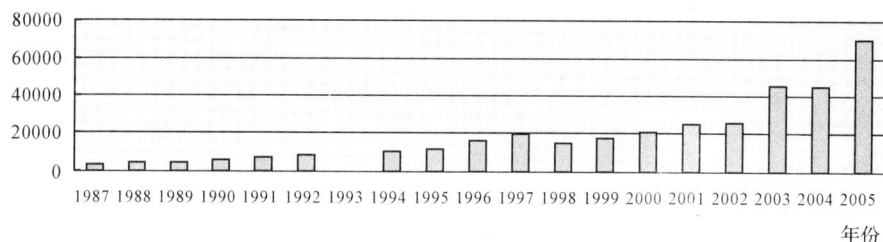

图 3-3　1987—2005 年浙江省国有大中型工业企业科学家工程师人数统计图
　　　资料来源:《浙江统计年鉴(2007)》(注:1993 年数据缺失)。

经费支出总额（万元）

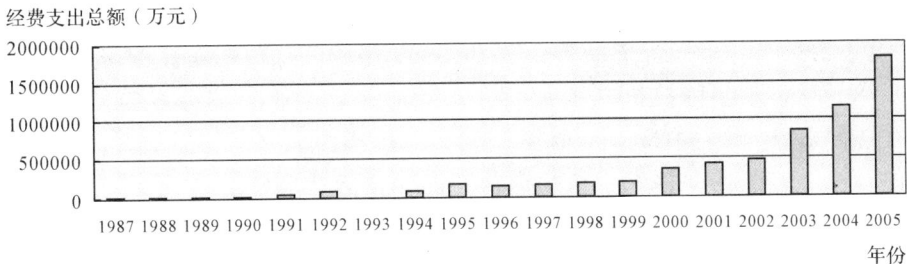

图 3-4　1987—2005 年浙江省国有大中型工业企业科研经费支出总额统计图
资料来源：《浙江统计年鉴(2007)》（注：1993 年数据缺失）。

　　从技术创新上来看，1987 年浙江国有大中型企业办技术开发机构仅 134 个，企业科技活动人员仅有 12180 人，工程师科学家仅有 3492 人，全年开发新产品也只有 7146 项。到 2005 年，浙江国有大中型企业开办技术开发机构达到了 1261 个，是 1987 年的 9.4 倍；企业科技活动人员增加到 113488 人，是 1987 年的 9.3 倍；科学家工程师达到 70071 人，是 1987 年的 20 倍；新产品开发数为 1787771 个，是 1987 年的 197.2 倍。[①] 浙江国有大中型工业企业更注重技术上的创新和对技术引进吸收的投入，2006 年，筹集用于技术开发的资金为 2498397 万元，是 1978 年的 144 倍；国有大中型企业在引进国外技术上的支出为 185181 万元，占全国的 5.47％；消化吸收国外技术的支出为 76518 万元，占全国的 9.35％；购买国外技术资金达到 86352 万元，占全国的 9.88％。[②]

　　2007 年浙江省大中型工业企业科技活动活跃，创新成效明显。全省大中型工业企业从事科技活动人员 15.47 万人，增长 10.8％；其中，科学家和工程师 9.24 万人，比上年增长 14.6％，科技活动人员中科学家和工程师的比重由 2006 年的 57.74％提高到 2007 年的 59.73％。科技活动经费内部支出 280.17 亿元，增长 27.5％。其中，R&D 经费支出 161.76 亿元，比上年增长 28.5％。R&D 经费强度，即 R&D 经费支出占主营业务收入的比重为 0.82％，比上年提高 0.01 个百分点，高于全国平均水平。全省大中型工业企业用于新产品开发的科技经费支出为 239.09 亿元，增长 32.4％，占企业科技活动经费内部支出的 85.33％，比 2006 年提高 3.17 个百分点。2007 年，全省大中型工业企业申请专利 13669 件，比上年增长 56.2％，其中最具原创性的发明专利申请 2154 件，比上年增长 22.3％。全年实现新产品销售收入 4016.58 亿元，比上年增长 36.3％，新产品销售收入占主营业务收入的比重

　　① 浙江省统计局：《浙江统计年鉴(2007)》。
　　② 中国发展门户：http://cn.chinagate.com.cn/data/2007—12/21/content 9427675.htm.

浙江改革开放三十年研究系列·理论篇

为 20.30%,比 2006 年提高 1.39 个百分点。完成新产品产值 4190.21 亿元,比上年增长 34.2%,新产品产值率由 2006 年的 19.79% 提高到 2007 年的 20.88%。企业办科技机构增加,2007 年大中型工业企业办科技机构数为 1861 个,比上年增加 258 个,增长 16.1%。机构中从事科技活动人员为 8.85 万人,比上年增长 13.2%。机构内部开展科技活动经费支出 163.96 亿元,增长 23.3%。机构拥有的科研仪器设备原价总值达 116.21 亿元,增长 18.1%。科研基础条件的改善,为企业持续有效地开展研发活动提供了保障。许多企业把自己的研发中心与大学的学科实验室挂钩,委托或者购买高校和科研所的研究成果,把实验室的创新技术应用到实际生产和操作中。浙江省已初步形成了以企业为主体、高等院校和科研院所为依托的区域科技创新体系。①

国有企业在高新技术产业发展尤为迅速,已成为了浙江省高新技术产业的骨干力量,特别是在生物、新材料、电子信息、新能源、海洋生物技术等方面都成为产业的龙头。浙江省通过"五个一批"工程培育了一大批具备现代企业制度,有影响力和辐射作用的大型国有企业集团,在规模以上企业中,国有及国有控股企业数量只占 6%,创造的增加值和税金却分别占 19.17% 和 34.11%。以大企业、大集团为龙头的国有及国有控股工业在全省电力、通信等领域的比重超过 80%,在化学、冶金等基础原材料产业中比重超过 50%,在电子等高技术新兴产业中超过 40%。② 在新型工业化的道路上,浙江的大企业、大集团更加注重增强核心竞争力,发挥"领头羊"的作用。在以信息化带动工业化方面,大企业十分注重采用信息技术对企业制造、销售乃至管理、经营等各个环节进行改造,出现了杭钢、巨化等以信息化改造传统制造业的典型,涌现出像为国产 CDMA 手机装上"中国芯"的华立集团、研制出首根国产光纤预制棒的富通集团等高新技术企业,众多国有企业在实践中正在努力提高从技术创新到产品销售的效率,技术创新为整个浙江的国有企业增添了巨大的活力。

二、浙江国有企业管理创新回顾

30 年的改革历程,浙江国有企业在不断的自我完善中成长。在管理创

① 《我省大中型工业企业自主创新能力进一步提升》,浙江国税网:http://www.zjtax.gov.cn/xwdt/cjxw/200807140007.shtml.

② 《浙江省"五个一批"企业盈利能力增强》,《浙江日报》2003 年 8 月 22 日。

新方面,尤其是在企业信息化建设、组织创新、人力资源改革和企业组织文化方面,浙江国有企业取得了很大的成就。

(一)信息化建设

到 2007 年为止,浙江省国有企业在信息化建设方面有了很大的提高,绝大多数的国有企业都建立了自己的网站。通过网络技术,国有企业的信息交互和信息共享得到了很大的提升。以浙江物产元通集团为例,原本属于物资部系统内的区域物资流通企业,业务中不光有传统的生产资料流通业务,也有汽车、摩托车的销售业务。集团运用电脑网络管理业务,获得了众多整车厂家 3S、4S 的专卖店资格认证。

在产品的销售和售后服务等方面,信息化建设对国有企业也有着不可替代的作用。随着信息技术的突飞猛进,企业信息化已经成为企业增强核心竞争力、参与市场竞争并成为强者的关键。杭钢决策者较早地意识到信息技术的重大作用,从 2000 年开始着手研究制定信息化发展规划,把信息化建设作为"一把手"工程,按照"总体规划、分步实施,需求主导、突出重点,先进适用、量力而行,互联互通、信息共享"的建设原则,抓好"三大目标(生产过程自动化、经营管理信息化、商务运行网络化)、一条干线(主干网)、六个系统(以财务管理为核心,人、财、物、产、供、销六个系统)"建设。目前,杭钢内部主干网、CIMS 系统、OA 系统已经广泛应用于企业管理。ERP(企业资源计划系统)上线运行后,物料采购、生产管理、销售管理、设备管理、财务管理和人力资源管理等模块的实施效果较好。2004 年,杭钢被评为"浙江省信息化示范企业";2005 年,在"中国国有企业信息化建设 500 强企业"中,杭钢名列第44 位。

(二)组织创新

在组织创新方面,浙江国有企业积极与国内外优秀企业建立战略合作和合资等关系,通过强强联合等多种途径,增强国有资产运营效益。杭州萧山国际机场于 2005 年和香港机场签订了《杭州萧山国际机场有限公司增资认购协议》,根据双方签署的协议,萧山国际机场通过增资扩股、引进战略投资者的方式,与香港机场合资,共同投资和经营管理萧山国际机场。萧山国际机场以评估后经省政府国有资产监督管理委员会确认的净资产出资,占65% 的股权;香港机场管理局以港币现汇折算方式出资,占 35% 股权。合资公司将利用港方资金 19.9 亿元人民币。据了解,合资后的有限责任公司,将先建设机场二期工程和空港物流中心,以及扩大国内和国际停机坪,投入资金大约在 25 亿—30 亿元之间,这是内地民用机场整体合资的首次尝试,也是一次强强联手的合作。杭港机场合资,不仅是资金上的合作,更是管理、技术、人力资源等全方位的合作,有利于萧山机场这个优质的国有资产进一步加快提升管理水平,开拓国际业务,保持机场可持续发展。

(三)人力资源改革

在人力资源改革方面,浙江国有企业充分发挥浙江民营企业实力雄厚的优势,与各种民营企业合作,通过人才交流等途径,实现人才、技术等方面的合作,达到共赢的效果。全球化的战略规划需要一支富有战斗力和凝聚力的全球化人才团队。浙江国有企业从制定企业发展目标入手,集聚、凝聚各类人才为企业的发展壮大服务,主要内容包括:以促进企业发展作为人才工作的根本动力;以树立科学的人才观作为人才工作的思想基础;以建设优秀的经营管理者团队作为吸引和凝聚人才的价值取向;以企业文化优势作为打造人才的精神宝典。

通过创新适应市场需要的人才机制及必要手段来引进、培养和使用人才,如:竞争择优、合理流动、薪酬分配市场化;建立健全劳动关系的契约机制、稳定的社会保障体系机制和特殊专业人才的管理及分配机制;加快属地化人才经营区域的建设;加大区域人才资源社会化等。以企业的长远发展为着眼点推进人才强企战略,积极引进、输出和提供舞台重点练兵,多出、快出人才精品,改善人才资源结构,努力增加人才总量、优化人才结构、提高人才质量。

(四)文化创新

在文化创新方面,浙江国有企业在企业文化方面继承了国有企业一贯的优秀传统,发展出了很多适合新时代的企业文化。

1. 树立社会责任伦理观

在企业社会责任新观念的要求下,浙江国有企业改变对自身价值以及在新经济时代的位置与作用的认识,即认识到企业与社会是一种相互促进的关系。企业不仅要生产经营以赚取利润,同时还要积极、主动地承担企业道德和慈善义务,把"做有高度社会责任感的企业公民"作为对企业利益相关者、对社会甚至是对全球的承诺。在社会主义旗帜下,浙江国有企业树立全心全意为人民服务的道德精神,更深刻地体现了企业的社会责任。

2. 更新对企业资本价值的认识

一方面,浙江国有企业对于国有企业物质资本价值的认识上有了新的观念,认识到除了物质资本外,先进的技术、惊人的发展速度以及不断创新的能力才是企业在激烈的市场竞争中取胜的优势所在,以价值增值和价值创造作为国有企业的核心目标之一;另一方面,浙江的国有企业也改变着人们对人力资源价值的认识,深化对人性的认识,建立一切以人为本的国有企业文化。这样,在国有企业内部,不仅发挥了社会主义、集体主义的优势,真正做到尊重员工和关心员工,更树立了企业家管理文化,摆脱过去由党政干部管理企业的观念,努力建立完善的职业企业家管理制度,给优秀人才一个舞台,真正地增强了国有企业的活力。

3. 树立对知识价值的新认识

浙江国有企业充分认识到知识的重要性和学习的迫切性,努力建立一种学习型企业以适应知识经济时代的要求,把知识图强作为企业核心价值理念。浙江省国有企业一方面强调全员学习、全面学习、不断学习的观念,注重团队智力的开发,着重培养员工的创新意识和创新能力以及对环境的敏锐洞察力、系统和辩证思维等,以促进企业适应不断变化的客观环境;另一方面,把学习变为企业创新的源泉和动力,努力学习别人的优秀东西并创造性地应用于自身领域,形成国有企业的新特色,使得国有企业成为既有优良传统,又适应新形势的学习型组织。以杭钢为例,它根据自身的发展特点,深入挖掘蕴藏于企业文化中的优良传统,广泛吸收国内外先进企业的文化精髓,在继承中不断创新,在创新中不断提高,在核心竞争能力当中融入更多的文化特质,提炼出了"以钢铁意志做人、建业、报国"的企业精神,"诚信、双赢"的企业道德,极大改善了员工的精神面貌,有力提升了企业形象。同时,完善学习创新机制,高度重视和利用共同价值观来统一企业员工的思想和行为,使员工适应新的市场环境和工作环境,认同并实施企业的发展战略,积极寻找实现自身价值的途径。

第四章 浙江国有企业在全国的地位及其改革示范效应

一、浙江国有企业在全国的地位

（一）浙江国有工业经济与其他省份的比较分析

国有工业企业是浙江国有经济的重要组成部分,是全省基础产业的主要载体,也是社会经济改革的主要承担者。经过 30 年的改革与发展,国有企业增添了生机与活力,国有工业在整个国有经济中的控制力和竞争力不断增强,为全省经济快速发展作出了重要贡献。因此,一个省国有工业的发展程度可以直接地反映出该省国有经济的总体实力。本部分,我们通过将浙江省国有及国有控股工业企业与北京、上海、广东、山东、江苏等沿海强省市的横向比较,来探索改革开放以来浙江省国有经济在全国的地位。

截至 2006 年底,浙江省拥有国有及国有控股工业企业 776 户,从业人员达 32.65 万人。其中,拥有资产总额达 4319.35 亿元,比 2000 年增长 79%;全年创造工业总产值达 4024.81 亿元,比 2000 年增长 2.1 倍;全年实现利润总额达 204.81 亿元,比 2000 年增长 1.8 倍。

1. 国有工业资产总额比较

2006 年浙江省国有及国有控股工业资产总额增速为 11.7%,国有工业资产总额达到了 4319.35 亿元。表 4-1 为 2000、2006 年六省市国有工业资产总额比较表。

表 4-1　六省市区国有工业资产总额比较 （单位：亿元）

项目		浙江	广东	山东	江苏	上海	北京
资产总额	2000 年	2413.15	5593.75	6117.20	4978.57	6283.64	3345.36
	2006 年	4319.35	8798.27	10015.43	6338.42	8781.05	10613.19
年平均增速（%）		10.2	7.8	8.6	4.1	5.7	21.2

资料来源：《中国统计年鉴（2001—2007）》。

在表 4-1 中我们可以看到，虽然浙江省国有工业的资产总额不如其他几个发达省市，但除了北京，浙江省国有工业资产总额的增长速度远远领先于其他几个省市，分别高于广东、山东、江苏、上海 2.4、1.6、6.1 和 4.5 个百分点。这说明改革开放以来，浙江省国有经济在底子薄、基础差的不利条件下，通过积极的改革和发展，使国有经济得到了飞速的发展。

2. 国有工业总产值比较

2006 年浙江省国有及国有控股工业总产值增速为 18.3%，国有工业总产值达到了 4024.81 亿元。表 4-2 为 2000、2006 年六省市区国有工业总产值比较表。

表 4-2　六省市区国有工业总产值比较 （单位：亿元）

项目		浙江	广东	山东	江苏	上海	北京
工业总产值	2000 年	1292.72	3126.12	3486.54	3067.86	3205.11	1742.66
	2006 年	4024.81	7388.40	9229.15	5931.86	6929.42	3725.02
年平均增速（%）		20.8	15.4	17.6	11.6	13.7	13.5

资料来源：《中国统计年鉴（2001—2007）》。

在表 4-2 中我们可以看到，自 2000 年以来，浙江省工业总产值的年平均增长速度达到了 20.8%，远远高于其他几个发达省市，分别领先广东、山东、江苏、上海、北京 5.4、3.2、9.2、7.1 和 7.3 个百分点。这也说明改革开放以来，通过积极的改革和发展，浙江省国有经济已经走在了全国前列。

3. 国有工业单位净资产利润比较

2006 年浙江省国有及国有控股工业净资产总额为 1776.38 亿元，利润总额为 204.81 亿元，单位净资产利润达到了 0.1153 亿元。表 4-3 为 2000、2006 年六省市区国有工业单位净资产利润对比表。

表 4-3　六省市区国有工业单位净资产利润比较　　　(单位:亿元)

项目		浙江	广东	山东	江苏	上海	北京
单位净资产利润	2000 年	0.0668	0.0928	0.1315	0.0562	0.0658	0.0553
	2006 年	0.1153	0.1632	0.2298	0.1201	0.1148	0.0405
年平均增速(%)		15.1	9.9	9.7	13.5	9.7	−5.1

资料来源:《中国统计年鉴(2001—2007)》(注:因无法搜集到各省市历年净利润数据,这里用利润总额代替了净利润)。

在表 4-3 中我们可以看到,浙江省国有工业单位净资产利润年平均增速达到了 15.1%,远远领先于其他几个发达省市,分别领先广东、山东、江苏、上海 5.2、5.4、1.6 和 5.4 个百分点。这说明改革开放以来,浙江省国有经济在大力发展的同时,通过积极的改革和发展,使国有资产得到了进一步的优化,使国有经济的质量和效益有了大幅度的提高。①

通过与北京、上海、广东、山东、江苏等沿海强省市的横向比较,我们可以发现,与这些强省市相比,浙江省国有工业经济的底子相对比较薄,但发展速度十分惊人,通过 30 年的改革和发展,浙江省国有经济效益总体水平位居全国前列,主要经济指标具有明显的优势,具有较强的竞争力。

(二)浙江国有经济 30 年发展取得的成绩

1. 国有资产总量持续增长,规模和效益连创新高

到 2007 年底,浙江省国有及国有控股企业年末资产总额 11386.98 亿元,净资产 4471.43 亿元,年末国有资产总量 3600.64 亿元;实现销售收入 4781.95 亿元,利润总额 341.86 亿元。据测算,2007 年浙江省国有经济总量是改革开放之初的 80 倍,浙江省国有及国有控股企业资产总额比改革开放之初的 1978 年增加了约 55 倍,利税总额比 1978 年增加了约 32 倍,销售收入比 1978 年增加了约 46 倍。与兄弟省份相比,浙江省国有企业的主要经济指标多年来位居全国前列,2006 年全省国有企业主要指标在全国的排名为"五四三三二",即:全省国有企业总资产达 9665.2 亿元,居全国第 5 位;净资产为 3698.8 亿元,居全国第 4 位;所有者权益为 3159.1 亿元,居全国第 3 位;利润总额为 307.7 亿元,居全国第 3 位;净利润为 150.8 亿元,仅次于上海,居全国第 2 位。全省国有经济在全国的排名情况总体上是与浙江经济在全国的排名情况相匹配的。

---

① 国家统计局:《中国统计年鉴(2001—2007)》。

2. 国有企业改革不断深化,企业活力日益显现

改革开放以来,在浙江省委、省政府领导下,通过放权让利、承包经营责任制、政企分开、厅(局)转制、实行公司制等一系列的重大改革,浙江省国有企业内部活力和市场竞争力不断增强。特别是 2002 年以来,通过国有资产管理体制改革、国资营运机构组建、试行国有资产授权经营责任制考核、派驻监事会和财务总监等重要举措,浙江省国有企业努力适应形势、不断转换机制,运行效益连续多年保持良好增长态势,明显高于全国平均水平,并在全国名列前茅。浙江省国有企业在数量上大大减少,但在质量上有了明显的提升,2006 年有 9 家省属企业进入了中国国有企业 500 强,占省属国有企业总额三分之一强,比 2003 年增加 3 家。许多企业在全国同行中排在较前位置,在全省各行各业中也发挥了领头羊的作用,全省盈利最大的前 10 位企业大多数是国有企业,镇海炼化等一批国有企业成为行业排头兵,对浙江经济起到了重要的支撑作用。

3. 国资监管逐步到位,监管新体制初步形成

"十五"以来,浙江省积极探索国有资产监管的有效方式,以国有资产保值增值为目标,根据"国家所有、分级管理、授权经营、分工监督"的原则,形成了全省国有资产监督、管理和营运的"三层次"框架体系。2004 年,省国资委作为省政府特设机构的正式成立,标志着在政府机构设置上实现了政府公共管理职能和出资人职能的分开,按照"权利、义务和责任"相统一,"管资产和管人、管事"相结合的要求,初步形成了以产权管理为核心,以授权经营和绩效考核为重点,资产评估转让处置较为规范,企业改制制度较为健全,采取监督管理较为完善的国资监管新体系。之后,全省市级国资监管机构组织框架基本构建完成,个别县(市)在县级国资监管方式上进行了有效探索。全省国有资产监管工作正由以往行政管理向着以出资人产权管理为主导的方向推进,国有资产出资人的职能作用进一步得到发挥。

4. 国有经济与民营经济共同发展

浙江堪称中国民营经济第一大省。截至 2007 年,全省注册资本金超过百万元的私营企业达 12.1 万家,每 25 个浙江人中就有一个是民企老板。在全国民营企业 500 强中,浙江占了 203 席。民营经济的发展,发挥了促进国有经济转型的"鲶鱼效应",不仅激活了国有经济的活力,还使两者之间产生了一种良性互动。改革开放以来,浙江省民营经济以多种方式参与国有企业的改组改制,开创了浙江多种所有制经济相互融合、齐头并进的新局面。尽管国有经济在浙江的经济结构中的比重下降,但总量、增量却呈上升趋势,控制力和影响力较以往明显增强。浙江民营经济和国有经济彼此之间的良性

互动、互促共进,在成就浙江"民营经济大省"美誉的同时,也把浙江成功地打造成了"国有经济大省"。

5. 国有企业数量减少,运营质量提升

浙江省国有经济依然控制着全省经济的方向,引导着全省的非国有经济的成长。目前,国有经济在全省水、电、气等基础性行业中的比重超过80%,在化学、冶金等资本密集的基础原材料产业中超过45%。2006年有9家省属企业进入了中国有企业业500强,占省属国有企业总额1/3强,比2003年增加了3家。许多企业在全国同行中排在较前位置,在全省各行业中也发挥了领头羊的作用。一批企业集团在新的基础上进行市场经营活动,企业核心竞争力进一步增强。

在表4-4中我们可以看到,从2001年到2007年,浙江省国有企业主要经济指标大幅度增加。2007年与2001年相比,资产总额增加6853.66亿元,达11386.98亿元,增幅151.2%;净资产总额增加2562.81亿元,达4471.43亿元,增幅134.3%;国有资产总量增加2083.5亿元,达3600.64亿元,增幅137.3%。企业经营效益快速提高,2007年与2001年相比,全省国有企业实现主营业销售收入增加2175.83亿元,达4781.95亿元,增幅83.5%;利润总额增加240.3亿元,达341.86亿元,增幅236.6%。

表4-4　2001—2007年浙江省国有企业主要经济指标情况表

项目	2001 年	2002 年	2003 年	2004 年
	金额(亿元)	金额(亿元)	金额(亿元)	金额(亿元)
资产总额	4533.32	4858.60	5853.8	6740.9
负债总额	2624.7	2795.00	3477.8	4179.6
净资产总额	1908.62	2063.46	2376.0	2561.3
所有者权益	1734.65	1832.80	2067.5	2186.7
国有资产总量	1517.14	1662.16	1829.3	1979.7
主营业务收入	2606.12	2545.27	3015.9	3500.4
利润总额	101.56	128.00	179.9	233.4
净利润	48.92	61.45	87.0	116.3
资产负债率(%)	61.73	62.28	59.4	62.0

续表

项目	2005 年	2006 年	2007 年
	金额(亿元)	金额(亿元)	金额(亿元)
资产总额	8214.2	9665.2	11386.98
负债总额	5200.6	5966.4	6915.55
净资产总额	3013.6	3698.8	4471.43
所有者权益	2598.6	3159.1	——
国有资产总量	2409.7	2959.2	3600.64
主营业务收入	3992.3	4553.8	4781.95
利润总额	253.2	307.7	341.86
净利润	122.6	150.8	——
资产负债率(%)	63.3	61.7	60.73

资料来源:《浙江省统计年鉴(2001—2007)》。

如果仅从省属国有企业这一块来说,浙江省国资委直接监管的省属国有企业资产总额、销售收入、利润总额同样大幅度增加。据统计,截至 2007 年 7 月底,省属企业资产总额为 3195.9 亿元,同比增长 21.7%;净资产为 1106.1 亿元,同比增长 13.7%;所有者权益为 726.1 亿元,同比增长 9.7%;实现销售收入 1349.1 亿元,同比增加 238.8 亿元,增长 21.5%;实现利润 78.4 亿元,同比增加 18.3 亿元,增长 30.5%;实际上缴税金 80.9 亿元,同比增加 13.0 亿元,增长 19.1%。表 4-5 为 2003—2007 年浙江省属国有企业主要经济指标情况表。

表 4-5 2003—2007 年浙江省属国有企业主要经济指标情况表

项目	2003 年	2004 年	2005 年	2006 年	2007 年 (1—7 月)
	金额(亿元)	金额(亿元)	金额(亿元)	金额(亿元)	金额(亿元)
资产总额	1721.8	1939.0	2388.8	2771.8	3195.9
销售收入	1223.7	1579.2	1828.6	2052.7	1349.1
利润总额	84.2	105.4	108.1	123.2	78.4
上缴税金	72.5	95.32	96.41	105.9	80.9

资料来源:浙江省国有资产监督管理委员会相关统计资料。

从表 4-5 中我们可以看出,2006 年与 2003 年相比,资产总额增加 1050 亿元,达 2771.8 亿元,增幅 60.9%;实现销售收入增加 829 亿元,达 2052.7

亿元,增幅 67.7％。企业经营效益快速提高。2006 年与 2003 年相比,省属国有企业利润总额增加 39 亿元,达 123.2 亿元,增幅 45.6％;上缴税金增加 33.4 亿元,达 105.9 亿元,增幅 46.1％。2007 年,各项经济指标更是呈现出飞速增长的态势。①

(三)浙江国有经济发展中体现的特点

1. 国有资产总量在全国排名居于前列

根据国有资产监督管理委员会的统计,2006 年,浙江国有企业数量占全国国有企业比重的 1.81％,列居全国倒数第 1,但浙江国有资产总量从 2004 年的 1979.7 亿元增长到 2007 年的 3600.64 亿元,增长了约 82％。这样的成果是以全国最少国有企业数、就业人数和最低营业收入占比为基础的。根据有关数据测算,2006 年底,浙江国有企业在企业数、就业人数和营业收入三项指标上占全部企业的比重分别为 1.81％、3.74％和 8.42％,这三项比重在全国各省市排名中均列居倒数第 1 位。

2. 国有企业在重要行业和关键领域占据支配地位

根据浙江省统计局有关数据显示,2007 年底,浙江省国有企业数为 4739 家,其中 13.37％集中在第二产业,这些企业中又有近 30％的企业集中在关系国计民生和带有自然垄断性的工业基础设施领域,包括烟草、石油、钢铁、电力、自来水等行业。而从全国看,有 19.77％的企业集中在第二产业,其中只有 15％的企业分布在工业基础设施领域,大多数企业集中在第三产业。

3. 国有资产加快向关键行业、重点地区和大企业集中

众所周知,2004 年以来,国家宏观调控政策和经济发展的周期性对企业经营造成了较大的影响,特别是原材料、燃料等上游产品价格大幅上涨和下游产品价格下跌的"两头挤压",不断压缩了企业的利润空间。浙江国有企业积极建立与市场接轨的经营机制,及时调整经营策略和方向,采取对内挖潜力、对外拓展、节能增效等一系列有效措施,取得了较好的经济效益;并在效益增加的同时,进一步优化产业结构。国有资本更多地流向基础性、战略性行业,使国有企业业务结构调整取得了新的成效,主业的支撑作用更加明显。从行业分布情况看,浙江国有资产总量大部分集中在第三产业。2006 年,浙江省第三产业国有资产占全省国有资产总量的比重为 72.69％。

4. 效益良好且增量活跃

2006 年,浙江省国有经济运营效益在全国各省份中居于前列。浙江省

---

① 见 2001—2007 年国务院国资委和浙江省国资委的国资统计报表。

国有企业的净利润为 150.8 亿元,仅次于上海,在全国排名位居第 2 位;盈利面为 65.7％,全国排名位居第 2 位;人均税利水平在全国各省份中也是遥遥领先。浙江省国有经济的发展不仅表现为存量部分的自然增长,还表现为新创设的国有经济非常活跃。数据显示,2006 年,浙江省的"筹建国有控股企业数"在全国各省份中名列前茅,与北京并列第 1 位。①

二、省属国有企业改革的阶段性成果

改革开放以来,在与民营企业的共同竞争中,省属国有企业不断激活内部经营机制,市场竞争力显著增强。特别是近年来,在浙江省委、省政府高度重视下,在省国资委监管下,省属国有企业通过国有资产管理体制改革等重要举措,努力适应形势、不断转换机制,取得了显著的成绩,为全省经济社会发展作出了积极的贡献。

第一,以产权多元化改革为重点,新一轮国有企业改革取得阶段性成果。

根据浙江省委、省政府 2004 年提出的三年改革目标,省属国有企业进一步重组整合国资营运机构。整个省属企业改革方案落实后,省属企业数量比 2004 年省国资委成立时减少了 37％,企业产权结构进一步优化。省属企业本级改制前大都为国有独资企业,按照改革总体方案和改革基本思路落实后,有 35％成为产权多元化企业或民营企业。在推进集团公司本级产权多元化改革的同时,继续加大力度推进所属子公司的投资主体多元化。省属企业三级以上子企业,实现产权多元化的户数呈现了逐年增加的趋势。2003 年底三级以上子企业产权多元化的为 291 户,到 2005 年底为 448 户,占总户数的 47.31％。企业法人治理结构建设进一步推进。各省属企业在改制过程中,按照新《公司法》和现代企业制度的要求,逐步建立和完善法人治理结构。企业管理进一步加强,管理层次初步得到压缩,经营管理效率有所提高,监督约束体系逐步建立。

第二,以发展壮大国有经济为目标,国有企业的竞争力和控制力进一步增强。

浙江省始终坚持发展是硬道理,加大省属企业资产和产业结构布局调整的工作力度,进一步推动国有资本向重要行业和关键领域集聚,结合浙江实际,积极推进构建能源、交通、现代商贸物流、中高端化工、优特钢铁、建筑业

---

① 《从浙江实践看我国国有企业改革的方向》,新华网浙江频道,2007 年 1 月。

等六大优势产业板块，从而提高了国有资产的集中度和有效性，优化了国有经济的布局结构，进一步增强了省属企业的带动力和控制力。同时坚持"企业主体、市场主导、企业自愿、政府推动"的原则，按照专业化分工协作、规模经济和比较优势的要求，以资本为纽带，以打造"双千工程"为抓手，通过资产重组、联合、并购等市场化手段，在优势行业和重点发展领域中择优培育一批对全省经济具有明显示范、影响和带动作用的省属国有大型龙头企业。

第三，以建立现代产权制度为核心，国有企业改制和国有产权转让进一步规范。

浙江省国资委成立以来，制定了一系列规定，加强了国有企业改制资产处置和国有产权转让的监督管理，同时推进了产权交易市场的建设和规范运作。针对原来省属企业多头管理、家底不清的实际情况，浙江省国资委成立后即着手开展了从1999年以来的首次清产核资工作，基本摸清并核实了企业家底，清查出有问题资产62.8亿元，已处理消化42亿元。同时为防止前清后乱，研究制定了10多个资产与产权管理办法，强化了企业资产管理工作。针对新一轮改革产权转让规范要求高的实际，浙江省国资委从源头入手，开展委托中介机构审计、评估的"阳光工程"，建立中介机构库和评标专家库，严把资产评估关、审核批复关、资产定价关、转让交易关、资产处置关等"五关"。据统计，到2006年底，省国资委共核准资产评估项目166个，净资产评估值总额101.98亿元，评估增值86.18%；完成省属企业国有产权挂牌交易转让76项，挂牌成交价15.03亿元，增值12.02%；同时，省国资委开展全省国有产权交易机构清理整顿工作，重新选择认定全省产权交易机构119家，精简淘汰了30.8%，初步形成了覆盖全省的国有产权交易平台，国有产权交易普遍进入市场公开操作。针对资产评估报告时效与企业改革进程之间的矛盾，浙江省国资委在全国率先实行了资产"预评估"的创新做法，对动态地掌握企业真实家底、统一职工思想、制订改革方案、加快改革进程起到了积极的促进作用。[①]

三、浙江国有企业创新在全国的示范效应

浙江一直以来都是全国经济最为活跃的省份之一。根据中国社科院最新发布的《中国省域竞争力蓝皮书（2006—2007）》所提供的全国31个省、自

---

① 浙江省国资委：《浙江省国资委工作情况》，2007年。

治区、直辖市的基础资料,浙江省在全国省域经济综合竞争力中排名第 5 位,处于上游区。其中,浙江国有经济的发展在改革开放后,充分发挥了主力军和骨干支撑作用,在全省经济发展的浪潮中占据了重要的地位。作为经济发展中坚力量的众多中央直属和省属大型国有企业,通过体制创新,调整结构,转变增长方式,取得了迅猛的发展,呈现出一派欣欣向荣的景象,创造出国有经济中的"浙江现象"。浙江省国有企业在交通运输、能源、建设、建材、制造、通信、制药等行业,都显示出明星般的示范效应。实力雄厚的国有经济以及迅速崛起的民营经济造就了目前浙江在全国的经济强省的地位,也成了其他省市经济发展和改革创新竞相学习的榜样。因此浙江国有企业 30 年来的改革创新的宝贵经验,对全国其他省市的国有企业来说,有着非常重要的示范和借鉴效应。

(一)示范效应一:民营企业参与国有企业改革的改革

浙江省是国有企业改革起步较早的省份之一。浙江省委、省政府一直十分重视国有企业的改革和发展,早在 20 世纪 90 年代就提出,要跳出就国有企业论国有企业改革和发展的框框,从加快发展多种所有制经济中增强国有经济发展的生机和活力。自党的十六大以来,浙江始终坚持"两个毫不动摇"和"有进有退,有所为有所不为"的方针,以市场为导向,在大力发展民营经济的同时,把国有企业改革作为经济体制改革的中心环节,以体制机制创新促进国有经济的发展壮大,积极推进国有经济布局和结构的战略性调整,形成了多种所有制经济相得益彰、共同发展的格局,国有企业改革的深化使得企业活力日益彰显。在以产权多元化为主要内容的国有企业改革总体框架指导下,省属企业集团公司层面的改革全面铺开,下属子企业的改革进展较快。通过改革,进一步优化了产权结构和资源配置,转换了企业经营机制,增强了企业活力和市场竞争力。

由于民营经济和外资的活跃,浙江省在进行国有企业体制改革时充分利用了这一资源优势,积极推动国有资本、民营资本和外资的相互渗透、有机融合,使股份制成为公有制的主要形式。浙江国有企业改革一个堪称典型性的创新"高招"就是逐步推行国有资本与其他非国有资本,包括非公有资本的融合、对接,最终实现股权多元化,即发展混合所有制经济。例如,早在 1992年,浙江金义集团董事长陈金义一举收购了上海 6 家国有商店,成为改革大潮中第一位收购国有中小商业企业的私营企业家。1999 年,温州民营企业人本集团以承债方式整体兼并杭州轴承厂,成为中国最早跨区域兼并国有企业的民营企业。① 浙江国有经济在发展过程中正是大量吸收了除国有资本以外的外资、民资等多种不同性质的资本，才不断壮大了自己的规模与实力。在保持国有资本有进有退、合理流动的同时，根据浙江经济发展战略和产业导向，因企制宜，分类指导，通过重组、收购和发行债券等方式，整合并引导国有资本向关系经济社会发展的关键领域、重要行业和优势企业集中，提高了资产资本化、资本证券化水平，实现了国有经济布局结构的战略性调整。民营企业参与国有企业改革，也是促使双方优势互补、劣势互避、实现双赢的一条重要途径。大部分民营企业具有产权清晰、机制灵活、市场适应力强的突出优势，而国有企业与民营企业相比，则具有技术水平高、技术储备多、人力资源丰富、企业规模大、社会关系广、融资渠道多、企业管理现代化程度较高等优势。民营企业参与国有企业改革，既可以发挥民营企业的优势，又可以充分利用国有企业的优势来弥补其自身的劣势，迅速实现上档升级，跨越发展。而浙江在民营经济方面又具有得天独厚的优势，所以在产权改革方面加入民营企业的参与和支持，会使得国有企业改革进展更加顺利平稳。例如，大型国有企业浙江三狮集团，通过国有企业与民企的"杂交"，走出了一条被称为"三狮模式"的混合经济发展之路，既有国有企业的管理优势，又有民企的机制优势和外企的科技创新等优势；既保持了国有控股地位，又有民营、外资成分。三狮集团很早就把眼光瞄准了民营资本和外资。早在 2001 年，公司开始建设省内首条日产 2500 吨新型干法窑外分解水泥生产线时，就导入了集体与个人资本。2003 年奠基的两条 5500 吨生产线项目，也是由三狮集团控股、民营企业及外资共同投资。在已建成和正在建设的众多生产线中，既有产业资本，也有金融资本；既有国有资本，也有民营资本；既有国有企业的股份，也有民营企业、上市公司的股份。但有一条始终不变：三狮集团均在其中占有绝对或相对控股的地位，承担着多元资产的"授权经营"。

在进行国有经济战略布局结构调整时，浙江坚持以市场为导向，着眼于优化布局，提高产业关联度和集中度，分类分批推进国有企业改革重组。对基础性、公益性、战略性行业的企业，如能源、交通、航空、铁路等，在保持国有独资或国资绝对控股的前提下，积极引进战略投资者，实现产权主体多元化；对国有经济具有较强优势的竞争性行业，如国内外贸易、钢铁、化工等，通过辅业分离、产业整合、同类合并等方式，进一步提高专业化管理水平及其在市场上的竞争优势，培育出一批具有一定规模和较强竞争力的行业龙头企业；

---

① 应焕红：《浙江混合所有制经济与民营企业发展研究》，摘引自浙江省区域经济与社会发展研究会网站：www.raresd.com/20080107200668.htm.

对处于一般竞争性行业且竞争优势不明显,或者国有资产存量较小、更适合分散经营的行业领域,通过加快推进产权制度创新,实现国有资本全部退出;对于具有专业投资功能的企业,以资本运作和战略持股为主要职能,实施相关产业的整合,发展成为具有明显优势的投资类资产经营公司。

而其他省市在进行国有企业产权改革方面,尤其是中西部地区,由于经济发展缓慢,市场化意识薄弱,所以不能有效地进行产权改革,而且在改革过程中还会出现一系列问题,这对国有企业改革创新都是不利的。比如有些地方国有资本的比例尽管很大,但资本的运营效率却很低。这说明国有资本闲置严重,运营效率低下,再加上国有企业过高的负债,就会影响到正常生产资金的有效供给,使企业的生产经营活动不能正常进行,这样的状况显然难以使企业具有活力。而浙江国有企业产权改革的出色表现可以让其他省份更加明确体制改革的方向,同时开创更新的改革路径。

在推进民营企业广泛参与国有企业改革方面,浙江民营企业参与国有企业改革创新的方式和途径对于其他省份来说,具有独一无二的借鉴作用。很多地区国有企业改革缓慢的原因在于在国有资本没有能力独撑大局的前提下,民营企业因势力弱小而参与程度不够深入。鉴于此,就必须创造一切条件,鼓励具有机制优势且颇具活力的民营企业参与国有企业的改革,扬二者之长,补二者之短,实现共同发展、共同提高的双赢目标,从整体上提高经济能力,进而提高市场适应能力和竞争能力。可见,浙江省作为国内数一数二的民营经济大省不仅可以为全国民企的发展树立榜样,还可以在国有企业改革中让人耳目一新,成为学习的目标。

(二)示范效应二:以全面协同创新促进国有企业改革

在自然资源禀赋缺乏的浙江,国有企业的发展是与企业持续的技术与管理的协同创新密不可分的,正是得益于技术与非技术创新的协同,才使得民营经济蓬勃发展的浙江,其国有经济也取得了令人瞩目的成绩。

1. 技术创新

浙江省国资委鼓励以企业为主体的产学研相结合的创新体系,加强企业技术研发中心建设,加大企业技术研发投入,提高企业自主创新能力。各国有企业集团近年来都加大了传统产业的技术改造力度,采用高新技术和先进技术改造、提升传统产业,推动传统产业优化升级;并从实际出发,有选择地加快发展具有比较优势和市场潜力的高新技术产业,加快推动科技成果迅速转化为具有市场竞争力的新工艺、新技术、新产品。同时,在能源危机越发突出的 21 世纪,国有企业在生产创新方面大力推进节能降耗,转变生产消费模式,依托技术进步和科学管理,认真谋划一批工业结构调整的标志性项目,加快资源节约型、环境友好型企业建设步伐,积极转变经济增长方式,做到生产方式的全面创新,适应现代社会的节能要求,同时也为企业降低生产成本,这也是目前浙江国有企业技术创新中首要关注的问题。

但是在一些生产技术比较落后、生产和消费方式单一的地区,技术研发的条件不够,自主创新的步伐非常缓慢,这并不利于企业的进步和发展。而浙江国有企业在技术创新方面的做法和经验会给其他地区的国有企业带来新的启发。另外,目前节能减排是全国所有企业面临的重要问题之一,能源危机已经深刻影响到企业的成本和效益,尤其是资源短缺和技术落后的地区这个问题就更加突出,所以浙江国有企业在节能减排方面的技术创新经验对这些地区的企业来说是非常宝贵和重要的。

2. 非技术创新

以人力资源管理创新和突破为例,很多浙江国有企业在人力资源创新方面都有着超前的意识,并且有独特的企业特色,反映出不同的企业文化。企业都认识到建设高素质的创新型人才队伍的重要性,所以纷纷加快构建适应企业发展战略需要、层次结构分明、年龄结构合理、专业结构配套、具有较强创新能力的出资人代表、经营管理人才、思想政治工作者、专业技术人才和高技能人才队伍,并且初步建立起符合现代企业制度要求的人才培养、选用、评价和激励约束机制。并且为了提升企业整体创新能力,还将提高企业自主创新能力指标纳入企业领导人员的考核体系,着力形成一支敢于创新、善于创新的企业家群体。

而现在很多企业都面临着如何培养人才、留住人才、激励人才的问题,这个问题对于企业效率一向比民营企业低的国有企业来说尤为重要,因为企业效率高低的关键在于人这一因素。在这个方面,浙江国有企业独特丰富的人力资源创新经验也会给全国国有企业创新提供新的借鉴。

浙江国有企业,无论是区域性垄断企业还是非垄断企业都取得了骄人的成绩,说明企业在企业运营和管理方面必然有其独到之处。浙江国有企业在企业创新过程中逐渐探索出适合自己企业的创新之路,很多企业纷纷采取了利用各种生产要素的有机组合进行全面协同创新的方法,如技术、组织、市场、战略、管理、文化、制度等,在技术创新和非技术创新相互协同中探索出独特的国有企业创新机制。在全国来说,浙江国有企业的创新路径和创新机制也开了国有企业创新的先河,为其他国有企业创新方法的选择和模式的建立都提供了丰富的实践经验和理论启发。

（三）示范效应三：以良好的外部环境作为国有企业改革的后盾

浙江作为全国民营经济最为发达的省份，其经济发展水平、市场发育程度和市场化意识为浙江国有企业创新发展营造了一个良好的外部环境，这是浙江成为国有经济大省和强省的必要条件。除了适合的经济和市场环境之外，省政府和相关部门也尽一切努力为国有企业创新构造相应的政策、监管、激励等方面的环境，为国有企业的改革创新过程提供保驾护航的作用。

国资监管机构既有监管的职责，也有服务的义务。监管和服务都是为了国有资产的保值增值，两者是相辅相成的关系。国有企业在长期的发展中，由于肩负的责任、管理模式及历史包袱等各种因素，面临着比民营企业、外资企业更多、更难的矛盾和问题，还需要监管机构做大量的服务工作，支持、帮助企业又好又快地发展。所以国资委不仅负责监督管理国有企业的改制转型创新等各方面工作，更重要的是采取措施，营造氛围，构建环境，努力为企业创造良好的创新创业的政策平台。具体来说，政府及监管部门的做法有：

1. 研究出台具体办法与措施，支持与鼓励企业自主创新

国资委统一出台鼓励支持企业科技创新的政策和举措，力求引导企业切实贯彻落实科学发展观，不断增强建设资源节约型、环境友好型企业的责任意识，不断提高国有企业社会责任建设的水平。力求通过支持鼓励导向，引导和推动省属企业、特别是生产型企业，进一步增强科技创新意识，激发创新发展的动力和活力，切实在以创新求发展上下大工夫，把技术创新作为提升核心竞争力的重要途径，促进国有企业经济增长方式的转变，促进企业生产与自然环境相和谐。

2. 积极争取出台有关政策措施，鼓励国有企业做强做大做优

按照打造省属企业能源、交通、物流、化工、钢铁、建筑等六大板块的要求，积极推进省属企业的战略性重组，加快培育发展了一批跨区域、跨行业和跨所有制的大企业和大集团。

3. 完善和深化国有企业"十一五"发展规划，为企业发展提供战略导向

根据新的情况和新的要求，把国有企业"十一五"发展规划落实到产业、行业和企业的发展规划。通过这种发展规划的引导，为国有企业的再创业、再发展、再提高提供战略性导向和更高层次的服务。

4. 健全监督管理机制

通过近年来的努力，浙江省基本建立了国资监管机构框架体系、制度框架体系、保值增值责任体系。所有这些，为确保国有资产出资人职责真正落实到位打下了良好的基础，也有力地促进了国有企业的改革与发展。通过监

督管理机制的建设,国资委对国有企业,不仅要管住、管活、管好,更要努力为再创业、再提高、再发展创造高效监管机制。

为企业创造良好的创新环境,对每个省市来说都是首先要解决的问题,因为企业在社会上不可能独立存在,受到很多因素和外部环境的影响,而国有企业的地位和处境更加特殊。环境因素在很大程度上决定了国有企业创新的成败和效率,浙江国有企业能够在创新方面有今天如此辉煌的成就,走在全国国有企业的前列,这与政府和相关部门提供的良好适合的外部环境是分不开的。因此,如果其他省市能够借鉴浙江省在为国有企业创新构建良好环境方面的经验的话,在很大程度上将会提升本省国有企业创新的能力,并收到令人满意的效果。

第五章 浙江国有企业技术创新动力与模式

一、浙江国有企业技术创新动力因素

任何一项活动都是行为主体在一定动力下进行的。技术创新动力就是促进创新主体产生创新欲望和要求、进行创新活动的一系列因素和条件。①

技术创新动力是形成创新需要、引发创新行为的前提,同时技术创新动力的强弱直接关系到技术创新的频率和规模。总体来说,浙江省国有企业技术创新的动力因素包括外部动力因素和内部动力因素。技术创新外部动力是指存在于技术创新系统外部,作为创新环境存在的因素。技术创新内部动力是指存在于技术创新系统内部,对创新活动产生内驱力的因素。浙江省国有企业技术创新动力因素的演进历程与国有企业改革的进程、市场经济的成熟度、企业自身主体特征以及企业竞争环境的变化都有着紧密的联系。概括起来,浙江省国有企业技术创新的动力因素有技术推动因素、需求拉动因素、技术推—市场拉综合作用因素、市场竞争推动因素以及企业家—环境动力因素。

(一)技术推动因素

技术推动观点的代表是熊彼特。他认为技术创新的源头是外生因素——科学和发明,即科学技术是外生发展变化的,它所产生的外生冲击力量能够逐个引起技术创新各个环节的连锁反应,驱动技术创新活动发生和进行。20世纪60年代以前,这种模式一直占主导地位。技术推动表现为"科学发现或技术发明——实验开发——工程制造——市场营销——市场需要"的直线型模式。这种模式对技术创新动因的揭示单纯基于科学技术本身,其

---

① 傅家骥:《技术创新学》,清华大学出版社1998年版,第366页。

创新过程的逻辑链条是单向流动的,某一环节完成职能后会自动启动下一环节,各环节相对独立,纵向协作,甚至各环节的职能分工可能分属不同的利益主体,在产权、组织、空间上分离。此外,这种模式对技术创新动因的揭示是基于企业外部的宏观因素,而并非从企业主体角度出发。

(二)需求拉动因素

20 世纪 60 年代,美国经济学家施莫克勒(J. Schmookler)提出了需求拉动说,该学说至 20 世纪 70 年代初一直居于主导地位。他通过对 19 世纪上半叶到 20 世纪 50 年代美国四个具体产业的投资、产量、就业、发明活动的时间序列分析发现,投资与专利的时间序列表现出高度同步性,并且专利序列滞后于投资序列。施莫克勒引入需求因素对此加以解释,认为追求利润最大化的经济主体响应市场需求进行的投资活动、发明活动同步响应,表现为投资和专利时间序列的同步性。[①] 概括起来,市场拉动说认为技术创新起源于社会需要,更确切说是市场需求,创新行为成为技术努力和满足市场需求的结合点。

(三)技术推一市场拉综合作用因素

20 世纪 70 年代至 80 年代,在前两种模式基础上产生了新的综合作用模式,但这种模式并不是前两种模式简单相加。综合作用创新模式认为,技术创新是一个复杂的过程,科学技术和市场需求都是引发技术创新的因素,并且它们之间是相互协调、相互作用的。沃尔什(V. Walsh)对技术创新动力的实证研究表明,技术推动力或者市场拉动力都不是单独地占据主导地位,技术创新是在技术和市场的交互作用下启动的,并且技术推动和需求拉动在创新过程的不同阶段及产品生命周期上有不同的作用。在产业发展早期阶段,技术推动相对重要些,在产品生命周期成熟期市场拉动力相对重要些。综合作用创新模式基于工业发展全过程阐释技术创新动力问题,使得技术推动、市场拉引这两种看似不兼容的模式取得了统一。

(四)市场竞争推动因素

市场竞争给企业造成两种威胁,即实际的威胁和潜在的威胁。勒梅特和斯托尼对比利时 12 个不同产业的 41 个大企业的 131 个创新项目的调查发

---

① 王雪苓:《当代技术创新的经济分析——基于信息及其技术视角的宏观分析》,西南财经大学出版社 2005 年版,第 52 页。

现,64％的创新项目是反应型的,只有36％的创新项目是主动型的。[①] 反应型创新表现为创新活动是在企业受到竞争威胁后进行的。市场制度激励技术创新的内在机制可以用劳动价值理论来说明。由于商品价值量取决于社会必要劳动时间,因此在社会总供求相等的情况下,个别劳动时间大于社会必要劳动时间的企业必然有一部分劳动耗费得不到补偿,这使得它在竞争中处于不利地位。而通过技术创新,减少个别劳动时间,使个别劳动时间接近或小于社会必要劳动时间,可以使企业避免亏损、破产,甚至获得超额利润。

浙江金华英博双鹿啤酒有限公司是市场推动型的技术创新一个的很好例子。由于啤酒属于快速消费品行业,市场竞争相当激烈。而且近年来原材料、人工成本大幅上涨,所以迫使企业通过技术创新来降低生产成本,提升企业效益。公司成立20多年以来,不断地在技术创新方面进行探索,取得了一系列的成绩:发酵技术方面,1995年左右开始使用露天的发酵罐进行发酵;1999年,开始运用抽真空防止氧化的技术;2000年后,微生物控制技术得到了明显控制;2003年新厂建立时,在节能方面采用加压节能技术;近几年来,公司通过英博引进了间歇煮沸技术,这新技术对公司节约成本的作用十分明显,是公司长期保持竞争优势的重要保障。

在产品方面,该公司原来生产的啤酒口味比较重,1992年,通过和国内外一些院校合作,开发出了新产品干啤,经过两年左右的时间,干啤就替代了原有的啤酒并占领了一定的市场份额。1999—2000年,公司又开发出了新产品暖啤,该产品适合冬季销售,在经历了几次从内在到包装的升级之后,该产品得到了很多客户的认可。2006年,公司开发出了低度、低纯啤酒,这种啤酒酒精度低但口感很好,具有低酒精、低糖、低热量的特点。这些产品方面的创新为企业巩固现有市场,开发新的客户起了至关重要的作用。

(五)企业家—环境动力(Enterpriser-Environment)因素

由于技术推力、市场拉力、市场竞争等因素影响力的大小、方向不同以及企业家主体的千差万别和环境对创新活动各个环节影响力的差异巨大,使得技术创新活动受到的各种因素作用呈现出极为复杂的态势。以企业家—环境动力因素为动力的创新机制认为,技术创新应该以企业家为主体,以环境影响为中心从总体上把握创新的趋势,并根据环境的变化作出合理的技术创新选择。

该动力因素中创新主体可以是企业家个人,也可以是居于主体地位的企

---

① 李柏洲、刘鹏:《技术创新的动力和障碍分析》,《学术交流》2003年第8期。

业家带领的团队；创新环境则指创新所处的经济、市场、资源、政策法律等环境。经济环境指经济发展水平、经济结构、行业以及企业发展状况等；资源环境指自然资源、科技资源、人力资源、资金资源、信息资源等；政策法律环境指经济、科技、产业、市场有关创新的政策和法律。而技术创新产生的新观念、新技术、新需求也是新一轮技术创新被引发的基础。

案例：浙江尖峰集团的技术创新演进①

浙江尖峰集团的技术创新演进历程是对 E-E（Enterpriser-Environment）动力因素最好的阐释。综观改革开放 30 年来，浙江省国有企业面临最大的环境变化是经济体制的变化。从完全的计划经济体制到目前的市场经济体制，企业经营环境发生了根本性变化，而企业家作为企业发展最活跃的因素，根据不同的环境特点和资源条件为推动技术创新作了种种尝试，构建了创新型的尖峰集团。根据企业环境的变化和企业家的作用可以将尖峰技术创新演进历程分为以下三个阶段：

1."行政型"技术创新阶段（1982 年之前）

改革开放初期还属于计划经济体制下，企业既没有对利润的支配权，也没有投资权力，技术创新活动也主要是由政府驱动、统筹安排的。客观上，政府充当了技术创新决策和投资主体的角色，企业只是一个被动执行者，没有自主权和激励机制，积极性不高，只要完成政府布置的相应任务就好了。这样，在技术创新活动内容上，企业就表现出少有针对产品质量提升和新产品研发的技术创新活动，而针对设备更新改造、换代升级的创新活动则更少。"设备的维修维护和小改小革"就成为当时浙江国有企业技术创新活动的主要内容，而完成这些任务又靠在当时条件下工人和技术人员的极大工作热情，并没有相应的激励机制去维持和保护这种热情。

2."过渡型"技术创新阶段（1983—1992 年）

伴随着国有企业改制，企业的经营自主权不断扩大，市场需求逐渐显现，企业规模扩张成为企业发展的内在动力，而不像在计划经济体制下，被动地接收行政命令，去完成生产计划。在此阶段，公司广泛开展了横向经济联合，组建企业集团，对老设备进行了增容改造，并积极引入新设备。该阶段，在企业家带领下的全体员工追求规模扩张和利润增长是技术创新的主要动力。

3."市场型"技术创新阶段（1993 年至今）

这个阶段，一方面，尖峰集团拥有了企业经营自主权，企业可以根据外界环境的变化，及时作出相应的技术创新决策，进行技术创新投资，组织创新活

---

① 黄速建、王钦：《浙江尖峰集团考察》，经济管理出版社 2007 年版，第 182 页。

动,同时还可以分享企业技术创新的收益,所以企业家的能动性得到了充分的发挥,构成了技术创新的内在动力机制;另一方面,尖峰集团所处的水泥和医药行业都是充分竞争的行业,来自竞争对手的压力也就构成了尖峰技术创新的外部动力机制。因此,在这一阶段,尖峰形成了企业家努力创造股东财富最大化和市场竞争压力为诱因的技术创新动力机制。

二、浙江国有企业技术创新模式

(一)浙江国有企业技术创新模式的三个演化阶段

按照企业获取技术资源和技术能力的来源不同,企业技术创新可以划分为模仿创新、合作创新和自主创新三种基本模式。改革 30 年来,浙江省的国有企业技术创新模式在不断演进,从最初的纯粹模仿到后来的联合开发,再发展为现在的自主创新,经历了三个阶段的演化(见图 5-1)。总结浙江国有企业技术创新模式的演化规律,可以为构建技术创新体系提供很好的借鉴意义。

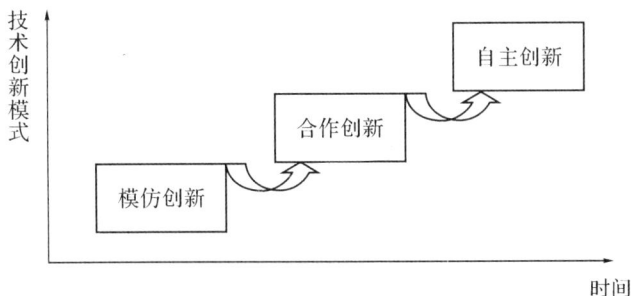

图 5-1　浙江国有企业技术创新模式演化的三个阶段

1. 模仿创新

引进国外技术并在模仿学习的基础上进行创新是我国国有企业多年来所选择的发展道路,因为其成本低、风险小,各个领域都在大量引进国外现成的技术。在改革开放初期,我国国有企业对所引进的国外技术资源的依赖程度比较高,对外技术依存度在 50% 以上(发达国家平均在 30% 以下,美国和日本在 5% 左右[①]),在关键技术上的自给率低,高科技含量的关键装备基本

---

① 毛武兴:《企业全面管理能力研究:以中国电子信息产业为例》,浙江大学博士学位论文,2006 年。

上依赖进口。改革初期,浙江省国有企业的技术基础薄弱,所以关键技术以引进吸收为主,在引进国外先进技术之后充分发挥企业的自主能动性,积极地进行模仿创新。

2. 合作创新

浙江省合作创新始于 20 世纪 80 年代到 90 年代,产学研的合作成为政府长期推动的工作,产学研联合攻关项目以市场需求为目标,以企业为主体,以经济效益为中心,大多数为"短平快"项目。到 90 年代中后期,"强强联合"的产学研重点项目开始起步,逐步出现了以资产为纽带、以市场为基础的优势互补、利益共享、相互依存的产学研联合体。进入 21 世纪以来,企业、高校和科研院所对产学研合作的认识进一步提高,长期合作需要迫切,出现了大型企业集团与名校、名院、名所为合作主体,以资产为纽带,以长期性、紧密型、市场化为特征的战略性合作。例如,浙江海正药业股份有限公司经过多年的积累,构建了完善的研发平台和创新网络,2001 年,海正建立了 16000平方米的国内一流的研发中心,技术中心拥有 50 多个单元实验室、300 多名专职研发人员。在自身研究实力不断提升的同时,与国内 30 多所知名科研院校保持密切的协作关系,在多所大学建有实验室;并且有 20 多位来自美国、德国、意大利等海外高级研究人员和技术顾问在多个领域提供技术和信息支撑,形成了多层次的技术创新网络体系。

3. 自主创新

在民营经济十分发达的浙江,省属国有企业仍然拥有比较强大的实力与影响力,在自主创新方面也取得了很大的进展。例如,杭钢集团用高新技术改造传统产业,部分生产线达到世界先进装备水平,吨钢综合能耗连续 5 年位居全国同行业前 2 位。浙江省能源集团加大了技改和创新力度,供电煤耗在全国处于领先水平,低于全国平均水平 34 克/千瓦时。浙建集团通过技术创新促进了工程质量的提高,2005—2007 年来荣获国家级工程奖 7 项,省工程奖 70 项。巨化集团不断提升自主创新能力,中俄科技合作园、中俄氟化工联合实验室、国家氟材料工程技术研究中心等一批技术创新载体已设立并开始发挥重要作用。

(二)三种技术创新模式的对比分析

三种不同的技术创新模式在技术来源和技术的收益性等方面都有较大的不同,本部分在介绍了三种技术创新模式的特点后对其各自的特征运用表格进行对比分析(见表 5-1)。

1. 模式一:模仿创新

模仿创新是指企业以自主创新者的创新思路和创新行为为榜样,并以其创新产品为示范,跟随领先者的足迹,充分吸取先行者的成功经验和失败的教训,通过引进购买或反求等手段吸收和掌握率先创新者的核心技术和技术秘密,并在此基础上对率先创新进行改进和完善,进一步开发和生产富有竞争力的产品的技术创新行为。模仿创新并非简单的照搬行为,而是一种创新行为。其投入的研发力量一部分用于消化吸收或反求率先者的核心技术,另一部分用于对率先创新技术的改善和进一步开发。该模式具有以下三个特点:

(1)创新的渐进性。模仿创新是在原有外购技术基础上的发展和改善,通过投入一定的研发力量从事特有的研究开发活动,实现在既定产业边界内收益的扩大。显然,这种创新行为谋求的是原有产业体系内存量收益的重新调整,而不是通过创造一个新产业或拓展原有产业的边界来获得增量收益,符合渐进性创新的基本内涵。

(2)创新的快速性。模仿创新省去了新技术探索性开发的大量早期投入和新市场开发建设的大量风险投入,因而企业能够集中力量在创新链的环节中投入较多的人力物力。正是因为创新资源的高度集中化和创新活动的专业化,最终使得模仿创新可以在比较短的时间内获得成功。比如,现在的日本就是在短短几十年的时间里通过模仿创新而发展起来的,甚至有的专家称"日本的专利大多数是仿制专利"①。

(3)创新的被动性。由于模仿创新者不从事研究开发方面的探索和超前投资,因此在技术方面有时只能被动适应,在技术积累方面难以进行长远的规划;在市场方面,被动跟随和市场定位经常性的变换也不利于创新成果扩散的巩固和发展。

表 5-1 三种技术创新模式对比分析

	模仿创新	合作创新	自主创新
概　念	通过引进购买或反求等手段掌握率先创新者的核心技术,并在此基础上对率先创新进行改进和完善。	合作创新是指不同创新主体合作推动创新,通常以合作伙伴的共同利益为基础,以资源共享或优势互补为前提。	以自主研究开发为基础,通过自身的努力和探索产生技术突破,并在此基础上依靠自身的努力推动创新的后续环节。
技术来源	通过购买获得核心技术	合作开发获得	自身积累研发
创新时间	需要的时间短	中等	需要的时间长
创新收益	收益低	共享较高收益	收益高
创新成本	成本低	成本中等	成本高,需要长期投入

① 陈昌柏:《知识产权战略》,科学出版社 1999 年版,第 44 页。

浙江改革开放三十年研究系列·理论篇

2. 模式二:合作创新

合作创新是指不同创新主体合作推动创新的创新组织形式,通常以合作伙伴的共同利益为基础,以资源共享或优势互补为前提,有明确的合作目标、合作期限和合作规则,合作各方在技术创新的全过程或某些环节共同投入、共同参与、共享成果、共担风险的一种技术创新行为。具体表现为企业与企业、科研机构、高等院校之间的联合创新,主要特点为:

(1)创新的联合生产性。联合生产是一种常见的生产模式,它对于参与者最大好处就在于可以在很短的时间内实现创新资源边界的扩张,使得创新发生的约束条件(比如人力资本、既有知识存量等)得到放松。

(2)创新的制度依赖性。在联合创新的前提下,事前的利益分配制度决定着事中参与者创新努力的程度,而对于创新主体创新行为的监督制度也成为确保合作创新效率的重要条件;因此,事前的制度设计和事中的监督机制在合作创新模式中显得非常重要。

(3)知识和学习能力的部分外在性。在合作创新模式下,参与企业往往只负责研究开发中的部分任务,与自己研发相关的其他技术是由别人完成的,因此学习效果较差。

3. 模式三:自主创新

自主创新是指企业以自主研究开发为基础,通过自身的努力和探索产生技术突破,攻破技术难关,并在此基础上依靠自身的努力推动创新的后续环节,完成技术的商品化,获取商业利润,达到预期目标的技术创新活动。具体来看,自主创新模式具有四个特点:

(1)技术突破的内生性。企业自主创新并不是在研究开发上对每一个技术环节都面面俱到,但其中的核心技术或主导技术必须是由企业依靠自身力量独立研究开发而获得。

(2)技术与市场开发的率先性。率先性是自主创新所追求的目标,新技术成果具有独占性,在竞争对手之前开发出新的产品或新的工艺,以新产品占领市场或者以更低的成本赢取竞争优势。

(3)知识和学习能力支撑的内在性。这是创新成功的内在基础和必须条件,自主创新的关键知识和能力来于企业长期的自我积累,相对于合作创新来说,其知识体系具有更强的独立性,不易被竞争对手模仿和超越。

(4)收益的内部性。因为技术创新来自于企业的自主开发,所以企业能独立地享受技术创新带来的收益,收益具有内部性。

(三)浙江国有企业技术创新模式的案例研究

案例一:台州三变技术有限公司的模仿创新

浙江省的国有企业在改革初期关键技术以引进为主,但是国有企业在技术引进之后,对引进的技术进行了积极的研究、消化吸收和创新,形成有自己特色的技术体系,在引进模仿的基础上进行了很好的创新。在对台州三变技术有限公司的访谈过程中我们了解到,该企业 20 世纪 80 年代初就有一个行业研究所,从国外引进了很多产品,包括配套的技术,公司在技术上的投入力度很大。20 世纪 80 年代末,在销售额只有 3000 万元的时候,公司就花 1000 多万元投资引进了一条国外的生产线。公司在引入生产线后对其核心技术进行了充分的研究和消化,并与浙大、清华、哈工大、武大等高校合作,在国外的技术基础上进行创新。除了产品开发以外,还进行了配套产品的开发,如分析软件等。企业在消化吸收现有成果的基础上,积极吸收外部成果,避免闭门造车,但由于基础仍然薄弱,真正创新型的开发依然很少,基本上以工艺开发为主。

案例二:浙江尖峰药业合作创新网络及创新绩效

浙江尖峰药业是上市公司尖峰集团的全资子公司,于 1998 年 12 月 31 日正式注册成立,是一家以产品研发和生产经营化学原料药和制剂为主、中成药制剂为辅的综合性医药企业,是国家高新技术企业、国家级产业化项目示范企业、中国医药 50 强企业。目前该公司拥有独资、合资、参股的药品生产企业 7 家、药品销售企业 4 家、药物研发机构 2 家,拥有 18 个药品生产剂型、50 多个生产品种(其中进入医保产品 41 个),到 2007 年公司已有 16 条生产线和原料药基地及 4 家商业企业分别通过 GMP 和 GSP 认证。公司现有总资产 5 亿元,员工 1000 多人,2007 年实现销售收入近 10 亿元。

经过近 10 年的发展,尖峰药业形成了自身独特的技术创新网络,与大专院校和科研院所建立了紧密的产学研联合研发体系。通过与大专院校的合作,促进科技成果的引进和转化,解决企业发展中的技术难题,以"借梯上楼"、"筑巢引凤"的方式主动联系,积极介入。在合作方式上,既有与它们联合开发新产品、新技术、新工艺,也有提前介入它们现有项目的中试,投入部分资金,获取部分知识产权或科技成果的优先转让权,还有与大专院校、科研单位合作建立研究所、实验室,以形成相对稳固的长期合作关系。但是,尖峰药业单位的发展时间还比较短,合作单位主要以国内的科研院校和研究机构为主,在合作方式上主要的方式还是委托开发和技术成果转让(参见图 5-2)。随着企业的发展,尖峰药业与中国药科大学和四川抗菌素工业研究所的合作方式更加多样化,交流合作内容不断深入,合作关系强度逐渐增强。

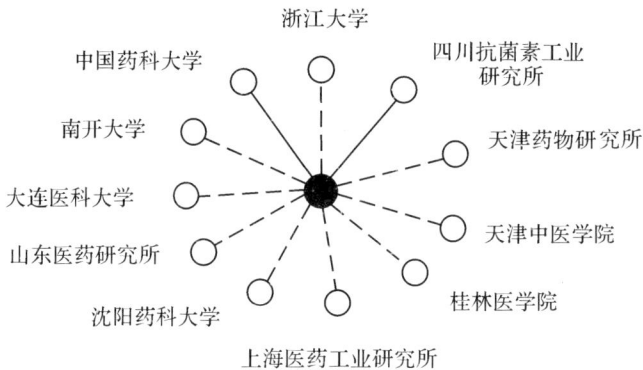

图 5-2　尖峰药业技术创新网络

在公司强大的技术创新网络的支撑下,公司大力加强新药开发,建立了省级新药研发中心,形成了以企业为主体、以高等院校和科研院所为依托的技术创新体系。公司每年投入研发经费开支占公司同期销售收入的 5％以上。在已经立项开发的 50 个新药中,有 30 个已经获得了新药证书及生产批文,还有 3 个正在进行临床试验,8 个已向国家申报临床并已经受理。其中,国家一类新药"加替沙星及其制剂"的研制还被列入浙江省重大科技攻关技术项目和国家高技术产业化示范工程项目,被评为国家重点新产品和省、市科技进步一等奖。尖峰药业在短短的 10 年时间能取得如此多的创新成果,还在于尖峰药业长期坚持"实、合、优"的战略导向,通过建立内部研发机构和多种形式的技术创新战略联盟作为组织支撑,通过建立技术创新投入机制和激励机制作为内在动力保障,形成了符合实际、具有特色的技术创新管理体系(见图 5-3)。

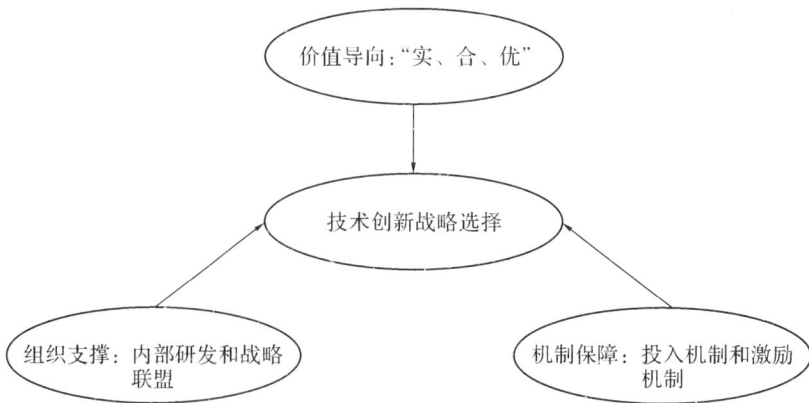

图 5-3　尖峰药业技术创新管理体系

案例三：杭州制氧机集团的自主创新之路

杭州制氧机集团有限公司是一家以制造空气分离设备和工业气体为主的大型企业集团，1950 年建厂，原名浙江铁工厂，1958 年定名为杭州制氧机厂，1995 年更名为杭州制氧机集团有限公司（以下简称杭氧集团），是国家 520 家重点国有企业和杭州市 6 家国有资产授权经营大集团之一。杭氧集团拥有国家级技术中心、国家空气分离设备行业研究所、国家空气分离设备监测中心各一家。作为国家重大基础装备制造企业，杭氧集团为我国的冶金、化肥、石化、航空航天、煤化工提供成套空气分离设备，是国内空分设备行业的龙头企业。

杭氧集团从引进国外技术起步。20 世纪 70 年代末，杭氧集团与外国公司合作引进技术，有过发展，也有过经验教训。通过对引进技术的消化吸收，杭氧集团实时跟踪世界空分前沿技术，自主研发顶尖空分流程，配套部机不断更新改造。通过坚定不移的自主创新，通过技术引进和消化吸收，杭氧集团已系统地掌握了大型和特大型空分设备的流程设计计算技术、单元设备设计、计算及制造技术、大型空分设备的成套集成技术。

空分设备是一个庞大的系统，由众多的部件组成。这些部分大多是杭氧集团自主创新研发成功的，不少专有技术为杭氧集团独家拥有。其中有一个重要部件就是"大型翅式换热器"，这是杭氧集团自主创新的成果。近年来，杭氧集团又成功地将这项核心技术应用于大型乙烯冷箱，又一次在大型石化等重大装备上实现了国产化。

在开发新产品的同时，杭氧集团不断完善自己的技术开发体系，建立了较完善的空分流程计算机系列软件及主要部机的核心性能计算机软件，建立了相关的技术规范、设计标准及内部技术控制流程。自主创新使杭氧空分设备设计制造能力大大提高。杭氧集团的空分设备以大容量、低能耗、无污染、高性价比等特点赢得国内外用户的首肯。杭氧集团设计制造的我国第一套 6 万等级的大型空分设备将在宝钢应用。同国外同类设备相比，这套设备可节省投资 30％—40％，还可根据用户需求设计制造。

三、浙江国有企业技术创新政策支持

科技进步对经济发展起着巨大的推进作用，这种作用只有在科技成果进入生产领域并转化为现实的生产能力，即通过技术创新活动后才会产生。除了市场需求方面的影响之外，创新活动的政策环境具有非常重要的作用，浙江省政府和职能机构都十分重视技术创新政策的制定和实施。为了鼓励企业更多的参与技术创新提升企业自身创新能力,政府在合作创新和自主创新方面出台了一系列鼓励政策。

(一)鼓励合作创新的政策支持

浙江省合作创新始于 20 世纪 80 年代,到 20 世纪 90 年代,产学研合作成为政府长期推动的工作。产学研联合攻关项目以市场需求为目标,以企业为主体,以经济效益为中心,大多数为"短平快"项目。到 90 年代中后期,"强强联合"的产学研重点项目开始起步,逐步出现了以资产为纽带、以市场为基础的优势互补、利益共享、相互依存的产学研联合体。进入 21 世纪以来,企业、高校和科研院所对产学研合作的认识进一步提高,迫切需要长期合作,出现了大型企业集团与名校、名院、名所为合作主体,以资产为纽带,以长期性、紧密型、市场化为特征的战略性合作。

对于浙江省国有企业在合作创新方面的政策支持主要有几个方面。

1. 引进"大院各校"联合共建科技创新载体①

为了促进经济与科技的协调发展,积极参与长三角地区和国内外科技合作与交流,进一步增强科技创新能力,为全面建设小康社会、提前基本实现现代化服务,浙江省出台了一系列政策,在引进国内外科研院所、高等院校、大企业(以下简称引进"大院名校"),联合共建科技创新载体方面做了以下工作:

(1)引进"大院名校"的重点区域。浙江省紧紧围绕全省经济、社会发展和产业结构优化升级的需要,围绕打造先进制造业基地和建设生态省、发展海洋经济和现代农业的需要,围绕区域特色经济发展的需要,以从事应用开发研究和高新技术产业化为主要任务,以长三角地区、国内科技综合实力较强的省(市)以及国外科技大国为重点区域,尤其重视引进中科院、部属科研机构、国内外著名高校、国内特大型企业以及世界 500 强企业到浙江省联合共建科技创新载体,并结合从事应用基础研究,建设一流的区域科技创新体系。

(2)引进"大院名校"联合共建科技创新载体。根据实际情况,建成科研分支机构,有联合共建的科技园、研究院(所)、重点实验室、中试基地、科技企业孵化器、区域科技创新服务中心(生产力促进中心)和博士后流动站(工作站)等各类研发机构和科技中介服务机构。同时,支持浙江省有条件的企业

---

① 中华人民共和国科技部:http://www.most.gov.cn/.

到上海等外省(市)甚至国外与"大院名校"联合共建科技创新载体。

(3)引进"大院名校"的政策措施。各地、各单位从实际出发,在科研用房、用地和启动资金等方面制定优惠政策,鼓励和支持引进"大院名校",联合共建科技创新载体。对符合要求的联合共建科技创新载体,向省科技厅申报省属科研院所专项经费中的研究开发和公共服务专项;专业技术职务任职资格评审与职务聘任办法,主要是参照省属科研院所科技人员的有关规定;所创办的科技企业和孵化器可以享受科技型中小企业和高新技术企业的有关优惠政策;从事"四技"活动(技术咨询、技术转让、技术服务、技术开发)的,按国家有关政策免交营业税和所得税,在同等条件下,优先将联合共建科技创新载体项目列入省、市、县(市、区)的科技计划;各地、各单位切实做好引进科技人员的服务工作,积极协助做好引进科技人员及其家属子女的落户、就学、住房、求职等工作。

2. 大力发展科技中介机构的政策

为了更好地鼓励自主创新,浙江省出台了相关政策鼓励发展科技中介机构,具体内容主要包括以下三个方面:

(1)组织和引导专业技术力量发展科技中介机构。以科技、教育体制改革为动力,推动一批科研机构整建制转为科技中介机构;组织有条件的科研单位、高等院校立足于科研设备和人才优势,兴办各类科技中介机构;提高科技情报信息机构的信息采集、分析和综合加工能力,与技术交易机构共同发挥区域技术转移中心的作用。充分发掘社会资源,引导政府部门所属政策调研、软科学研究等事业单位转变运行机制,在为政府决策服务的同时,面向社会开展科技咨询、评估活动;鼓励国有企业、民营企业与科研单位联合兴办科技企业孵化器或生产力促进中心,盘活存量资产;继续支持科技人员创办科技类民办非企业单位,从事科技中介服务。

(2)加强科技中介机构与科研机构、高等学校、其他中介机构的联合与协作。通过广泛建立协作网络,使科技中介机构一方面能够充分利用科研机构、高等学校的专业知识、优势人才和技术开发、检测、中试设施,作为开展中介业务的重要支撑;另一方面能够与法律、会计、资产评估等服务机构和投融资机构协调配合,相互集成,为科技创新的全过程提供综合配套服务。

(3)建立健全各类科技中介行业协会,加强政府指导、完善科技中介管理体制。各地方以促进科技中介机构的规范、健康发展为宗旨,以会员制为主要形式,按照自愿、平等的原则组建各类科技中介行业协会,组织开展同业交流、跨行业协作和市场开拓活动,建立科学、民主的决策程序和行之有效的自我管理、共同发展模式。政府部门加强监督和管理,指导行业协会的自身建设,使之能够吸引优秀人才,为行业发展提供国家政策咨询、市场调研和预测、项目引进、国际合作与交流,以及人才培训、行业自律等方面的服务,及时向有关部门反映科技中介机构的意见和建议,成为科技中介机构与政府、中小企业、科研单位联系的重要渠道。

3. 鼓励培育多元化投融资体系的政策

(1)在浙江省各地设立产学研合作专项基金或高科技联合开发风险基金等环节,以解决产学研结合过程中的资金瓶颈问题。鼓励基金以地方财政出资为主,多渠道筹集,用于高等院校、科研院所与企业科技合作项目的开发。

(2)完善风险投融资体系,鼓励风险投资投向产学研相结合领域。发达国家发展经验表明:只有加快发展风险投资体系,才能弥补科技成果转化阶段企业、高校和科研机构筹资能力、国家财政支持、私人资金投入和银行贷款之间空白。因此,政府提出建立一套完善健全的风险投资机制来保证风险投资资金的充足性,并引导风险投资的流向。通过配套的税收优惠、资金担保、财政补贴等措施引导资金流动,调动投资者从事风险投资,并积极灵活地运用组合投资和联合投资的策略将风险资本向产学研相结合领域倾斜。

(二)鼓励自主创新的政策支持

技术创新存在诸多不确定性,如技术前景的不确定性、市场前景的不确定性、收益的不确定性、制度环境的不确定性等,而且创新成果又极易被抄袭和流失。技术创新的高投入、高风险的性质,使它所要求的环境条件比其他投资都要苛刻得多。在促进企业成为创新主体的过程中,政府应发挥重要的作用,关键是要调整好政府、企业和市场的关系。政府的职能是培育有效率的市场,进行战略指导、制定规则、政策引导、提供公共产品和服务,还应以政府资金引导,开发共有技术平台。企业是技术创新决策的主体、研发投入的主体、研发活动的主体、成果转化的主体、获取创新效益和承担创新风险的主体。市场则为技术创新出题目,为企业创新提供动力,为创新活动提供融资和服务支持,为创新成果提供出口,为创新的失败提供分散风险的途径。在体制转轨过程中,政府要着力消除抑制企业创新动力不足的体制和政策原因,重建企业技术创新动力机制,使市场的力量能有效地驱使更多的企业转变增长方式,调整竞争战略,走出低成本恶性竞争的泥潭,转向差异化创新战略。

1. 财政政策

长期以来,浙江省政府财政科技经费使用中存在着一些结构性的问题,例如用于支持企业自主创新的财政经费比例过低,重视利用财政科技经费立项解决具体的技术问题,而对利用财政科技拨款引导企业和全社会的资金投入自主创新则明显力度不够。配套政策中提出要发挥财政资金对激励企业自主创新的引导作用,创新投入机制,整合政府资金,加大支持力度,激励企业开展技术创新和对引进先进技术的消化吸收与再创新。配套政策中还明确要求以国家实验室、国家重点实验室、国家工程实验室、国防科技重点实验室、国家工程(技术)研究中心、企业技术中心为依托,组织实施重大自主创新项目。加强企业和企业化转制科研机构自主创新基地建设,国家支持企业特别是大企业建立研究开发机构。依托具有较强研究开发和技术辐射能力的转制科研机构或大企业,集中高等学校、科研院所等相关力量,在重点领域建设一批国家工程实验室,开展面向行业的前沿技术和军工配套、军民两用技术研究。

2. 税收政策

浙江省过去曾经实施过一些鼓励企业增加科技投入的税收政策,但存在执行效果不理想、政策力度不够大等问题。在鼓励企业增加自主创新投入方面,配套政策对现行的企业技术开发投入的所得税税前抵扣政策做出了三项重要的突破。一是取消了行业限制。过去的政策中规定只有工业企业才能享受技术开发经费150%抵扣应税所得政策,新政策允许所有企业(包括建筑业、服务业等非工业企业)都可享受这一政策。二是取消了技术开发经费增幅的限制。原来的政策规定只有技术开发经费比上年增加10%以上的企业才有资格享受这一政策,新政策则规定按当年实际发生额进行抵扣。三是取消了对当年应税所得的限制。原来的政策规定企业必须有足够的应税所得,否则就不能享受。新政策则规定企业技术开发费用当年抵扣不足部分,可按税法规定在5年内结转抵扣,使得那些微利或亏损企业的技术创新得到鼓励。①

3. 人才政策

对于国有企业的技术创新人才政策方面,浙江省主要从培养领军人才和创新团队、引进海外高层次人才等方面制定了相关的鼓励政策。

(1)积极培养领军人才和创新团队。实行特级专家制度,加快推进"新世纪151人才工程",实施"百千万科技创新人才工程"和"创新领军人才计划"。省自然科学基金加强了对青年科技人才包括大学生、研究生开展创新活动的支持。

(2)积极引进海外高层次人才。采取团队引进,核心人才带动引进等多

---

① 浙江省科技厅门户网站:http://kjt.zjinfo.gov.cn/html/.

种方式,吸引高层次留学人才和海外科技人才来浙江省创新、工作和服务。海外高层次人才回国工作不受用人单位编制、工资总额和出国前户籍等限制,并妥善解决他们的住房、医疗保险、配偶就业、子女上学等困难。

(3)建立有利于创新型人才的激励和考核机制。建立政府奖励为导向、社会力量和用人单位奖励为主体的科技奖励制度,将发现、培养和凝聚科技人才作为政府科技奖励的重要内容。

4. 其他政策

除了在财政、税收和人才政策之外,浙江省在金融、引进消化吸收再创新和知识产权保护等方面也制定了一系列政策,以更好地促进浙江省国有企业的自主创新工作。

在金融政策方面,浙江省规定凡向高新技术企业提供信用担保超过其累积担保额70%以上的信用担保机构,可按规定享受高新技术企业的优惠政策。对主要投资与中小高新技术企业的创业风险投资,实行投资收益税收减免或投资额按比例抵扣应纳税所得额等优惠政策。

在技术的引进消化吸收再创新政策方面,浙江省规定对重大装备的引进,用户单位应吸收创造企业、高等学校和科研院所参与,共同跟踪国际先进技术的发展,并在消化吸收的基础上,共同开展自主创新活动。在科技基础设施建设中,优先支持在重点产业中由产学研合作组建的技术平台,承担重大引进技术消化吸收再创新任务。

在知识产权保护政策方面,浙江省鼓励引导企业、高校、科研院所和科技人员拥有专利技术、技术秘密、软件著作税;特别是发明专利,把获取发明专利作为科技项目立项和绩效考评的重要内容。推进专利示范企业创新工程,培育和发展一批知识产权优势企业。

第六章 浙江国有企业管理创新内容体系及成效

一、浙江国有企业管理创新动力因素

随着我国经济体制改革向纵深发展,企业运行的外部环境发生了极大变化。一方面,企业的发展带来了内部管理的复杂性,管理的内涵要求、战略目标、管理方法和行为方式等也随之发生了深刻变化,原先的管理模式已不能适应市场经济快速运行的要求。另一方面,竞争形势的快速变化对企业技术创新提出更高的要求。然而,技术创新的开展需要有一个诱导机制,技术创新的进程也需要监督协调机制,而这些诱导、监督、协调机制的形成离不开管理,进一步说就是离不开持续的管理创新,管理创新是技术创新的动力,也是创新成果转化的组织保障。根据调研成果,我们发现在竞争日益激烈的市场环境中,浙江省国有企业原有重技术创新轻管理创新的倾向逐步得到了纠正,管理创新受到了国有企业的高度重视。总体而言,推动浙江省国有企业进行管理创新的因素主要来自四个方面:企业成长驱动因素、同行竞争因素、信息技术推动因素与政策激励因素。

(一)企业成长驱动因素

管理创新的内在驱动来源于企业的不断成长。企业不同的成长阶段总是伴随着不同的管理特征,随着企业的扩大,管理上各类困境不断涌现,越来越多的人员需要管理,越来越多的行政事务需要处理,那么如何避免管理成本的不断上升,将管理层从繁杂的行政事务中解放出来进而有时间思考战略层面的问题就不得不驱使企业进行管理创新。此外,企业在每一个成长阶段所面临特定的危机或需要解决的问题又会将组织推向下一个发展阶段,这是企业管理创新持续的内在动力。例如,作为资源型老国有企业的浙江长广集团,随着煤炭资源逐步枯竭,该企业发展已进入了一个十分困难的阶段:首先主业日渐缩小,长广现有产业为 1 对生产矿井、3 家水泥企业以及 6 家与之配套的非煤企业,另有 11 家因矿井关停而成立的生活管理处。由于非煤企业缺乏市场竞争力,亏损居高不下,造成公司资金筹措艰难的困境。其次,由于职工再就业难,冗员日趋增多,给企业带来十分沉重的负担,安定稳定压力巨大。为了扭转这一被动局面,企业创新迫在眉睫。为此,长广集团确定了"以科学发展观为统领,以安全稳定为基础,以减亏增效为中心,做好煤炭、电力、水泥三大板块企业,带动相关产业,消灭亏损企业的阶段性工作"目标并开展了相应的创新工作,不仅将矿井的经济效益稳定在 1000 万元/年,而且较好化解了其他各种矛盾,为长广可持续发展注入了新活力。①

(二)同行竞争因素

企业间竞争是市场经济的本质特征,从企业产生之日就存在,并伴随着经济发展、技术进步以及市场需求的转变呈现出主体多元化、手段多样化以及层次纵深化等趋势。为了保有市场份额、获得平均利润率,同行业间企业就要在竞争中及时调整产品结构、提高技术水平、加快资全周转等。在这种情况下,企业还要不断进行管理创新,采取比竞争对手效率更好、效益更好的资源整合方式与方法,才能在竞争中占据优势而不被竞争对手所淘汰。杭汽轮集团尽管在国内工业汽轮机技术领域处于"独占鳌头"的地位,但也一直受到国内同行以及国际列强的"围追堵截"。在国内,一些同行企业已经实现了"民营化"改制,发展势头十分强劲,他们正积极研发新产品,试图介入杭汽轮集团传统优势市场——工业汽轮机领域,并且已经对杭汽轮集团的生存构成了威胁。而在国际上,一些著名跨国集团如德国西门子公司、美国 GE 公司、日本三菱重工等,正利用中国加入 WTO 之际,纷纷加大了抢占中国市场的力度,并与中国国内相关企业加快了合资、合作的速度,对杭汽轮集团的生存与发展提出了严峻挑战。2003 年之前的杭汽轮集团,尽管从未发生过经营性亏损,但企业发展速度却十分缓慢。当时,杭州市政府考核"大企业大集团"的销售规模底线为 15 亿元,杭汽轮集团由于未达到考核指标,面临被"踢出"大企业大集团行列的危险。杭汽轮集团公司领导认为让公司焕发青春,并实现跨越式发展,就必须进行系统、全面的管理整合。于是杭汽轮集团从 2003 年开始,有针对性地在企业跨越式发展过程实施了"1351"管理整合工

---

① 浙江长广集团党委:《在改革脱困发展的实践中构建和谐长广》,《浙江国资》2008 年第 1 期。

程。第一个"1"即明确"一个整合目标":实现企业超常规、跨越式发展,以提升集团整体的生产力,使集团的管理目标力和执行力得到创新;"3"即突出"三大长寿基因":通过企业战略力、组织力、文化力"三位一体"的整体变革,以赢得企业发展的爆发力;"5"即整合"五项发展要素":通过对市场营销、业务流程、技术创新、资本经营、人本管理五项发展要素的有机整合,实现企业可持续的跨越式发展;第二个"1"即聚焦"一种整合效应"。在上述1、3、5交叉互动的基础上,实现企业管理与发展的有机整合,以取得管理工程的局部放大效应。

(三)信息技术推动因素

管理创新的推动力来源于科学技术的迅猛发展和科技与经济联系的日益紧密。科学技术作为根本的、发展着的知识基础,对管理创新起着重要的推动作用。一方面,技术进步为管理创新提供了必要的物质技术条件,如计量装置和高速摄影技术使工时研究真正成为一门科学;传送带和机器生产使得标准化得到强制执行,并促进了规模管理模式的诞生。计算机以及信息技术的发展使得管理方式发生了巨大的变化。另一方面,科学技术的发展又引发了市场需求的变化,间接改变了产业间技术关联和企业间的竞争格局,这些都对管理创新提出了新的要求和挑战。

新技术对管理创新的推动作用在杭州钢铁集团体现得十分明显。2000年下半年,杭钢制定了《杭州"十五"信息化建设规划》。在该规划的指导下,公司建立了一条覆盖全公司的以光缆通讯介质为载体的主干网,将钢铁主业区域范围内的各部门、单位及子公司连接在一起,同时建立 OA 系统,实现了公司办公自动化。此外,公司还建立了具有先进水平的计算机集成制造系统,实现了 CIMS 一体化,并与公司层 ERP 信息系统全面集成,实现三级系统与四级系统的信息通讯。这些高新技术的引入带来杭钢在管理上的重大变化。在信息化建设过程中,通过实施业务流程重组,进一步梳理了企业的组织结构,杭钢调整了许多业务流程和管理要求。2000—2005 年期间,以先进管理理念为指导,信息系统为依托,杭钢实现了采购、生产计划、销售、质量管理、财务核算、库存管理等六大管理体系的集中管理,优化了业务流程,切实减少了管理层次,初步实现了扁平化管理,企业管理更加透明化、立体化。企业决策层通过平台,可以在系统内直接掌握各子、分公司和生产单位生产经营的实时信息,改变了以往依靠层层传递、逐步上报的被动状态,企业战略决策能力大幅提高。杭钢集团信息化建设对管理创新的推动作用见表6-1。

表 6-1　杭州钢铁集团信息化建设对管理创新的推动作用

类型 / 时段	实施主体	实施状态	实施目标	实施结果
实施前	单位、部门	分散、自发	提高自动化水平 改善生产管理	自动化水平提高 部分形成信息孤岛
实施后	集团公司	统一、有序	围绕公司发展目标 业务流程重组	高度集成的信息平台 科学优化的业务流程

　　资料来源:《国资监督工作与国有企业改革发展》,见《浙江省国资委系统优秀调研报告及论文集(2005—2006)》。

(四)政策激励因素

　　管理创新的激励主要来源于政府采取的创新激励政策。一般来说,政府经常采用的激励创新的政策主要有动力型政策、引导型政策和保护型政策。动力型政策的着力点在于激发企业管理创新的愿景,并为管理创新创造必要的条件,它是管理创新的推动力。动力型政策的主要手段包括从投入上予以资金支持,在产出上增大企业净收益和个人收益,如对企业实行税收减免、对个人实行重奖等。引导型政策的着力点在于使企业明确国家倡导的产业发展、技术发展领域和鼓励办法,对管理创新进行方向性的引导,它一般通过国家产业政策和经济发展规划来实现。保护型政策则是政府为扶持企业发展,减轻竞争压力而采取的措施。它一般应用于支柱产业、新兴的幼稚产业,常采取的主要保护措施包括资金支持、鼓励垄断、关税保护等。2005 年,浙江省委、省政府下发了《关于加快推进省属国有企业改革的实施意见》,明确了新一轮省属国有企业改革的指导思想、目标原则、主要任务、政策措施和工作步骤。省政府专门成立了国有资产监督管理委员会,根据省政府的授权履行国有资产出资人职责。从浙江省经济结构布局和省属国有企业现状出发,全省确定了数个首批改革企业进行重点推进。在这一政策的激励下,列入首批改革的大多数企业已基本形成改革总体思路,有的已进入实质性运行阶段,此外其他省属企业也纷纷加快了创新的步伐。

　　当然,在管理创新过程中,企业也遇到了各种阻力。总体来说,心理、利益以及文化等三方面因素对管理创新顺利推行的影响最为显著:

　　第一,心理因素。在现实生活中,每个人对新事物、新观点接受的程度是不同的。管理创新一般会带有一定的模糊性和风险性,对风险的认识不客观,对模糊性和风险承受能力较低的人就不乐于接受创新,甚至抵制创新。在调研中我们发现,国有企业员工对原有的就业模式有强烈的认同感,部分员工对转岗分流难以接受,有排斥心理;对市场经济中的竞争上岗、就业风险和飘忽不定的前途有心理压力和不适应;主业优于其他实业的价值观念,使转岗员工,特别是由主业转入三产或由原来稳定的工作环境转入市场经济承受着一种心理痛苦等。这些心理因素使转岗员工显示出十分被动的工作态度。

第二,利益因素。管理创新必然要打破原来的利益格局,进行利益的调整和再分配,可能会使某些人失去既得利益,甚至失去工作。因此,在创新中有可能受到利益损失的方面就会阻碍创新的进行,影响创新的协调和进展。现代分工造成了高度专业化的职业体系,每个部门、人员都具有较强的专业技能、独特的任务和责任。一方面,由于所处位置不同,对创新的认识、理解、态度也不同;另一方面,创新涉及一部分人岗位的调整,在面临角色转换困难时,创新的阻力也随之产生。例如一些国有企业在推行绩效考核时碰到很多问题,几乎所有的干部都凭印象去考评下属和别的部门,考评的有效性没有保障,缺乏考评依据。一些公司为此建立了考核台账制度,要求班组长以上干部要记录日工作台账,将每天的管理活动、主要工作、对员工的评价、监督检查中发现的问题等反映在台账中,一方面作为自己管理痕迹的记录,另一方面作为考核打分的依据。很多干部并不能从心里真正接受这项做法,一来嫌麻烦、不愿动手;另外也担心工作有记录,追溯起来可能对自身利益有影响。

第三,文化因素。文化的影响来自企业文化和社会文化两方面。就企业文化而言,企业理念、制度、传统(包括创新传统)、习惯等都影响着管理体制创新的协调和进展。就社会文化而言,社会的伦理、道德、风俗、习惯、传统等,都直接作用于创新的过程。调研中发现,文化冲突对管理创新的阻力在英博双鹿集团中表现得较为突出。英博双鹿啤酒集团有限公司是由全球第一大啤酒集团英博啤酒集团(InBev,2007 年度《财富》500 强排第 439 位)和中国金可达集团合资组建的一家外方控股的大型啤酒生产合资企业。英博集团是在西方文化背景下孕育的有 700 多年历史的专业啤酒制造商,金可达集团则是植根于东方文化下的国有企业。两国不同的社会文化造就了两家母公司不同的经营管理理念,对两家公司的文化和管理方式的融合带来了较大的困难。英博集团经过多年的积累和完善,形成了一套完整的精细化管理体系,然而在中国的文化背景下,该管理体系的执行效果并没有预期得那么理想。如在预算管理方面,英博集团要求公司在每年最后三个月做好下一年度的预算明细,而英博双鹿集团有限公司因为前期积累的数据不够完备,员工并没有形成全面预算管理的理念和方法,所以在全面预算计划的制订和执行过程中出现了一些困难和阻力。另外在审计方面,英博集团要求其下属公司在产品生产、质量控制和市场等方面通过报表等方式及时将过程数据传递给比利时的集团公司。这在很大程度上增加了员工的工作量,与中方企业强调的灵活性企业文化存在一定的冲突,所以审计计划也并不是执行得一帆风顺。

二、浙江国有企业管理创新内容体系

管理创新常常发端于某种创意或灵感,尽管这种创意或灵感难以事先预料或估计,但是管理创新并不是"杂乱无章"的随机事件,而是一种有计划、有目的的创造性活动。因此,在管理创新过程中,既要倡导一种全面、全员、全过程的管理创新理念,同时也要理清管理创新的思路,把握管理创新的重点。根据管理创新的一般规律和特点,管理创新主要包括战略创新、组织创新以及企业文化创新等,它们构成了一个有机统一的整体,决定着管理创新的实践效果,也直接影响着企业核心竞争力的形成。

(一)战略创新

战略是企业宏观治理与微观管理的联结纽带,它直接影响着企业的技术、组织、文化、制度等各方面的创新,同时也是企业各种创新的综合表现,因而企业战略创新在企业创新中占有重要地位。由于环境的动态性,企业的竞争优势和核心竞争力不可能依赖于已有的战略,而是取决于企业持续的战略创新。战略创新是一种重构企业现有的为顾客创造新价值以及为所有股东创造新财富的方法的能力,是企业为了实现持续成长,应对外部环境的变化所做出的形式、性质和状态上的转变。企业战略创新是增强企业核心竞争力、提升竞争优势的源泉,是新进入企业在面对巨大的资源劣势时取得成功的重要途径,也是企业在已有行业中获得持续发展的重要途径。它有利于企业内部形成良好的组织方式,降低生产成本,优化资源配置能力,使企业在外部市场竞争的环境中领先其他竞争对手,在所处的行业中获得更大的生存空间。战略创新包括企业远景和使命、战略定位、战略选择和战术性计划制订等四个方面。在调研中,我们了解到浙江省很多国有企业都十分注重在公司战略层面上创新,他们在领会相关政策精神的基础上,积极更新观念,主动把握时机,为企业创造了活力与生机。

案例:温州市管道燃气有限公司的战略创新

温州市管道燃气有限公司经历了一次创业和二次创业后,企业核心竞争力大幅提升。

　　1. 一次创业

　　企业领导班子首先在公司内部进行了全面整顿,统一思想,明确分工,健全了党团组织与相关管理制度,严格规范财务审批制度,同时任命了一批素质较好、积极努力的中层干部。一系列的措施使公司上下的精神面貌大大改善,一改以前人心涣散的状况。"企业要出路,必须有思路",严重的"大锅饭"思想、"官商"作风、守株待兔式营销行为、缺乏开拓创新意识等旧观念如果不转变,企业只有死路一条。只有主动出击,树立参与市场竞争的意识,走市场化经营道路,向市场要效益,才能搞活企业。新的领导班子在思想统一、目标明确后,大刀阔斧地进行了改革,表现为:

　　(1)以销售为中心,推行业务指标责任制,大力开拓市场。公司将原来仅3人的业务部增编到8人,并制订明确的指标任务和奖罚措施,这一调整极大地触发了业务人员的主观能动性,通过四处奔波、遍访客户、广交朋友,业务工作做得红红火火,公司客户日益增多,市场之门逐渐向公司敞开。

　　(2)抓住政策机遇,一举拿下夜市摊点市场。1994年8月初,温州市整治办开展城市环境综合治理专项活动,要求全市夜市摊点由烧煤改用液化气。公司领导敏锐地感到到这个巨大的商机,在市整治办的支持下,公司及时派人南下广州定制烧液化气用的夜市炉灶,并以成本价提供给店主更换使用,原先市场上7000多元的炉灶仅以1000多元卖出,这一举措不仅为改变市容环境作出了贡献,更为公司赢得了客户和口碑,业务量大增。

　　(3)改变服务模式,赢得用户认可。为了扩大终端用户市场,公司改变原来等用户到经营网点买气的服务方式,而是根据用户的要求主动送气上门,这一个小小的改进极大地方便和满足了用户的需求,有力推动了公司市场份额的增加。

　　(4)建立客户座谈制度,不断调整经营策略。公司隔月召开一次客户座谈会,在建立良好客户关系的同时,广泛听取意见,不断改进工作;同时,公司严把气质、价格、分量三关,经常通过电视、报纸等媒介宣传公司业务,逐步树立起良好的服务形象。

　　通过上述一系列强有力的改革措施,公司很快走出困境,业务销售量迅速上升。仅一年,公司就打了一个漂亮的翻身仗,液化气销量由1993年的1593吨增长到1994年的4700吨,去除800吨的计划气,纯市场销售量增长5倍,钢瓶销售量亦增长5倍,在足额上缴国家税收,提足1991—1994年间的累计折旧72.3万元后,实现利润55万元。在以后的几年里,公司领导班子继续坚持市场化发展的思路,不断优化经营策略,不断加大管理力度,经营业绩节节攀高，公司发展不断飞跃，逐步占据温州主要市场份额。

2. 二次创业

2000年7月至2003年4月，谢侠飞奉调到温州市市政工程建设开发公司担任支部书记兼总经理，2003年4月又调回煤气总公司担任总经理，但此时的煤气总公司业务萎缩，人浮于事，生产经营混乱。在其后的三年时间里，谢侠飞同志带领经营班子坚定地走管理创新之路，进行第二次创业，以其娴熟的领导艺术和缜密的工作思路，连续走出几步好棋，终使企业走出困境、重新焕发出青春的朝气，使企业发展更上新台阶，打开全新局面。

(1)"竞岗择向、双向选择"——企业重焕生机。针对企业当时的现状，公司领导找出病症、果断下药，提出"竞岗择向"工作思路——对组织机构重新设计，公布中层干部职务与技能要求并进行全体动员，所有报名者公开演讲竞争上岗，职工与部门负责人实行双向选择。在公司领导班子的组织动员下，经过两个多月的紧张筹备，"竞岗择向"取得明显成效，班子团结了、中层精干了、职工的干劲鼓起来了，企业重新恢复了活力。同时，经过测算分析，对公司工程处实行经济责任承包，对燃气供应总站和管道分公司实施经营目标管理，极大地调动了干部职工的积极性，确保了公司主要经营业务与收入的稳步增长，公司重新迈入快速增长轨道。

(2)战略联盟，巩固瓶装气市场地位。在公司控股的3000立方米(1500吨)的液化气码头储存基地根据政府要求拆迁后，公司丧失了上游气源的竞争优势和地位，此消彼长，整个温州瓶装燃气市场竞争格局与环境也变得更加复杂。公司主要领导认为，要想站稳脚跟、掌握主动权，必须实行强强联合，使企业成为不惧风浪的"航空母舰"，并建议与浙江中油华电公司合作。浙江中油华电公司有厚实的经济实力和一级码头的气源优势，煤气总公司有广阔的用户基础与网点优势，双方合作必定"双赢"。经过一年多的商洽，合作方案经职工代表大会审议通过并报经主管局批准，将公司所属储配站、车队、经营网点与浙江中油华电能源有限公司实施强强联合，煤气总公司占45％股权的合作公司——温州市华颢燃气有限公司终于在2005年1月成立并顺利运行。几年来，华颢公司以其质优、量足和规模经济优势显示其核心竞争力，已在市场上打响品牌并取得良好的经济效益与社会效益。

(3)战略重心转移，以收购兼并策略迅速做大管道燃气市场。在稳固瓶装燃气市场的同时，公司领导班子将主营业务战略转移到管道燃气的长远发展上。2003年12月，当得知民营公司新奥燃气经过一年多的洽谈，将以4800万元收购温州新城建设燃气开发有限公司全部股权，股东之一的温州昌泰电力燃气有限公司不想出让自己的48％股权，但迫于压力即将签订股权转让协议书的消息时,公司主要领导马上意识到新奥燃气以新城为据点逐步蚕食鲸吞温州管道燃气市场的企图,同时认识到这也是一次不容错过的扩大公司管道燃气市场占有率的战略机遇。在向新城燃气公司的大股东温州新城建设股份有限公司的领导层言明大义后,他们表示理解,但要求煤气总公司在一周内答复并与其签订52%股权的转让协议,届时他们将在价格上优惠50万元以示支持,否则,他们将在一周后与新奥签订转让协议。公司领导运用各种社会资源,在一周内筹集2450万元成功地收购了温州新城建设股份有限公司持有的温州新城燃气开发有限公司52%的股权(实际优惠46万元)。这一举措又为将来温州管道燃气的联合发展奠定了基础。温州市瓯海燃气建设有限公司原为自然人股东与温州昌泰电力燃气有限公司的合资公司,由于经营不善而连年亏损,企业又缺少后续发展的资金投入。2004年4月,公司领导班子看到它的弊端与发展前景,集体研究决定并报经温州市市政园林局、市财政局同意,收购了自然人股东的48%股权,通过实施经济责任目标管理、加强财务监督、注入建设投资资金,瓯海燃气建设有限公司很快步入良性发展的轨道,到2006年上半年即实现扭亏为盈。公司经营班子以敏锐的战略眼光和雷厉风行的作风,抓住机遇,迅速扩大了公司在全市管道燃气行业中的市场份额,为日后的大发展与资源整合奠定了坚实的基础。

(二)组织创新

组织是一个有明确目标,有一定的结构和协调功能,并与外部环境不断发生物质、能量和信息交换的社会实体,它是使企业各种要素有效运行的载体。在当今复杂多变的市场经济环境中,一个高效灵活、适应性强的管理组织是企业快速应对市场变化的重要保障,直接关系到企业的管理水平、管理效率和管理成效。基于组织的管理创新意味着打破原有的组织结构,并对组织内成员的责、权、利关系加以重新构建,形成新的结构和人际关系,并使组织的功能得到发展。组织创新包括组织的形态和结构方面的创新,也涉及组织制度和组织观念等方面的创新。

管理层次多,结构复杂臃肿,效率较低,曾是国有企业的通病。近几年浙江省国有企业坚持"精简、合理、高效"的原则在组织创新方面取得了较大成果:首先,大部分公司进行了业务经营分立化,剥离辅业,精干主体,进而强化企业主动性,提高了效率。其次,通过减少管理层级,实现了组织结构柔性化,逐步由纵向管理为主转向了以横向管理为主。通过信息化建设以及相应的企业业务流程再造,浙江省国有企业在很大程度上实现了扁平化管理,并建立起了紧凑而富有弹性的新型团体,有效发挥了管理组织的效能。

案例:巨化集团的组织创新

以巨化集团为例,其在组织创新上有着十分突出的成就,企业分别从以下四个方面进行了大幅的创新:

1. 加快推进集团公司母体多元化改革

按照省委、省政府的要求,积极引进战略投资者,通过增资扩股方式的改制重组,组建由国有资本相对控股、民营资本和其他社会资本参股的多元化的有限责任公司,大力发展混合所有制经济。

2. 积极推进内部结构性重组

认真分析资产结构,合理界定主辅业,提高资产营运效率。加快产业结构调整,转换经营机制,激发发展潜力,促进健康发展,构建主辅分离的社会化协作体系。重点培育产业和基础配套产业,推进内部重组和资源优化,强化品牌和服务意识,立足市场,做强做大,成为新的经济增长点。

3. 理顺母子公司体制

建立起了"以产权为纽带,以资产管理为核心,统一规划,分层决策,分权经营,优化资源配置,实行有效监控"的新型母子公司体制。

4. 建立健全法人治理结构

按照《公司法》和现代企业制度要求,如果要充分发挥经营者在生产经营管理中的作用,就要充分尊重和保障经营管理者的经营自主权,形成权力机构、决策机构、监督机构和经营管理者之间相互协调、相互制衡的机制;建立健全集团及各子公司的股东会、董事会、监事会和经营管理层,理顺各自的权责。从1998年开始,公司为了配合技术创新的顺利实施,大力营建技术创新体系,成立了经济发展管理决策咨询机构和以技术中心为主的科研开发机构,实行总经理负责制。改制后的各分(子)公司也都成立了发展部,集团公司确立了首批20名学术技术带头人加强了对企业技术创新工作的指导。同年公司科研所率先进行科研体制改革,成立企业技术中心,中心下设氟化工研究所精细化工研究所和计算机中心等。为适应新的科研开发体制,技术中心坚持立足于企业,面向市场,为巨化的生产建设和发展服务。在科研开发上,实行重点课题目标责任制管理办法,建立了内部管理制度,实行技术职称评定,低职高聘,课题组长竞争上岗,从基层单位吸收优秀人才充实科研队伍,新招聘的科研人员下厂锻炼等一系列改革促进了企业科研开发水平的不断提高,制度创新激活了企业,并进一步推动了企业的技术创新。仅1999年技术中心便承担科研项目21项,完成38项中试,实现成果转化9项,两个重要开发项目——高聚合度PVC产品和颗粒石灰氮,在生产厂配合下获得成功。1996年以来巨化每年下达的计划安排中,新产品新技术开发项目平均达 50 多项,2004—2008 年 200 多项开发项目完成率达 80%以上。

(三)文化创新

国有企业文化是国有企业在长期的经营和管理活动中确立、信奉并付诸于实践的价值观、思维方式以及行为模式。它在本质上是一种促进或阻碍企业发展的管理思想和管理方法,属于思想范畴的概念。它同一般的企业文化相比,具有鲜明的民族性、明显的行政性和较高的稳定性等特点。国有企业文化创新就是国有企业为了适应新的环境,把新的经营理念、价值观、企业精神等要素重新组合,引入企业文化体系并具有新功能的创造性过程。它是围绕新的技术革命的挑战和经济全球化、信息化,用新的价值观和视野来谋划和建构新的企业文化,使国有企业真正成为学习性、创造性组织,为培育和提升企业核心竞争力提供全方位服务。国有企业创新一般包括国有企业文化理念的创新、国有企业管理理念的创新、国有企业经营理念的创新等。持之以恒的企业文化创新能发挥凝聚力、生产力、形象力的作用,先进文化与企业管理的有机结合,给国有企业注入巨大的活力。

案例一:东方大酒店的企业文化创新

在企业文化创新方面,衢州的东方大酒店就有很好的尝试。衢州是南孔圣地,儒家思想源远流长。东方大酒店巧妙地将现代管理与儒家文化相结合,大力灌输"诚"、"信"理念,用儒家的"仁"和"爱"教育规范员工的日常行为,"每日三省"、"三人行,必有我师"成为新员工培训的必修课。每个天空晴朗的早晨,伴随着激扬的国歌,"东方"干部员工都会列队在东方广场举行庄严的升国旗仪式。作为衢州精神文明窗口,企业通过爱国主义教育,激发干部员工爱国、爱企、爱岗的热情,培养干部良好精神面貌和提升企业凝聚力。公司还设置了每周五开启的总经理意见箱、每月最后一个星期六的总经理接待日,举办主管论坛,开辟公司局域网等有效措施,让员工通过多种途径、多个渠道表达自己的建议和意见。其中"东方主管论坛"是企业独创的文化载体,该论坛以专业业务研讨为主题,自始至终由员工、干部自行组织、写稿、发言、研讨以及时发现和解决问题。通过文化创新,该公司力求做到管理层与员工和谐、公司与社会各界和谐、公司发展速度与发展质量和谐。

案例二:舟山海星轮船企业文化创新

舟山海星轮船亦十分注重公司文化的打造。公司始终坚持"以诚为本,用心服务"的理念,在提升服务质量上精益求精。为在竞争激烈的水上客运市场赢得优势,公司于 2002 年 4 月启用了新的客运服务质量考核规定,完善服务规章制度,广泛开展岗位练兵活动,实行"星级服务员"激励机制,树立

"全员搞客运"的服务意识。2005 年 3 月,公司制订企业文化建设实施方案,以营造浓郁的海星文化氛围。方案确立以后,公司开展了以公司领导为主讲人,分期给员工进行"企业总体形势和发展思路"、"企业文化与企业管理"、"企业文化与激励机制"、"企业文化与民主管理"、"企业文化与创新"等方面的知识培训活动,逐步培养和树立全体员工的主人翁意识,使职工深刻意识到企业发展与自身发展息息相关,增强了生产工作的自觉性和积极性。公司还紧密结合经营理念创新,注重以"新"为灵魂,把"变"的思想、"变"的观念植入员工的头脑之中,培养员工积极乐观、开拓进取的创业精神。2006 年 4月,公司请来杭州专职培训师引进了拓展式培训以熔炼团队精神,这种先行后知的全新的培训方式得到了良好的反馈。为全面开展此项活动,公司组建起自己的培训师队伍,重新设计培训课程,尝试体验式培训,获得了成功。到2008 年 7 月为止,团队熔炼活动已经举办了 6 次,而由本企业的培训师来指导开展体验式培训,这在舟山市还属首例。

三、浙江国有企业管理创新成效

(一)促进有效沟通,提高管理效率

随着企业规模的不断扩大,企业的管理层次越来越多,按传统理论设置的内部科层就越来越多,信息传递也就越容易失真和歪曲。为了更好地组织、控制和协调,企业所需要付出的内部交易成本越来越大。通过管理创新,浙江省国有企业实现了公司内部的有效沟通,在管理费用得到控制的同时,管理效率得到了大幅提高。

以浙江省铁路投资集团为例,该公司从 2004 年开始实行全面预算管理,建立以出资人财务制度体系为核心的财务管理体制改革,强化了财务管理在企业管理中的核心地位,建立起全面统一、科学高效的预算管理体系,企业经营业绩得到大幅增长。在未实行全面预算管理之前,所属公司管理费用采取核销制,处于"敞开口子花钱"的状况。2002 年管理费用和财务费用分别比上年增长 8.5％和 11％,2003 年分别比上年增长 12％和 18％,两项费用支出分别占投资收益的 55％和 62％。为改变集团所属公司原有资金管理分散、使用效率低下、资金成本过高的状况,集团以建立内部财务结算中心为手段,将系统内部资金的使用全部纳入预算管理的框架体系,统一了集团内部资金的计划、调度、结算、监督和控制。2004 年第二季度开始,集团对所属公司经营与投资收益、成本与费用支出等进行了摸底调查,提出了费用开支总额比上年同期减 10％以上、利润总额比上年同期增长 15％以上的预算目标。通过实施全面预算管理,集团上下普遍形成了厉行节约、按预算花钱的意识,每个费用责任中心都制定内部管理规章办法。2005 年集团费用支出总额比 2004 年下降了 12.9％,其中办公费、差旅费、业务招待费等可控费用下降 21.5％,人均工资费用下降 7.8％,人均可控费用下降 12.5％。

(二)提高生产要素效率并优化配置

企业的生产要素很多,传统的有土地、劳动力、资本、技术等。对于一个企业来说,在一定的时空下,这些生产要素是一定的,而且这些生产要素之间相互联系、相互影响。管理创新通过对生产要素的重新整合,优化配置,改善各要素之间的联系和影响,从而优化资源配置,最大限度地提高企业的经济效益。

杭州钢铁集团在提高生产要素效率并优化配置方面做的较为突出。在发展过程中,杭钢一直根据外部环境和自身发展阶段坚持发展战略的创新。由于杭钢地处杭州市区,无法进行土地的扩张,其发展规模受到较大的制约。由此杭钢提出了依靠科技创新、内部挖潜、品种质量效益并重的集约型发展战略。通过紧密结合区域市场,加大技术创新力度,全面调整产品结构,稳步提升竞争优势。在我国整体钢铁业的整体形式、价格、利润不断大幅波动,总体产量过剩和产品结构性矛盾问题突出的环境下,杭钢又在“跳出主业,发展辅业”的基础上提出了“钢铁主导,适度多元,创新应变,做大做强”的发展战略。由此,杭钢发展成为了以钢铁为主业,房地产、贸易流通、酒店餐饮、环境保护、科研设计、高等职业教育、黄金开采冶炼等多产业并举的大型现代化国有企业。

(三)拓展市场,提高竞争力

企业在进行市场竞争和市场拓展时,将遇到众多竞争对手,这一竞争过程实际上是一个多方博弈的动态博弈过程,一个企业若能在这一过程中最先获得该博弈的均衡解,即管理创新的具体方案,便能战胜对手。

西湖电子集团的彩电主业围绕着市场销售,做好适应性调整,努力增产。企业通过加强物资配套,增产适销对路产品;及时调整生产计划,确保内外销订单的完成;积极开展班组劳动竞赛,充分调动发挥员工的积极性和创造性;加强设备的维护和保养,提高生产效率和安全性。同时,企业努力降低采购成本,通过引进新的配套厂家,采取竞价配套的竞争、激励机制,使主导产品成本明显下降。集团下属数源贸易公司针对企业改制后的现状和彩电市场的变化,积极调整,开拓市场,并根据市场变化,积极实施对应有效的销售政策和促销手段,继续强化指令性发货,收缩铺底销售客户的数量。有针对性地对部分大卖场进行撤点,同时加大了团购销售的力度,既降低了销售费用,又保持了一定的销量;充分利用重大节日现场促销活动、送货下乡巡回演示等各种促销手段,提高彩电销售量。此外,公司与广东生产企业进行液晶电视机生产、销售合作,取得了良好的经济效益。加强售后服务保障工作,配合产品销售做好彩电的维修、咨询服务工作,确保企业的品牌和声誉。因此,数源科技被中国质量万里行评为"全国质量服务无投诉用户满意品牌",并连续6年被中国质量协会授予"优质服务月先进单位"。

第七章　浙江国有企业全面创新体系构建

一、浙江国有企业创新的新发展

对创新的理论研究源于西方,在我国经济快速发展的过程中逐步被引入并由大量的学者进行研究,提出了很多切实有用的理论指导意见。同时随着研究的不断进展,我国学者从简单的翻译西方理论转向了实证研究我国企业的技术创新活动,并就技术创新的层次、机制与模式、扩散与转移、创新与企业家行为、技术进步与技术创新、管理创新与组织创新等主题展开了系统的研究,在此基础上形成了我国的创新理论体系,从而直接推动了国家技术创新工程的实施。[①] 许庆瑞等学者对组合创新的理论框架、机理和模式以及全面创新管理进行了比较系统的研究,从简单的技术创新研究进入到了涵盖组织、文化等的更为广阔的领域。许庆瑞等将组织与文化因素纳入技术创新理论研究视野,提出了组合创新模式,并对它进行了比较深入的理论和实证研究。如何通过技术、组织、文化和制度的组合创新培植和提高企业的核心竞争力,这是研究的新方向。在研究中,我们发现,浙江省国有企业在改革开放的 30 年中,不断地发展和突破,取得了优良的成绩。特别是在创新方面,众多的国有企业依托不同的经济环境、行业背景和自身的发展特点,都不约而同地把创新作为了自身发展的重要因素而加大重视力度。总体来看,国有企业和其他性质的企业一样在创新的道路上经历了从忽视到重视、从简单到复杂的一系列变化,并呈现了其国有资本的特殊性质。

(一)从单一创新到多维度创新

在过去很长一段时间内,浙江省国有企业的创新,主要是在政府相关政

---

① 邵云飞、唐小我、陈光:《我国技术创新研究综述》,《电子科技大学学报》2002 年第 1 期。

策的推动下进行的,也有的是因为企业自身发展受到了极大冲击而被动地针对单一"问题"所进行的有限创新。从时间的发展阶段上看,这样的创新轨迹多为从技术创新到管理创新再到体制创新的变化。在改革开放初期,借助国有企业资金雄厚、社会网络资源丰富、国家行业支持等特点,浙江省国有企业大多通过购买国际先进技术设备等方式来实现技术创新,以提高自身产品的市场竞争力。同时,面对供不应求的半垄断性质的市场环境,大多数国有企业都得到了快速的发展。进入20世纪八九十年代后,浙江民营经济的迅速发展使得国有企业的发展受到了较大的限制。不再具有明显的先天优势的浙江国有企业在加大技术创新的同时开始关注其他要素的创新发展空间,试图向民营企业学习,从制度、组织等方面进行相应的改进,以提升自身的经济效益。90年代中期的国有企业改革使得体制僵化的国有企业的经营权和所有权矛盾得到了有效的解决,通过体制上的突破性创新,大量的国有独资企业变成了股份有限公司,甚至实现了上市融资,重新焕发出新的活力。而后,随着管理咨询行业的兴起、信息化管理系统软件的普及、企业内部人力资源培养意识的加强,越来越多的企业发展所涉及的方方面面进入了国有企业经营管理者的改革创新视野,从单一的技术创新向多维度的组织、制度、市场等全面创新阶段迈进。

进入20世纪90年代,经济全球化、网络化趋势更加明显,以IT技术、互联网的广泛应用为标志的新科技革命浪潮使得企业的生存与发展环境、经营目标与方式等发生了根本性的变革。国有企业面临的环境更加动荡,竞争日益激烈,顾客需求的个性化及对速度和灵敏度的要求对企业提出了新的挑战。只有良好的生产效率、足够高的质量和灵活性已不足以保持市场竞争优势。日益完善的市场化经济也使得国有企业和其他企业站在了同一条起跑线上。越来越多的国有企业发现,以多维度创新为特征的全面创新正日益成为企业生存与发展的不竭源泉和动力。

以杭州汽轮集团为例,其全面创新的发展包括体制创新、激励机制创新、技术创新和市场创新等方面,从而实现了企业的快速发展。

1. 体制创新

2001年底,杭汽轮集团曾在杭州市政府的指导下,完成了集团公司"分立式改制"的方案制订工作。2003年下半年,集团新班子加快了企业改制的步伐,完成了"汽轮科技"、"汽轮实业"、"木业箱板"、"中能公司"、"汽轮设备"等10多家分(子)公司"国退民进"的改制任务;2003年底,杭汽轮集团完成了集团总部的自身改革,并将集团总部搬出"围墙"。集团总部由150多人精简为30多人,又将其职能彻底转移到"管理分(子)公司、盘活存量资产、寻求增量发展、实现多元经营、促进做大做强"上来。这就为集团的进一步发展消除了体制障碍，为集团的跨越式发展铺平了道路。

2. 激励机制创新

杭汽轮集团为了推进企业的超常规、跨越式发展，加强了分（子）公司管控的体系建设，在管控分（子）公司的众多制度当中，有三项激励制度较有新意：一是对分（子）公司的"预警"制度；二是对分（子）公司的绩效考核；三是对分（子）公司经济运行的分析。对分（子）公司的预警制度、绩效考核和经济运行分析，实质上成了集团下属企业公平竞争的舞台，不断激励着各分（子）公司改进经营、提升能力，取得良好的经营业绩。集团公司也正是通过对分（子）公司的有效管控，强化了执行力，从而使集团的各项战略决策都能得到较好的贯彻，从而促进了集团公司的跨越式发展。

3. 技术创新

在技术创新方面，杭汽轮集团采用的是先引进后消化吸收，最终进行自主创新的模式，并坚持做到以下三点：(1)搭建技术研发平台。杭汽轮集团从20世纪80年代后期到90年代初在消化吸收引进技术方面已为开展自主创新活动奠定了扎实的基础，并且不断完善技术创新体系。目前杭汽轮集团已经拥有了一个由国家级技术中心、博士后工作站、工业汽轮机研究所、工程计算机集成制造（CIMS）应用研究所"四位一体"的技术创新平台。在这个创新平台里，科研人员的智慧得到了"集成"，各种新产品、新技术源源不断地推出。(2)明确技术创新方向。杭汽轮集团在持续不断的创新实践中形成了具有杭汽轮特色的自主创新模式，包括60万千瓦锅炉给水泵驱动用汽轮机等以市场需求为导向的新产品开发、"乙烯三机"驱动用汽轮机式工业汽轮机等以技术发展为导向的新产品开发和100万吨PTA装置用汽轮机等以技术储备为导向的新产品开发；同时通过以技术提高为导向的创新活动，如依托国家级技术中心和博士后工作站，与高校开展"产、学、研"活动等，利用最先进的全三维设计技术，不断提高现有汽轮机产品的内效率和技术的先进性。(3)加大技术投入。杭汽轮自从被列为国家"四五"重点建设项目后的近30年以来，一直未进行过大规模的技术改造。因此，加大技改力度，也就成为企业的必然选择。从2003年起，杭汽轮集团逐年加大了技改投入力度，2003—2006年投入技改的资金分别为8768万元、1.06亿元、1.2亿元、1.4亿元，4年共花了近4.5亿元，从国外引进了一大批先进加工设备及测试仪器，并推行"6S"管理，对生产作业现场和厂区环境进行了大规模的改造。这些技改项目完成后，不仅使企业的设备成新率提升到70%以上，大大缓解了生产中的瓶颈压力，而且还使作业环境发生了根本性变化，现场管理水平上了一个台阶,为企业实现产能连续"翻番"奠定了基础。

4. 市场创新

杭汽轮集团的市场创新主要体现在两个方面:产品延伸和市场开拓。特别是产品延伸方面,杭汽轮集团主要从以下四个方面入手:(1)产品使用领域的延伸。工业汽轮机的使用领域正是随着重化工业规模化、集约化生产的发展和"节能减排"的需求而不断延伸的。(2)产品经营模式的延伸。杭汽轮集团过去在产品经营模式上以卖汽轮机单机为主,这种传统经营模式制约了企业经营规模的拓展。企业要做大规模就必须持续满足不同用户的不同需求,实现经营模式的不断延伸。(3)产品服务渠道的延伸。售后服务是杭汽轮集团以往产品服务的主要渠道和方式,以往用户机组出现故障就及时派人去抢修,机组易损零部件坏了就及时予以更换,这种服务方式实质上是被动应对的方式。杭汽轮集团在2004年建立"汽轮机械设备公司"后,不断探索产品服务渠道的延伸,目前采取的服务方式主要有:售前服务、售中服务、售后服务、远程服务和设备改造服务等。服务过程变以前的"被动"为现在的"主动",正在从"单纯制造型企业"向"制造服务型企业"迈进。(4)上下游产品链的延伸。工业汽轮机的下游产品主要有发电机和汽轮机辅机等,向下游产品延伸,有利于提升企业的核心竞争力,扩大市场占有率。收购杭州发电设备厂,使杭汽轮集团在工业发电领域实现了汽轮机向下游发电机产品的延伸。

(二)从引进吸收到自主创新

通过引进技术取得技术创新成果是我国企业多年来所采用的创新模式,因为成本低、风险小,宏观经济的各个领域都在大量地引进国际现有的技术。在改革开放初期,我国国有企业对国外技术资源的依赖程度比较高,对外技术依存度甚至在50%以上(发达国家平均在30%以下,美国和日本在5%左右[①]),高科技含量的关键装备基本上依赖进口。浙江省国有企业同样存在类似的问题,如金华英博双鹿集团啤酒有限公司在产品创新上至今对国外技术的依赖程度比较高。一般来说,啤酒行业的产品创新主要包括两个方面:一方面,是配方工艺的创新,由于各个国家在口感的品评上差异很大,公司主要依靠国内的力量进行创新;另一个方面,是具体工艺方法和装备的创新,公司主要以引进消化为主。因为对于啤酒这个行业来说,国外的研究机构比国内要多得多,国内没有什么深入的研究,开展自主创新的风险比较大。

国有企业引进国外先进技术,首先需要对引进的技术进行研究、消化吸

---

① 毛武兴:《企业全面管理能力研究:以中国电子信息产业为例》,浙江大学博士学位论文,2006年。

收和创新,从而形成有自己特色的技术体系,实现引进—创新—输出的良性循环。在对台州三变技术有限公司的调研过程中,我们了解到,该企业在 20 世纪 80 年代初就有一个行业研究所,与其他单位一起合作开发,从国外引进了很多产品,包括配套的技术,而单纯的产品引进较少。公司在技术上的投入力度也是很大的。20 世纪 80 年代末,在销售额只有 3000 万元的时候,公司就花 1000 多万元投资引进了一条国外的生产线。后来该公司逐步走自主开发道路,主要合作对象为高校,如浙大、清华、哈工大、武大等。除了产品开发以外,还进行了配套产品如分析软件等的开发。企业在消化吸收现有成果的基础上,积极吸收别人的成果,避免闭门造车,但由于基础仍然薄弱,真正创新型的开发依然很少,基本上以工艺开发为主。到 20 世纪 90 年代,台州三变技术有限公司在人才、开发手段等自主开发条件都基本具备之后,基于对世界同类产品市场和客户需求的关注,才开始推出风变场变压器,并涉足更高端变压器(如 220 千伏,500 千伏变压器等系列)的研发和生产。

到了 20 世纪 90 年代末期,特别是进入 21 世纪以来,有意识的自主技术创新成为浙江省国有企业的首选目标。这方面的自主创新,包括了以技术合作为主的合作创新、技术引进吸收消化为主的二次创新以及通过研究部门开发为主的内生创新等多种创新路径。杭州制氧机集团有限公司就是其中一家典型企业。

20 世纪 70 年代末,杭氧通过技贸结合的方式,从国外引进了生产容量为每小时 1 万立方米的空分设备的全套技术资料,又与国外公司开展 3 万立方米等级的合作生产,引进范围也从一般的设备扩展到精馏塔、主换热器、主冷却器等一些核心部件。但杭氧人也明白,引进的技术以及与国外公司的合作生产等,都不能获得随着技术进步而形成的核心技术,只有自主创新,才能跟上空分设备大型化的发展趋势。于是,在对引进技术消化、吸收的基础上,从自主研发 1.5 万等级空分设备起步,杭氧开始走上了自主研发大型空分设备的创新之路。同时,透平压缩机是空分设备的关键部机,杭氧自主开发出了与国际水平接近的 2 万等级的氧透和 1 万等级单轴空透压缩机,又相继研发成功三轴型齿轮式氮透以及 1.4 万等级以上的大型空分设备的主控压缩机。从 1986 年起,杭氧就与西安交通大学合作开发新型主冷凝蒸发器,其中"大型制氧装置冷凝蒸发器"课题中包含的两项新技术申请了两项专利,这两项技术获得了 2001 年度国家科技发明二等奖。2003 年 2 月,浙江省科技厅对其的鉴定认为,该项目首创特殊通道比例作为基本换热单元,首创冷凝通道的结构方案,使传热温差显著减小,产品与技术处于当时国际领先水平。2006 年,杭氧又掌握了 6 万等级空分设备的设计制造技术。杭氧在这几十年的发展过程中，不断地进行新产品的开发，特别是对自主创新的重视，使得杭氧的空分技术雄踞世界五强之列，具有显著的核心竞争力。

(三)从间断创新到持续创新

近年来，全球化成为市场竞争的背景，信息技术的广泛使用使现代的商业竞争基础发生了前所未有的改变，信息流通的速度不断加快，变化成为市场不变的永恒，时间成为企业发展的关键。基于时间的竞争战略要求企业以柔性生产及管理为基础，在保证高质量和低成本的前提下，加快新产品的推出，快速响应客户的需求。其竞争要点是压缩从产品开发阶段到生产阶段，最后到递送给顾客的整体周期的每一个环节的时间，以取得竞争优势。

在此背景下，浙江省国有企业通过利用网络技术和信息技术让创新不间断地连续进行，从而提升创新效率。如杭钢较早认识到信息化建设对企业发展的重要性，在 2000 年就制订了《"十五"规划》，开始着手建设主干网与机房，到 2007 年形成了由 4 台小型机、20 多台服务器、4 台存储设备、35 台 CISCO 系列交换机、32 台 UPS 等组成的公司主机房、交换机房和二级机房，铺设了长达约 30 公里的光缆线，形成覆盖整个半山地区的杭钢局域网络。从 2001 年起杭钢又实施了办公自动化应用(OA)系统、小轧公司 CIMS 工程、电炉公司的 CIMS 工程、焦化厂的 CIMS 工程等。经过几年的应用和完善，这些系统已实现发文管理、收文管理、事务处理、公共信息、电子邮件、报表管理、电子刊物等自动化办公的基本功能；同时实现了生产管理、现场数据采集、数字视频监控、财务生产成本核算等功能，提高了生产自动化程度，降低了设备的运行成本，为管理决策提供了依据。杭钢并因此荣膺 2005 年度全国国有企业业信息化 500 强称号，以及最佳信息化战略奖和最佳企业资产管理(EAM)应用奖。

在研究中，我们还发现，浙江省国有企业的竞争优势除了创新行为外，还有赖于拥有共同目标的团队，以推动创新行为的持续发展。在这方面，只有个别企业能够通过共同的目标使得连续创新中的杂乱无章的诸多创新观念方向一致，使得各方面的创新行为形成一股合力。如在绍兴黄酒集团 58 年的发展历程中，通过四个创新(技术创新；包括企业体制、销售体制和员工激励体制在内的体制创新；产业创新；品牌创新)的共同作用，将一个国有企业建设成为一个以黄酒为主业、延伸相关行业、涉足高新技术的大型企业集团。

二、浙江国有企业全面创新体系框架

(一)基于价值创造的全面创新体系

技术创新是企业创新最核心的部分,也是提升国有企业竞争力、实现国有资产保值增值的重要方法。目前浙江省国有企业在技术创新上取得了很大的进步。结合相关的理论,我们认为目前浙江省国有企业已经初步建立起全面创新体系(如图7-1),包括技术创新、体制创新和管理创新三大部分,而在管理创新中又包括战略创新、组织创新、文化创新等要素。

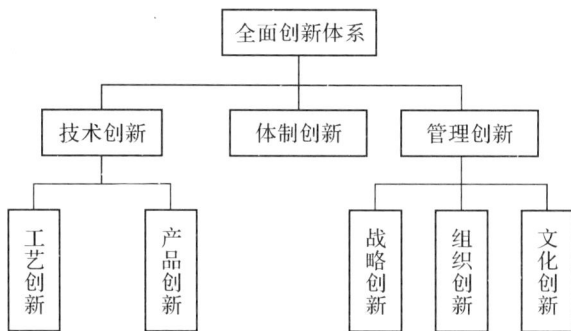

图 7-1　浙江省国有企业全面创新体系

同时,创新体系不仅仅是简单罗列各创新要素,而是需要将创新看做一个系统工程,全面、系统地协调各要素之间的关系是保证创新成功的重要条件。其协同主要表现为:一方面,技术创新是企业创新的关键,其势必会影响各非技术要素的创新;另一方面,包括体制创新和管理创新在内的非技术要素创新是企业对生产资源的重新整合和配置,从而进一步推进技术创新。因此,全要素创新管理的关键在于协调好技术创新和非技术创新两者间的关系,使其相互适应、相互促进、共同发展。创新体系的框架如图7-2所示。

(二)创新体系主要创新要素内涵

如上文所示,创新体系包括技术创新、体制创新以及管理创新,在要素层面则可以分为以下模块:技术创新模块、体制创新模块、战略创新模块、组织创新模块、市场创新模块。

1. 技术创新模块

在调研中我们发现,浙江省国有企业的技术创新主要集中于工艺创新和

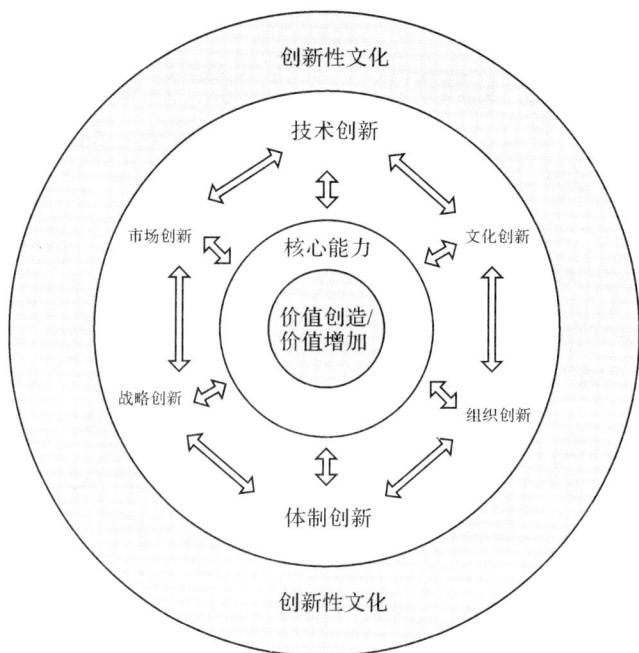

图 7-2　创新体系框架

资料来源:根据许庆瑞:《全面创新管理——理论与实践》科学出版社 2006 年版为基础改编。

产品创新,其中前者更是当前阶段大部分企业用以降低成本、提高生产效率的主要方式。根据技术创新的渐进性和阶段性特征,我们可以把技术创新过程分为四个阶段:创新构思及立项、研究与发展、试制和生产制造、市场商品化。企业技术创新活动是一个动态的过程,它以创新构思的产生为起点,在创新活动深入的过程中,各个阶段紧密配合、有效整合,最终实现创新目标。

2. 体制创新模块

《中共中央关于国有企业改革与发展若干重大问题的决定》指出,建立现代企业制度,是发展社会化大生产和市场经济的必然要求,是公有制与市场经济相结合的有效途径,是国有企业改革的方向。因此,我国国有企业改革的目标是建立现代企业制度,坚持企业国有资本国家所有、同时又要政企分开,使公有制企业尤其是国有企业真正成为各自独立的法人实体和市场主体,这就需要在企业制度层面上进行创新,克服传统企业制度的弊端,探索公有制与市场经济相结合的有效形式。浙江省作为经济发达地区,其国有企业大多已经初具现代公司治理结构的雏形。然而,由于国有企业所遗留的问题存在着独特的制度障碍,如产权的明晰程度、政府监管职能和股东大会决议之间的矛盾、下岗退休人员的安置问题、高层管理者的激励方式等,都需要从体制上寻求新的解决思路。

3. 战略创新模块

战略是企业发展的指导和方向,国有企业在渐渐脱离政府的干预和计划指令后开始越来越重视企业战略,并不断地对企业战略进行调整和优化。战略创新能使国有企业较好地"适应"竞争环境,提高企业的运营绩效和竞争优势,并促使企业抓住并利用现实的或潜在的机会,获得先行优势。同时,战略创新可以通过强制进行有益的创新而提高企业的适应能力。

4. 组织创新模块

不管是 20 世纪 90 年代开始的国有企业体制改革还是最近开始的国有资本调整和国有企业重组,国有企业的产业组织模式在实践上的探索和创新一直在进行中,并且是在包括《国务院关于 2005 年深化经济体制改革的意见》、《关于推进国有资本调整和国有企业重组的指导意见》等一系列政策措施的指导背景下进行的。在研究中我们发现,浙江省不少国有企业都把技术创新和体制创新放在第一位,认为只有这样才能赢得竞争优势,实现可持续发展,对组织创新的关注较小。然而,无论是企业技术创新还是体制创新,都迫切需要企业组织创新的有效配合。没有组织创新,技术创新将失去支撑,体制创新也难以推进。调研中的部分国有企业在实行改革之初,组织创新仍然停留在结构系统层面上,过多地注重组织结构调整、业务流程设计、岗位职责重新整合等方面,而在组织创新的精神系统层面,即企业家及员工精神、企业文化重塑、组织学习能力再造等方面存在一定的缺陷,在经营理念、管理方法、战略思维等方面仍保留了一部分传统的计划经济色彩,组织的精神系统层面不能与组织的结构系统层面进行有机配合,致使改制后的企业不能很好地适应快速变化的市场环境,竞争乏力而面临发展困境。

5. 市场创新模块

早期市场供不应求的局面已被激烈的市场竞争所代替,除了部分的垄断行业外,大部分经营性质的浙江省国有企业都面对着激烈的市场竞争。由此,市场创新是企业根据经营战略进行的市场发展和新市场开辟的活动,以及以企业市场子系统(主要是市场部门和营销部门)为主体所执行的营销职能。因此,市场创新同样是全面创新体系中的重要一环。从根本上说市场创新包括两部分内容:市场发展和开发、营销执行。

三、浙江国有企业创新体系的建立与运行

对浙江省国有企业而言,创新体系的建立并不仅仅停留在各主要创新要

素的创新改造和提升上,更重要的是形成各创新要素之间的相互协同效应,使不同的创新要素之间能够相互促进和推动,从而达到提升企业核心竞争力、保证国有资产保值增值的目的。以"木桶理论"解释国有企业的内部创新体系的运作效果,我们所认为如果各个创新要素没有相互配合和影响,即使某一个特定的创新要素发挥得再好也无法真正为企业创造应有的价值。

技术与市场的快速变动,是今天企业所面临的新形势。仅有雄厚的技术实力还不足以成就一个企业的创新业绩,对市场的快速响应也是企业竞争力的重要表现。协同创新有助于提高技术创新速度,实现速度经济效应。同时,在竞争激烈的市场环境下,产品导向的经营方针已经向市场导向转变,把握市场的能力愈显重要。因此在表7-1及下文中,我们根据调研的内容将技术创新和市场创新之间的协同效应进行了分析。

表 7-1　主要创新要素之间的相互协同作用关系

创新要素	构　成	相关关系
技术创新	技术创新流程、技术创新绩效、技术创新战略	技术创新主流程(技术、生产、市场)之间的协同;组织结构的匹配、制度保障
体制创新	内生制度体系与外生制度体系	文化制度、产权保护制度、组织制度、激励制度、人事制度;与文化创新协同
战略创新	战略内容的渐进或重大创新	直接影响组织、文化和制度的创新
组织创新	组织流程创新能力、组织结构创新	相匹配的组织文化创新
文化创新	企业基本假设、价值观、员工行为特征、制度规范的变迁	与企业战略的匹配;组织创新的影响
市场创新	市场发展和开发、市场营销过程	对技术创新信息支持和需求定位对战略创新的匹配、制度保障

资料来源:许庆瑞:《全面创新管理——理论与实践》,科学出版社 2006 年版。

(一)战略创新——创新体系的指示灯

战略创新是整个创新体系中最为核心的部分,它直接决定着其他要素创新的方向和力度。对于浙江省国有企业而言,国有资产的保值增值是最基本的要求。同时,在市场经济条件下,在国有资产保值增值的基础上实现企业的利润最大化和满足社会的需求才是国有企业发展的最终目的。根据不同行业的特性和发展阶段,国有企业的发展战略进行着相应变化,经营者的思路和观念也同样进行着变化。在研究中我们发现,大部分国有企业都在发展过程中进行着产业结构的调整,并清晰地把握着自身的发展方向。战略创新在创新体系中的地位如图 7-3 所示。

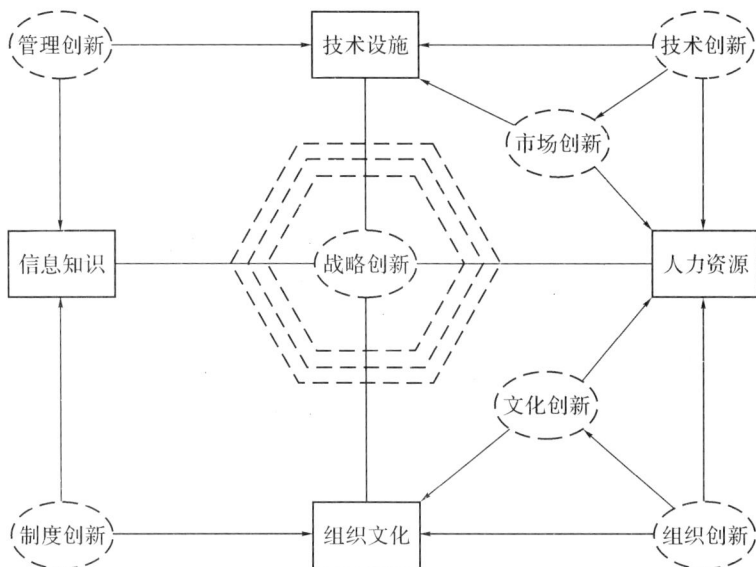

图 7-3 基于战略的浙江省国有企业创新体系

资料来源:许庆瑞:《全面创新管理——理论与实践》,科学出版社 2006 年版。

以绍兴黄酒业为例,该行业自 2004 年以超前的思维和眼光确立了"天下黄酒源绍兴"这一战略定位,同时通过一系列的宣传推介,很好地提升了绍兴黄酒这个品牌的知名度。2007 年,绍兴黄酒喜获"中国驰名商标",会稽山等 4 家企业同时成为拥有 2 个驰名商标的"双驰名品牌"企业。2006 年,绍兴市黄酒产量已达到 37.9 万升,实现销售收入 29.1 亿元,实现利税 3.8 亿元,分别比 2003 年增长 38.4%、58.5% 和 46.8%。

绍兴黄酒业的发展有赖于观念的突破和思路的创新,市场意识、品牌意识的觉醒。1999 年,"会稽山"在绍兴黄酒业中首家推出低度营养功能黄酒"帝聚堂",彻底颠覆了绍兴酒的传统营销理念,为消费者打开了全新的感官体验空间。2004 年,"会稽山"再次在绍兴酒业中推出酒精度低于 10 度的"稽山清"营养黄酒新品,同时积极倡导黄酒冰镇饮用的新理念。2005 年,"会稽山·水香国色"以"营养健康不上头"的核心理念亮相苏州市场。由于公司前期对品牌策划、酒体设计、包装制作都进行了全面细致的设计,"水香国色"因而成为苏州市场表现最出色的绍兴酒品牌。2007 年单品销售突破8000 万元,是江苏市场单品销售量最大的产品。

2007 年,为进军上海市场,"会稽山"又携手北京专业策划公司,聘请具有丰富市场经验的专业营销人士,为上海市场联手策划并量身打造了"尚·海派"商务养生型时尚新品,产品以"会稽山"60 多年的悠久历史和现代生物工程和膜分离等黄酒集成降度技术为依托,从设计理念、品质内涵完全区别于上海市场热销的酒类产品。为确保产品的独特性、唯一性和前瞻性,公司对包括瓶形、品牌、商标设计等综合形象进行"立体商标"注册,确保完全自主知识产权。2008 年 6 月,"尚·海派"已完成各大终端的铺市工作,新一轮营销工作已全面启动。

(二)技术创新与市场创新的协同机制

通过技术创新实现工艺或产品创新,以降低生产成本,从而提高产品在市场上的竞争力。但是如果没有好的市场营销手段和对市场选择和开拓的正确认识,国有企业往往会在整个价值链的最后一个环节形成"瓶颈"。在调研中我们也发现,能够把握住市场和客户的企业更能最大化实现技术创新所带来的经济效益。

信息共享是保证技术和市场创新同步发挥最大协同效用的关键。现有关于研发和营销整合的研究都是建立在研发和营销部门、新产品开发团队、部门人员之间的信息交流和信息利用之上。部门人员间的互动和信息共享可以有效降低顾客、市场和技术方面的不确定性,有利于实现在发展战略的指导下形成有规划的统一。如何平衡技术发展和市场发展、短期竞争盈利和长期能力发展,不仅是一个规划的问题,更依赖于企业各层次的自我管理和积极创新。技术和市场创新的协同创新规划为企业的创新发展指明了发展方向,并提供了各方面的支持。企业一方面通过协同创新规划引导创新行为的进行,另一方面通过自身组织行为积极发展和进行协同创新。

除了技术和市场的创新外,其他维度的创新同样起到了重要的作用。通过对企业的调研,我们发现技术创新和市场创新之间的相互协同得到充分发挥的企业具有以下几个特点:

1. 建立了支持协同的组织结构

设计支持协同的组织结构的主要目的在于建设协同创新的结构背景。协同组织结构确定了协同创新的各种要素的层次以及相应的权力地位,这为协同战略的实施以及要素之间的有效联系奠定了基础。传统意义上的组织结构形式强调分工和专业化,导致部门之间的分割,这与协同的要求相背离。因此,进行协同创新的基础就是打破组织部门分割的现状,通过组织变革,建立强调部门和职能联系的组织结构。以杭州汽轮集团为例,企业通过制定《杭汽轮集团推进企业科技创新配套措施文件汇编》,建立了科技创新的长效机制,形成了包括强化创新项目管理、规范科技投入的统计方法、实行技术职务的内部聘任制度等一系列支持技术创新的组织结构。除此之外,还设立集团"十一五"科技创新重大项目,明确集团创新平台建设的架构,落实科技创新资金的来源及投入力度,确立创新人才培育和激励的方式,阐明工会、科协等群众组织在创新活动中的作用,进一步完善了创新体系。

2. 战略引导

企业组织是处在多变的环境当中的,只有对环境变化作出及时反应,引导环境向有利于本身发展的方向变化,才能保证企业的生存和发展。在环境变革加剧的形势下,创新取代成本降低成为企业的主旋律之后,如何将环境信息有效地引入创新系统是创新成败的关键。企业战略的重要作用是根据外部环境和内部条件确定企业的发展方向,从这个意义上说,战略引导是创新的重要影响因素。协同虽然强调企业内部要素对组织发展的决定作用,但并不忽视外部变革,作为协同的一个外生变量,外部变革的作用通过企业内部要素发挥。因此只有在战略引导下,才能保证协同创新正确的方向。而制定平衡技术和市场的总体战略、匹配的市场创新战略和技术创新战略是建立协同战略结构的主要内容。尖峰集团的发展历程很好地诠释了战略引导对技术创新和市场创新的重要作用。集团上市之初,尖峰水泥还是采用老式的机立窑进行生产,年产量不过 45 万吨。集团领导在分析了当时建材行业的市场走势后,作出重点发展新兴干法回转窑生产线的决策,扩大了水泥生产规模,提高了水泥产品的档次和质量。而后集团领导观察到华中市场的新型干法水泥生产能力比例不高、水泥产品大部分依然以机立窑生产为主、水泥需求大的特点,于 2003 年在湖北大冶筹建日产 5000 吨熟料新型干法水泥生产线,产生了良好的经济效益。

3. 要素之间以及要素和整体之间的多维联系

首先,要实施战略,必然要求各要素之间的协同合作,即使只是外部环境信息的传递。如果各要素分割严重,就会使创新活动停滞。其次,组织协同支持结构虽然界定了协同创新各要素的层次和地位,但是各要素之间的联系需要更具体的行为保证机制和工具。毕竟,协同创新的实施要靠协同行为的支持,而协同行为发生的关键在于合理建立要素间以及要素和整体间的多维联系。杭钢集团则充分发挥了其要素之间的多维协同联系,为其他企业的发展提供了有效的借鉴模式(详细内容见本章第四部分)。

(三)支撑创新体系对技术创新的促进

对企业整体来说,战略定位为持续发展的首要指引,技术创新为核心竞争力的直接体现,其他包括体制、管理、企业文化等在内的企业内部治理要素则是保障技术创新实现的重要支撑条件。没有良好的内部支持环境,企业就不能有效地投入最优资源为技术创新服务。相应的,当企业的技术创新取得了突破性进展后,企业内部的管理环境也会相应的进行自发性改动。

1. 体制创新对技术创新的促进作用

企业技术创新要最大限度地发挥出经济效益,还必须同时有一套相应的支持制度。随着我国经济体制改革的不断深入,浙江省国有企业体制改革也在逐步深入,从早期的放权让利、两步利改税、经营权向所有权改制到现代企业制度的建立,企业制度发生了根本的改变。由此通过制度改革和体制创新逐渐形成的产权明晰、责权明确、管理科学的现代权益制度,从根本上激发了企业技术创新的热情和动力,促使企业更加关注研究开发,重视技术创新能力的提高。总的来说,国有企业的体制创新和改革对其技术创新的促进作用体现在以下几个方面:

(1)现代企业制度有效地将企业经营权和所有权进行了彻底的分离。企业通过股东大会、董事会、监事会和总经理之间的决策权、执行权、监督权和收益权的明确界定,自身能够权衡企业的长期收益和短期收益。不同于政府的调节社会供需矛盾的行政指令,有着健全公司治理结构的国有企业在响应相关主管部门的号召的同时,会从企业战略目标的角度出发通过对技术创新的投资来寻求长期收益。

(2)现代企业制度可以有效地为企业积累资金,为企业技术创新活动提供一定经济实力的保证和动力,使企业有可能不断增加技术创新的投入,从而使企业更具备技术创新的行为能力。若缺乏政府的资金支持,国有企业必需有效地利用有限的资金并寻求新的融资渠道,同时可以有针对性地将资源投入到更符合企业和产品发展的方向上。

现代企业制度有利于企业家阶层的形成和和企业家精神的培育,从而增强企业创新意识、提高创新能力。企业股东能够在一定程度上自主决定企业的高层管理者,企业领导人不再是行政官员,而是对股东权益负责的企业经营者,同时他们还可以从创新中获得收益回报(不少企业的高层管理者都拥有企业的股票或者期权)。因此,企业领导人会积极地从事技术创新,逐渐成为真正意义上的企业家。如在实施"科技兴企"这一战略目标的进程中,巨化集团从制度改革入手,形成了有利于提高企业技术创新能力的内在动力机制。

(3)完善体制,激发企业技术创新的能动性。绍兴黄酒集团是1999年5月由浙江绍兴黄酒骨干生产企业绍兴市酿酒总公司与百年老字号沈永和酒厂组建成立的,由此形成了我国最大的黄酒生产和出口基地。这一"强强联合"促成了国家级"双加"项目4万吨黄酒工程、2万吨瓶酒灌装技术改造、新工艺白酒技术改造、累计5万吨黄酒后熟练化技术改造等一系列项目的实施与完成。1997年5月,绍兴黄酒集团独家发起组建了浙江古越龙山绍兴酒股份有限公司。"古越龙山"股票在沪成功上市,开创了黄酒行业进入股市的先河,使公司转向现代企业制度跨出了关键的一步。这一划时代的深刻变革为公司的技术创新注入了全新的活力。1998年公司与江南大学合作成立了中国绍兴黄酒技术中心,成为全国唯一的省级黄酒技术中心,并为绍兴黄酒的技术创新打下了扎实的基础。2002年,公司投入了大量资金进行传统黄酒技术改造,先后实施生产了5000吨纯生黄酒,实现5000吨黄酒无菌灌装技术改造、3万吨黄酒陈化技术改造、扩建黄酒技术中心等项目,促进了黄酒技术含量和产品附加值的提升。

(4)政策激励,调动科技人员的技术创新积极性。1999年以来,巨化集团根据国家和省有关文件结合企业实际,制定和出台了《科研开发项目承包办法》、《科技进步奖励暂行规定》、《学术技术带头人管理办法》、《关于鼓励技术要素参与收益分配的若干意见》、《有突出贡献人员奖励办法》、《关于科研开发基金管理暂行办法》、《关于评选科技十佳的办法》等一系列激励政策和措施,采取项目承包、奖效挂钩、技术作价参与分配效益分成奖励等多种办法,激发科技人员的创新积极性。技术中心对13项科研开发项目实行招标竞争机制,招标产生的项目负责人可享受上浮一级工资的待遇。在分配收益上,项目负责人最高可以从成果转化所得收益中获得项目组所得部分50%的奖励;同时根据科研单位的特点,集团设立岗位奖励工资,对成绩突出的科研人员实行低职高聘。这些内在激励措施促进了企业科技成果的转化。

(5)加大投入,激励技改,提高企业装置的生产能力。广泛推广运用现代新技术,走技改之路,大规模提高生产装置的技术档次和生产能力,这是巨化取得快速发展的又一关键所在。同时,巨化在推进技术进步、调整优化产业结构的当中,始终注意坚持较高的投入,促进各子分公司对新技术、新原料和新工艺的应用,切实解决企业传统产业生产中高消耗低效益的矛盾,全力提高装备技术水平和工艺水平。1995—2007年,巨化集团公司技改投入达7.6亿元,仅1999年就有18项重大新技术被采用。新技术的应用推广成为企业效益增长的重要来源。

2. 管理创新和技术创新的互动作用

国有企业是由一系列职能部门构成的经济组织,企业的组织结构必然影响技术创新的效率与成败。首先,企业组织结构是影响技术创新项目有效实施的核心因素。技术创新项目的实施涉及企业组织的多个部门和人员,合理的组织结构可以创造良好的组织氛围,协调各部门行动,调动部门成员的积极性,为技术创新项目的有效实施提供组织保证。其次,企业组织结构也是制约技术创新速度的关键因素。在高速发展的信息时代,新技术被模仿和扩散的时间间隔越来越短。因而,技术创新速度就成为关系着企业创新收益大小的关键因素。企业提高技术创新速度主要在于改善内部组织结构,使研发、生产制造部门、市场营销部门全力合作,采用灵活多变的多学科专业的项目组织,在开始研发活动之前,便把研发部门同工程、制造、市场营销部门紧密结合起来。

反过来,技术创新同样可以带来企业组织架构的变动,从而实现组织创新。从创新的动力源看,该创新模式的动力来自于企业新技术的发展,尤其是企业带有根本性的产品创新导致的产品结构的变化。由于产品结构的变化,企业的部门设置、资源配置及责权结构都要有相应的调整,从而引发结构创新。在结构创新的基础上,企业价值观念和行为规范会发生潜移默化的转变,完成渐进的文化创新。结构与文化的逐渐变化又会进一步诱致企业对战略资本进行一定程度的投资,实现企业战略创新。因而,技术诱致型组织创新总是表现为由结构创新到文化创新,再到战略创新的逻辑顺序。尤其是对于那些正由单一品种生产向多元化经营转化的企业来说,适应新产品生产经营的需要,就要进行相应的组织创新。

巨化集团为了促进和保障技术创新的顺利推进,采取了多种组织创新的措施。为解决冗员多、社会负担重和负债率高的困难,企业重点采取了以下措施:(1)消肿——实施竞聘上岗、减员分流。引入竞争激励机制,用工需求和人员流动一律通过劳务市场,用人单位和职工双向选择、双向制约。以人事制度改革为突破口,营造岗位靠竞争、激励靠贡献的良好氛围。(2)减负——实行"两分离",即生产与生活分离、企业职能与社会职能分离。实施了医疗、住房制度及生活后勤系统的改革,既保障了职工切身利益,又减轻了企业负担。(3)造血——积极涉足资本市场,多渠道募集资金。一是调整资产结构,成立了巨化股份有限公司,成功实现股票上市;二是投资体制多元化为目标,吸纳社会资金入股,加大招商引资力度;三是加强银企合作;四是通过企业技术创新,积极争取政府各类科技激励政策。

四、浙江国有企业全面创新模式典型案例:杭州钢铁集团

(一)公司概况及发展历程

杭州钢铁厂(杭州钢铁集团公司前身)成立于 1956 年,作为省属大型国有企业,其发展道路一波三折。自建厂以来的 50 年里,经历了艰苦创业、大

办钢铁、调整恢复、"文化大革命"、治理整顿、振兴发展等阶段,企业在曲折中徘徊,在徘徊中艰难地前进。现在,杭钢正朝着做强做优做大的战略目标,按照又好又快的要求,进入一个全新的稳健快速发展时期。1956—2007年间,杭钢共计生产铁2533万吨、钢3202万吨、钢材3066万吨;累计实现销售收入1430亿元、利税139亿元、利润73亿元,上缴国家税费94亿元,为国家尤其是浙江的经济社会发展作出了重要贡献。如今的杭钢,是一家以钢铁为主业,房地产、贸易流通、环境保护、酒店餐饮、高等职业教育、科研设计、黄金开采冶炼等多元产业协调发展的大型企业集团。2003年以来,杭钢连续多年进入全国最大500家大企业集团百强行列。目前,杭钢拥有17家全资子公司、21家控股子公司、13家参股子公司,其中杭州钢铁股份有限公司为上市公司。目前杭钢坚持半山钢铁基地、宁波钢铁基地和非钢产业三足鼎立的发展格局,实现优势互补、共生共荣、协调发展,力争到2015年实现销售收入超过1000亿元、利润超过50亿元,努力把杭钢建设成为国内具有一流竞争力的大型企业集团。总体而言,杭钢的发展经历以下三个阶段:

1. 艰苦创新阶段(1956—1978年)

为解决浙江省经济发展中铁、钢供应严重不足的突出矛盾,杭州钢铁厂(杭州钢铁集团前身)作为浙江省第一家利用近代技术炼钢的钢铁公司于1956年成立。在大办钢铁期间,杭钢基建规模迅速扩大,投资项目不断增加,而后在浙江省委的指示下调整生产规模,压缩了一批基建项目,并开始精简职工,走质量发展道路。杭钢于1964年实现了建厂以来的第一次盈利,并且连续3年取得了快速增长。然而"文化大革命"期间,杭钢的发展受到了巨大的影响,钢产量明显下降,并持续亏损,粗放型低技术生产以及动荡的外部环境无法给杭钢提供足够的发展空间,22年内杭钢累计亏损6670万元。

2. 马鞍形发展阶段(1979—1994年)

改革开放以来,杭钢积极把握机遇,从重建企业形象,提高生产技术含量的角度出发,得到了快速的发展。在战略上,杭钢将工作的重点移到以提高经济效益为中心的轨道上来,使企业逐步从生产型向生产经营型转变。市场营销部门不断推出新的销售模式和营销方法,将杭钢的产品向市场进行宣传和展示,极大地扩大了集团的钢材采购量。在技术创新上,杭钢紧紧抓住炼铁、炼钢、轧钢三个关键所在,大搞挖潜、革新、改造、配套等技术改进措施,通过引进吸收消化等方式使自身的技术实力和产品质量得到了明显的提升。同时杭钢还通过自己建立研发中心、开办职业技术学院等方式进行自主开发,并培养了一大批的优秀技术管理人才。从20世纪90年代开始,杭钢量力而行地推进技术进步,运用高新适用技术改造传统产业,坚持走"投入少、见效快、产出多"的内涵挖潜发展之路,有计划地对中轧、热带、高炉和转炉生产线进行技术改造,使之整体达到国内先进水平。1979—1994年,钢铁总体效益得到提高,共创利润9.5亿元。

3. 快速创新发展阶段(1995年至今)

由于钢铁行业环境以及杭钢地理因素的制约,杭钢并不适合在钢铁产业上进一步扩大规模。因此,除了不断提升自身产品的技术含量外,杭钢积极进行多元化发展,成功开拓了房地产、内外贸易、酒店旅游、环保、科研设计、职业教育、黄金开采等领域。钢与非钢的并举并强,就像两个轮子合力驱动,构成了杭钢强大的竞争力,为杭钢的可持续发展提供了强大的动力。1995—2007年是杭钢发展速度最快、质量最优、效益最好的12年。主要体现在:创新体制管理方面,1995年与浙江省冶金工业总公司合并组建浙江冶金集团,随后实施辅业剥离分流、产权多元化等一系列改革改制措施。创新融资模式方面,通过1998年的成功上市和再融资获得了大量的资金;创新发展方面,提出了多元化发展战略体系,成功重组宁波钢铁项目;创新管理机制方面,大力推进从严管理和精细管理,不断完成经济责任制和资产责任制。在"十五"期间,杭钢累计实现销售收入789.38亿元,利税74.56亿元,利润45.16亿元,上缴国家税费48.28亿元,分别比"九五"增长266.9%、274%、418.8%和232.6%,比前44年(1956—2000年)分别增长134.65%、66.58%、156.88%和54.80%。

杭州钢铁集团公司从小到大、从弱到强、逐步发展壮大成为我国冶金工业的骨干企业和浙江省国有企业的排头兵,在发展生产、自主创新等方面取得了辉煌业绩,在服务社会、企业党建等方面树立了良好榜样,为浙江省经济社会发展作出了重要贡献。特别是在改革开放后的30年里,杭钢逐步建立了自己的全面创新体系,走出了一条具有自身特色的发展道路。一方面,杭钢克服地理条件的制约,坚持用先进适用技术和高新技术改造传统产业,加快产业步伐调整,实现了由生产普钢为主向生产优特钢为主的转变,市场竞争力得到显著提升;另一方面,解放思想,大胆实践,依托钢铁主业的资金、人才、管理和品牌优势,培育形成了以房地产、贸易流通、酒店餐饮、环境保护四大产业为支柱的非钢产业,成为全国钢铁行业中发展非钢产业的典范。在调研中我们发现,杭钢地处杭州市区,北有宝钢,西有马钢,加上乡镇钢铁企业的重重包围,没有任何地理和资源优势可言。而这家没有多少自然优势的国有企业长期取得较高经济效益的根本原因,就在于其一直以来,始终立足市场,着眼创新,在建立创新体系的过程中不遗余力地谋求新发展。作为传统行业的大型国有企业,杭钢的创新发展历程具有较高的典型性。

（二）杭钢全面创新体系建立及其特征

全面创新体系不仅仅是简单罗列各创新要素,而是需要将创新看做一个系统工程。全面、系统地协调各要素之间的关系是保证创新成功的重要条件。全要素创新管理的关键在于协调好技术创新和非技术创新两者的关系,使其相互适应、相互促进,共同发展。杭钢集团则通过建立全面创新体系较好地达到了该目标。

1．技术创新

杭钢在国家加强宏观调控、加快结构调整的背景下,不断突出产品结构优化这个重点,以进一步增强核心竞争力。经过几年的努力,在产品定位上,根据浙江汽车配件、摩托车配件和齿轮、轴承等机械加工市场发达的实际,杭钢果断压缩螺纹钢等建筑用普碳钢的产量,积极开发生产优碳钢。通过开发高技术含量的优质产品,逐步实现了以普碳钢为主到以优质碳合结钢为主的转变。同时,杭钢特别重视加强与高等院校、科研机构、兄弟企业和用户的合作,加大研发投入力度,重视应用性技术研究,加快专利技术申请,逐步形成以技术中心为骨干,以生产单位为依托,以群众性小改小革为基础的技术创新体系,进一步增强了企业自主创新能力。

2．管理创新

在发展过程中,杭钢一直根据外部环境和自身发展阶段坚持发展战略的持续转变和创新。由于杭钢地处杭州市区,无法进行土地的扩张,其规模发展受到了较大制约。由此杭钢提出了依靠科技创新,内涵挖潜、品种质量效益并重的集约型发展战略,通过紧密结合区域市场,加大技术创新力度,全面调整产品结构,稳步提升竞争优势。在我国整体钢铁业的形势、价格、利润不断大幅波动,总体产量过剩和产品结构性矛盾问题突出的环境下,杭钢又"跳出主业,发展辅业",提出了"钢铁主导,适度多元,创新应变,做大做强"的发展战略。在此基础上,杭钢发展成为以钢铁为主业,房地产、贸易流通、酒店餐饮、环境保护、科研设计、高等职业教育、黄金开采冶炼等多元化产业并举的大型现代化国有企业。随着环境变化,杭钢的发展目标又从"做大做强"调整为"做强做优做大"。其中"做强"企业,强调的是提高企业的竞争实力,主要表现为市场竞争力强、员工创造力强、持续发展力强、企业凝聚力强、社会影响力强;"做优"企业,强调的是提高企业发展的协调性,主要表现为产品质量优、产业结构优、资产质量优、经济效益优、企业形象优;"做大"企业,强调的是扩张企业的发展规模,主要表现为所在行业领域的生产规模大、销售规模大、资产规模大。

杭钢在发展中始终坚持把文化建设纳入企业整体发展战略的核心内容。"以钢铁意志做人、建业、报国"的企业精神,是杭钢文化的核心。这是他们在长期成长过程中形成的精神积淀,已经成为激发杭钢全体员工积极性和创造性的强大的无形力量。可以说,杭钢在做精做强主业、做实做强非钢铁产业的过程中,虽然面对不同产业和不同的体制、机制与管理方式,但是没有发生过文化割裂的现象,而且通过文化的传承与创新,形成了更加强大的、具有杭钢特色的文化,确保了企业在复杂的发展局面中比较从容地应对各种矛盾和问题。

3. 体制创新

体制创新是企业走自主创新型企业发展道路的动力之源。杭钢坚持以改革促发展、以改革促和谐的思路,按照"分步、稳步、不停步"的改革工作方针,以实现产权多元化、完善法人治理结构和管理扁平化为重点,建立起适应市场经济发展要求的管理体制和经营机制。一方面,杭钢通过以优化资本结构为突破口,积极推进产权制度改革,加快杭钢置业、杭钢商贸、杭钢旅业三大产业集团由法人联合体向法人实体的转变,在适当时机争取上市;另一方面,杭钢以完善法人治理结构为重点,加快现代企业制度建设。随着业务的不断发展,杭钢不断规范集团公司各成员企业股东会、董事会、监事会和经营管理层的权责,建立健全权责统一、运转协调、有效制衡的公司法人治理结构,增强企业发展活力。与此同时,杭钢还以加强战略管理为导向,推进组织结构变革。针对机构复杂、职能重复、信息孤岛、冗员较多、效率较低等现象,杭钢逐步建立起以信息化为中心的知识共享管理体系,分步推进流程再造和资源整合;以产业划分设立事业部,加快形成集团公司总部为战略决策中心、资本运营中心和投融资中心,子公司为利润中心,钢铁主业生产单位为成本中心的控股型集团管理架构。

(三)杭钢创新体系运行机制

1. 技术创新与管理创新要素的互动

杭钢管理创新的发展为技术创新提供了有力的支撑和保障。杭钢的技术创新就是紧密结合长江三角洲这一区域市场和专业市场的发展趋势,走"精、深、细"的发展道路,抢占和控制若干个细分市场的技术制高点,通过发挥家门口"自留地"的辐射效应,把市场进一步做细、做实、做大。其技术创新的源泉在于杭钢"紧密结合区域市场,加大技术创新力度,全面调整产品结构,稳步提升竞争优势"的发展战略。

杭钢技术创新的发展是管理创新的主要考虑因素。对于杭钢而言,调整产品结构是其钢铁产业发展的主要战略思路。但由于杭钢的钢铁产能规模、基础研发力量和能力仍然无法与行业内大企业相抗衡,因此这样的技术研发创新实力又反过来决定了其战略发展的具体方向。对于杭钢而言,一方面敏锐把握市场需求,在创新适用性产品方面做文章,发挥"船小好掉头"的优势;另一方面,把握江浙沪地区小批量、个性化钢铁需求旺盛的特点,充分发挥家门口营销、服务便捷等比较优势。而且在多元化发展中,非钢铁产业也为钢铁主业的技术创新贡献了积极的力量。杭钢所属科研院所的技术支持、贸易流通产业的市场需求反馈和原材料供应支持都发挥了重要的作用。与钢铁主业关联度不大的房地产行业也实现了对主业的反哺,通过大量的盈利资金进一步提升钢铁主业的科技创新能力。

2. 技术创新与体制创新要素的互动

现代化的企业制度和健全的法人治理结构是技术得以持续性创新的重要保障。通过董事会等机构的群策群力和民主化决策,杭钢于20世纪90年代中期就提出了"以环保为主线,用高新技术和先进适用技术改造传统产业"的技改方针,走上了以技术进步促进技术改造、以技术改造促进技术进步之路。而健全科学合理的人力资源管理和开发体制大大提高了创新能力和创新效率。完善的人才评价体系和激励机制使得技术人员的技术创新热情得到大幅提高,技术创新成果产量大幅提高。技术创新所带来的营业额的快速提升和利润的增加又促成了适应大规模多产品生产和多元化发展的体制创新。

3. 管理创新与体制创新要素的互动

杭钢体制创新不仅为其管理创新不断提出新的挑战,同时也是管理创新的平台。杭钢着重以建立完善法人治理结构为目标,着力构建集团公司运行机制,这就要求其企业内部在组织、文化等管理上同时需不断地进行相应的调整以适应新的法人治理结构。而杭钢与浙江省冶金工业总公司合并,经营集团范围内的国有资产,建立了以杭州钢铁集团公司为母公司的母子公司管理体制和国有资产保值增值体系。杭钢逐步对内部辅助单位实施公司制改制,完成了剥离分流工作,优化组织结构等一系列的体制创新,同时对其管理提出了新的要求。管理创新是杭钢战略创新、体制创新的核心实现形式。

第八章　浙江国有企业的创新环境

一、区域创新环境分析

(一)区域创新环境体系

区域创新环境是一定区域时空范围内创新产生所需的客观背景条件,是一个地区保持持续竞争力、发展力所必须具备的物质、文化、社会环境。它是区域内各行为主体在长期的相互作用下形成的,以增强区域创新能力为目的网络系统。区域创新环境一般分为四个彼此依赖、相互作用的层次:

1. 基础层次

在知识经济发展以及经济全球化背景下,创新产生的区域基础层次主要包括基础设施(尤其是交通、通讯和信息网络)的建设、教育科研机构的建设以及高素质人才的培养。这些要素是区域内创新产生的最基本的物质和人才保障。

2. 文化层次

聚合、凝结是文化一个最基本的功能,它能使一个社会群体的人们在同一类型或同一模式的文化历史环境中得以教化、培养,从而以相同的思维方式、价值观念、社会习俗、行为方式聚合起来。文化不仅使人们在生活的各个方面都具有自身的特色,也使区域经济的发展打上深刻的文化烙印,使区域经济的发展体现出不同的特色和结果。此外,区域文化表现出来的保守性或开放性对创新也有很大的影响。

3. 组织层次

区域创新环境中的主要行为参与者有政府、企业、中介机构、教育和科研机构及个人。这些参与要素在长期的合作和交流学习中所形成的动态联系可以称为区域创新环境中的组织层次。

4. 信息层次

不论是知识创新还是技术创新,都与市场有最直接的关系。因为只有与市场有效结合的新思想、新技术和新知识,才能最终实现市场上的效益,才能真正成为创新。因此,识别、把握市场信息与市场约束条件,正确决定创新方向、规模和形式,对创新的成败有着至关重要的影响。

区域创新环境的四个子系统之间有着密切的联系,每个层次彼此之间也进行着广泛的交流。各子系统以及它们在区域创新环境系统中的作用可以用图 8-1 来表示。

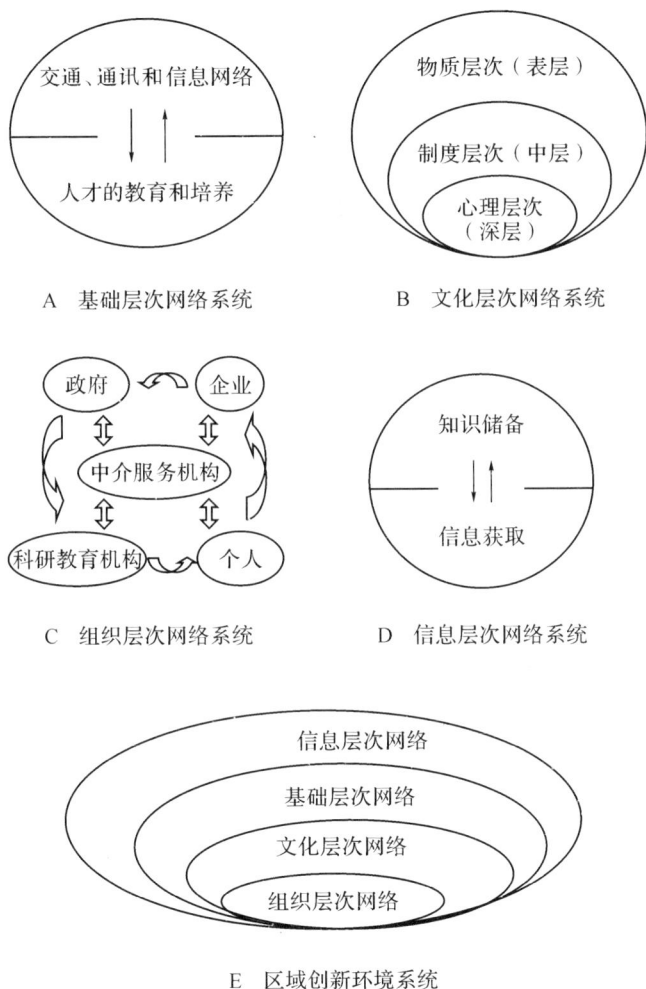

A 基础层次网络系统

B 文化层次网络系统

C 组织层次网络系统

D 信息层次网络系统

E 区域创新环境系统

图 8-1 区域创新环境系统结构图

资料来源:贾亚男:《区域创新环境的理论初探与实践》,《地域研究与开发》2001 年第 1 期。

在图 8-1 中,图 A、B、C 和 D 分别代表了基础层次、文化层次、组织层次和信息层次四个子系统。图 E 是四个层次子系统相互作用而组成的区域创新环境系统的结构图。从图 E 可以看出,文化是一种底层渗透系统,基础层次系统是基础参与系统,组织层次系统是在前两者的影响支撑下的关键系统,信息层次系统是系统维持动态开放平衡所需输入的负熵流,作用于每一个层次系统且促进整个环境系统趋于动态前进。

(二)区域创新环境发展回顾

创新活动离不开创新环境的支持,浙江省国有企业的创新同样离不开区域创新环境的发展。创新环境建设的巨大成绩为国有企业创新提供了基础和动力。下面分别按照前述区域创新环境系统的四个子系统对浙江省区域创新环境建设的现状进行总结与分析。

1. 基础层次:为创新提供扎实的物质基础与智力保障

基础层次创新环境主要包括基础设施(尤其是交通、通讯和信息网络)、教育科研机构和人才的建设与培养,它为企业创新提供良好的基础物质条件和智力保障。

(1)基础设施投入大量资金,为创新构筑坚实的物质基础

从 1990 年起,浙江省基础设施建设投入逐年增长,从 1990 年的 37.58 亿元增长到 2006 年的 2226.57 亿元,16 年增长了 60 倍,年均增幅达到 60%(表 8-1)。

表 8-1　主要年份基础设施投资　　　　　　　　　　(单位:亿元)

年　份	基础设施投资合计	交通运输	邮电通信
1990	37.58	10.18	2.96
1995	230.39	68.4	23.75
2000	876.33	221.65	127.53
2001	999.28	223.18	155.6
2002	1066.8	227.28	95.49
2003	1360.4	295.54	88.09
2004	1724.69	476.16	102.98
2005	1981.97	641.36	94.18
2006	2226.57	777.44	97.64

资料来源:浙江省统计局:《浙江统计年鉴(2007 年)》。

固定电话普及率从 1995 年的 8.5 部/百人增加到了 2006 年的 48 部/百人。至 2006 年,浙江省已经开通铁路运营里程 1265 公里,其中复线 714 公

里;公路通车里程 95310 公里,其中高速公路 2383 公里;内河通航里程 9652
公里;开通国内外民用航空航线 203 条,其中国内航线 171 条,与国内主要中
心城市都有了直达航班。移动电话普及率 60.5 部/百人,并基本建成覆盖全
省所有县市的固定和移动通信网络。

交通运输网络和通信网络的日益完善缩短了创新主体间交流的有形和
无形距离,在速度制胜的当今时代,基础设施建设的成就为创新提供了基础
保障。浙江现代交通通讯信息技术的发展,不仅使传统产业经济区发展所需
的物质资本可以更简便地长距离快捷流动,而且使有机关联产业在远距离更
易互联互动。也就是说,传统的距离衰减规律在产业发展定位、区位选择和
成本核算方面的制约,由于交通通讯信息技术的发展而大大降低,为创新活
动提供了便利。

(2)高校教育与科研机构发展迅猛,为创新提供大量人才储备

1978 年以来,浙江省高等教育取得了巨大发展,高等院校从 1978 年的
20 所上升到 2006 年的 68 所,并且涌现出了像浙江大学、浙江工商大学等知
名高校,其中浙江大学连续数年都在全国高校排名中稳居第三名。2006 年,
全省高校本专科招生人数从 14241 人上升到了 237157 人,研究生招生人数
达到 10996 人,高校专任教师从 5389 人增加到 42143 人,教职工人数从
11961 人增加到了 69730 人,为社会输送了本专科毕业生 93884 人,研究生
30336 人(表 8-2),其中相当一部分学生毕业后进入了各类国有企业工作。
1986—2006 年,高校共主持完成了 139479 项自然科学领域研究与发展课题
(图 8-2),平均每年完成 6642 项;共投入科研经费 779608 万元,年均 37124
万元(图 8-3),并且从 2003 年开始,课题数量和研究经费投入都得到了跨越
式发展。高等教育的快速发展为国有企业创新和发展提供了充足的智力和
人才支持。

表 8-2　浙江省高等学校基本情况(1978—2006 年)

年　份	学校数(所)	招生数(人)		在校学生数(人)		毕业生数(人)		教职员工数(人)	专任教师(人)
		本专科	研究生	本专科	研究生	本专科	研究生		
1978	20	14241		24223		3743		11961	5389
1979	20	9498		32227		1013		13889	6275
1980	22	9387		37815		3710		15619	6886
1981	22	9208		41020		5852		16365	6933
1982	22	10162		36088		14968		18181	7701

续表

年 份	学校数（所）	招生数（人）		在校学生数（人）		毕业生数（人）		教职员工数（人）	专任教师（人）
		本专科	研究生	本专科	研究生	本专科	研究生		
1983	24	12750		39008		10411		19274	8219
1984	27	15030		44883		9002		20431	8690
1985	35	19026		52688		11044		22497	9908
1986	37	17877		57352		13027		24723	10804
1987	37	18190		60072		15017		25620	11223
1988	37	19364		60419		18712		26472	11578
1989	37	18270		61045		17323		26772	11574
1990	37	18264		60327		18417		26787	11578
1991	36	18651		59822		18175		27004	11208
1992	35	21217		62226		18267		27821	11105
1993	36	27716		73586		15971		27898	11148
1994	37	30482		87428		17895		28212	11345
1995	37	28094		92857		22443		28194	11491
1996	36	30541		96480		27133		28107	11530
1997	35	33145		102302		26386		28123	11595
1998	32	36668	2155	113543	5991	24296		28327	11816
1999	36	59300	3216	151318	7460	30561	1578	30532	13140
2000	35	93516	4130	212375	9895	32477	1600	40037	18981
2001	38	120195	5577	293078	13237	37230	1882	44347	22168
2002	60	152470	6111	393145	16297	48431	2645	48481	25993
2003	64	173519	6863	484639	19269	78685	3514	48691	29945
2004	68	195617	8029	572759	22062	103123	4858	60833	35766
2005	67	215362	9577	651307	25637	133051	5558	58924	38402
2006	68	237157	10996	719869	27125	162531	8731	69730	42143

资料来源:浙江省统计局:《浙江统计年鉴(2007)》。

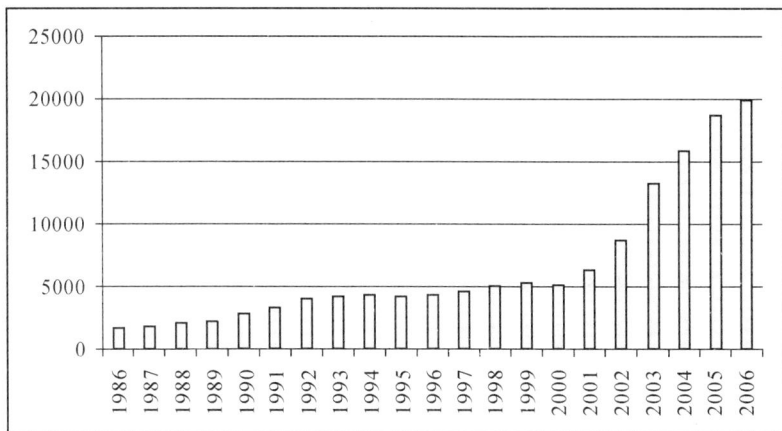

图 8-2 1986—2006 年高等学校自然科学领域研究与发展课题数量(项)
资料来源:根据《浙江统计年鉴(2007)》资料整理。

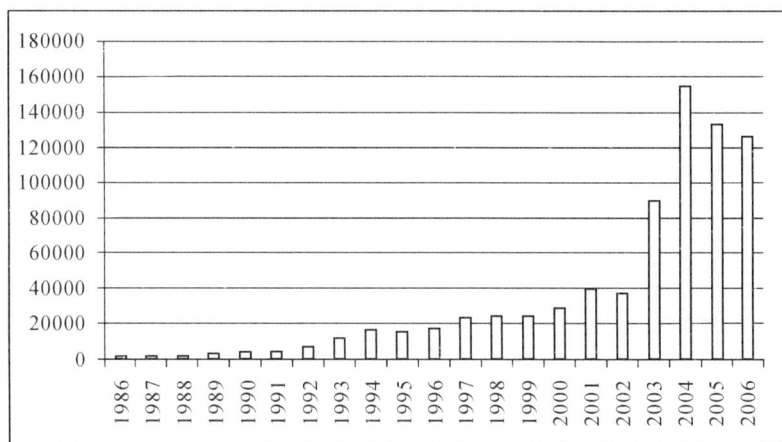

图 8-3 1986—2006 年高等学校自然科学领域研究与发展课题投入经费(万元)
资料来源:根据《浙江统计年鉴(2007)》资料整理。

此外,非学校研究机构也蓬勃发展,并且与高校相辅相成,共同为国有企业创新提供支持。全省共建成国家级技术中心 16 个,省级高新技术企业研发中心 375 个,省级企业技术中心 300 个,省部级重点实验室、中试基地、工程技术研究中心 105 个,国家重点实验室 9 个,国家级生产力促进中心 6 个,省级区域科技创新服务中心 55 个。

在现代社会向知识信息时代高速发展的今天,科技知识已成为经济发展的基础资源。浙江发达的科教、科研事业为创新活动提供了大量具有创新能力的高素质人才。他们作为创新技术的直接制造者,对创新的质与量至关重要。

2. 文化层次:在合作与交流中汲取创新文化,激发创新的灵感和动力

文化对创新的支持主要体现在创新精神的培育上,比较和教育是获取创新精神的两条重要途径。比较是一种内源的创新途径,通过比较,可以知道自身与外界的差距,从而找到提高自己的目标和方向,但必须要有合适的可比或者学习对象;教育是外源途径,在自愿性或者强制性的组织下,受教育者获得新知识、新理念,从而激发创新的灵感和动力。

从创新的角度来说,为企业和科研工作者提供可比对象可以视为创新文化培育的一种有效途径,因此也可以视为培育创新文化的手段之一。直接衡量可比对象的数量和质量是困难的,但我们可以采用与外商合作的协议数量、金额,以及我们派往国外进行工作的人员数量来间接衡量。

从1986起,浙江省外商直接投资协议合同数量出现了两个波峰(图8-4)。合同数从1986年的30个开始,到1991年时增加到了585个,并在1992年快速增长了2338个,达到1993年的最高峰4487个后,由于受国内宏观经济环境的影响,外商直接投资步伐有所放缓,步入调整期。1997年,达到调整的底点852个之后又开始增长,并一直增长到2003年的4442个,之后一直保持在每年3500个左右。外商直接投资协议金额的发展趋势也与此类似,但增长幅度从2000年以后出现了巨大增长(图8-5)。外商直接投资的增长为浙江省企业和科研人员的创新提供了技术和理念上的良好参照。

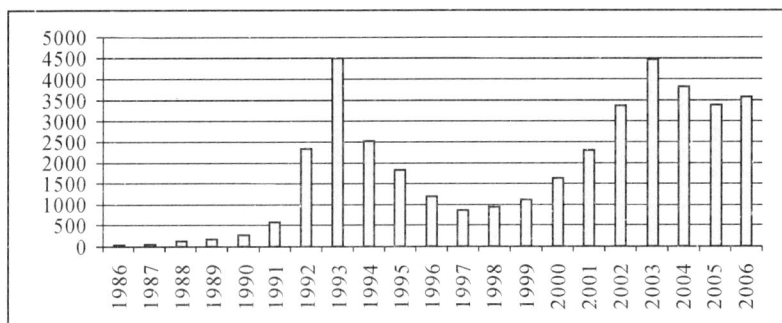

图 8-4 外商直接投资协议合同(项目)(个)
资料来源:根据《浙江统计年鉴(2007)》资料整理。

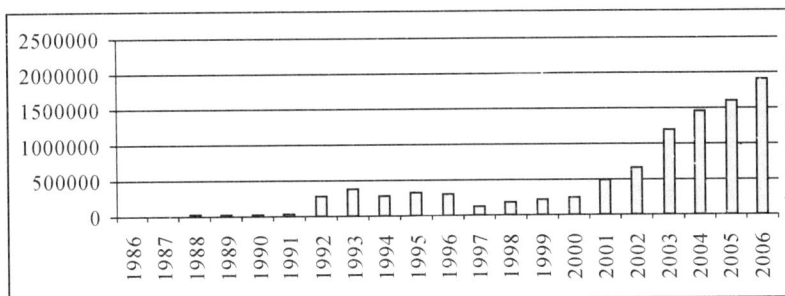

图 8-5 外商直接投资协议金额(万美元)

资料来源:根据《浙江统计年鉴(2007)》资料整理。

除了尽可能引进来以外,浙江省也加大了走出去的步伐。2000 年以来,全省每年都有 25000 名以上的人员在外从事劳务合作和承包工程,每年新签订的合同金额从 2000 年的 4.78 亿美元增长到 2006 年的 18.1 亿美元,6 年间增加了 3.8 倍;年营业额也从 4.3 亿美元增加到 20.4 亿美元,增长了 4.7 倍(表 8-3)。在人员数量基本保持稳定的情况下,新签合同额和营业额的大幅提高表明人均业务量有了大幅提高,这本身就是一种创新精神提高和创新对市场适应能力提升的体现(图 8-6)。

表 8-3 对外劳务合作和承包工程情况

项 目	2000	2001	2002	2003	2004	2005	2006
新签合同额(万美元)	47842	54929	127900	122250	168000	173433	181163
营业额(万美元)	43338	67295	105483	125056	152510	176000	203847
年底在外人数(人)	27827	28311	28325	25228	26387	27728	26978

资料来源:浙江省统计局;《浙江统计年鉴(2007)》。

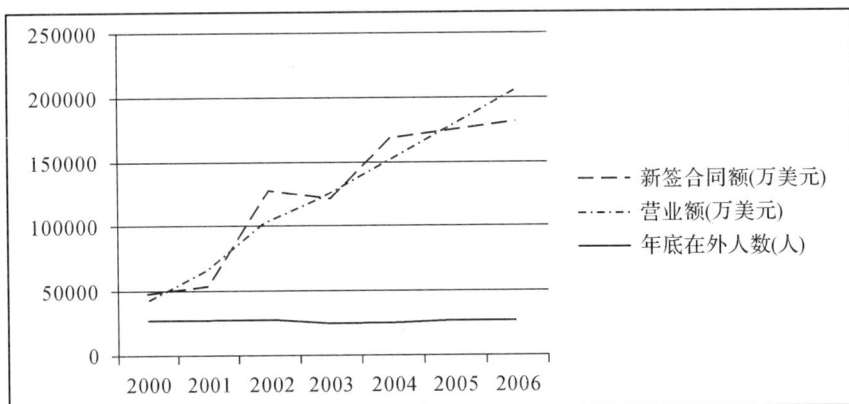

图 8-6 2000—2006 年我省对劳务合作和承包工程主要指标示意图

资料来源:根据《浙江统计年鉴(2007)》资料整理。

外源创新文化培育尽管有效,但内源的途径才是根本。2000 年以来,科协系统省级学会每年举办大量的科技培训和科普讲座、科技展览、青少年科技竞赛等活动,参加对象既有专业科技人员,也有非技术人员、青少年,累计培训 18 万多人次,接受科技继续教育 51692 人次,听讲座的人次达到 79 万人次,科技展览参观达到 172 万人次,很好地普及了科学知识,传播了科技创新的理念和内涵。除了以上非营利性的科技普及教育以外,学会还专门针对有需求的单位部门开展科技咨询业务,6 年来累计完成咨询项目 1950 项,实现合同金额 1.05 亿元,完成技术交易 2460.6 万元(表 8-4)。如果加上其他各级科协和专业协会的工作,浙江省在科技普及群众教育方面的更是成就斐然。

表 8-4　科协系统省级学会情况(2000—2006 年)

项　　目	2000	2001	2002	2003	2004	2005	2006
科技培训:							
办培训班(个)	265	242	282	326	350	286	460
培训人次(人次)	26872	16237	20744	24910	25754	20625	45929
继续教育(人次)	8708	6135	4203	9208	4821	7354	11263
科普活动:							
讲座次数(次)	426	373	321	328	588	696	668
听讲人数(人次)	99885	72361	37053	65740	77955	117214	322887
展览次数(次)	103	37	48	105	88	118	71
参观人数(人次)	278144	97880	110317	307790	326814	445843	153108
青少年科技竞赛数(次)	20	44	23	30	30	33	41
咨询活动:							
完成合同(项)	288	238	268	283	309	319	245
合同实现金额(千元)	5490	20555	8426	11549	12591	38009	8057
技术交易额(千元)	1507	4220	3009	7437	2573	2682	3178

资料来源:浙江省统计局:《浙江统计年鉴(2007)》。

通过汲取外来的创新文化,同时发扬浙江本土"走在前列,干在实处"的优势文化,浙江区域内的社会群体彼此之间保持了良好的合作和交流的群众基础,依存于共同凝聚力而为共同的创新目标奋斗不息。这种合作依存关系的文化传统最能促发创新的产生,并且成果的显现又能促进下一次创新的良性循环。除此之外,浙江的制度文化也充分引导科技发展方向,推动其发展,是创新不可或缺的成长土壤。

3. 组织层次:以企业为主导,各类主体协调合作的网络促成创新

在区域创新环境中,组织层次网络培育是创新产生的关键环节。在组织层次网络中,各行为参与主体是网络的结点。各结点之间依赖有形的交通通讯信息网络传播无形的知识、信息流从而取得相互的联系。创新的产生不仅仅是单个人或者部门、机构的努力,通常它们都是诸多相关主体共同努力的结果。

高校一直是我国科研创新的主力军,它们在知识、实验设备、人才等方面拥有显著的比较优势。1986—2006 年,高校科研机构数量从 31 个增加到 160 个,最高时曾经达到 534 个(2001 年),科学家和工程师也从最初的 11910 人增加到 21941 人,经费投入从 2760 万元增长到 31.5 亿元,其中政府拨款从 2061 万元增长到 17 亿元。

与高校相比,尽管政府在科研能力、科研设备、人才等方面处于劣势,但政府依然设立了一些相关科研机构,并投入大量的经费开展科学研究。1986 年全省共设立县级以上政府部门属研究与开发机构 153 个,投入科研经费 1.26 亿元,其中政府拨款 8877 万元,占总经费收入的 63.3%;到 2006 年,仍保持了 99 个同类机构,政府经费投入增加到 12.8 亿元,人均经费投入 17.4 万元。20 年间政府对下属科研机构的经费投入增加了 14.5 倍,政府投入的比例也上升到 72.7%,先后支持各研究机构主持科研课题 53570 项,项目投入经费 41.75 亿元,年均经费投入超过 2 亿元。

无论是技术的创新,还是科学研究成果的转化最后都离不开企业,但企业在创新成果的应用及其二次创新等方面又不能坐等其他科研机构的支持,企业必须建立自己独立的科研队伍,开发新技术、新产品,这样才能在吸收引进先进科学技术成果的基础上,积极主动进行二次创新,增强自身的创新能力和市场竞争力。1988—2006 年,企业办的技术开发机构数量从 134 个增长到 1579 个,科技活动人员数量从 12180 人增加到 137267 人,其中科学家工程师的数量从 3492 人增加到了 79268 人,筹集科研经费 932 亿元,其中上级拨款 22.5 亿元,实际经费支出 837 亿元。也许在技术先进性和前沿性方面企业科研机构与高校和政府所属科研机构相比仍有差距,但在创新的市场应用和创新成果转化、对创新的市场需求把握和响应等方面企业科研机构毫无疑问具有优势。在高校和政府所属科研机构的数量和规模都出现波动和反复的情况下,企业的科研机构却呈现出快速稳步增长态势。1988—2006 年,在科技活动机构数、科技活动人员、经费投入总额三个指标对比上,企业

研究机构都与高校产生了明显的分化(图 8-7、图 8-8、图 8-9),在某些方面已经超过了高校科研机构和政府所属科研机构的科研能力,成为创新领域不可忽视的一支重要力量(表 8-5)。这当中,国有企业一直是技术创新领域非常重要的一支力量,在按经济类型或按登记注册类型分类的大中型工业企业科技活动情况统计中,2003—2006 年,国有企业或国有独资企业一直保持了比较稳定的科技人员数量,科研经费投入也逐年增加,但非国有性质企业受市场环境的影响,在科技人员和经费投入以及新产品数量方面波动较大(表 8-6)。

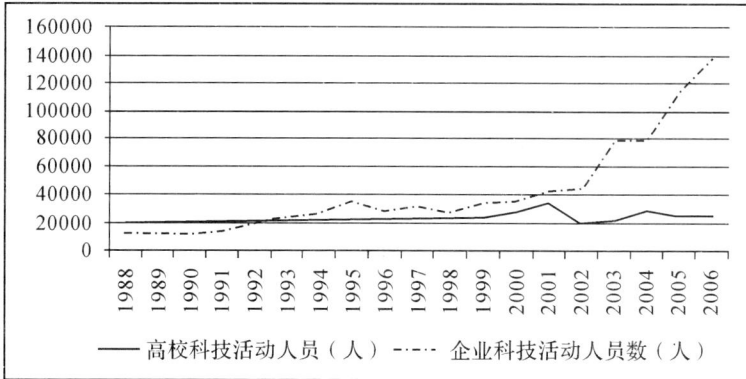

图 8-7   1988—2006 年高校和企业科技活动人员数量对比
资料来源:《浙江统计年鉴(2007)》。

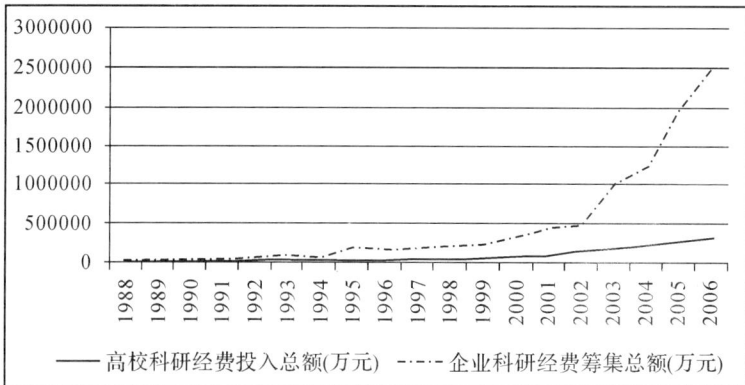

图 8-8   1988—2006 年高校和企业科研经费投入对比
资料来源:《浙江统计年鉴(2007)》。

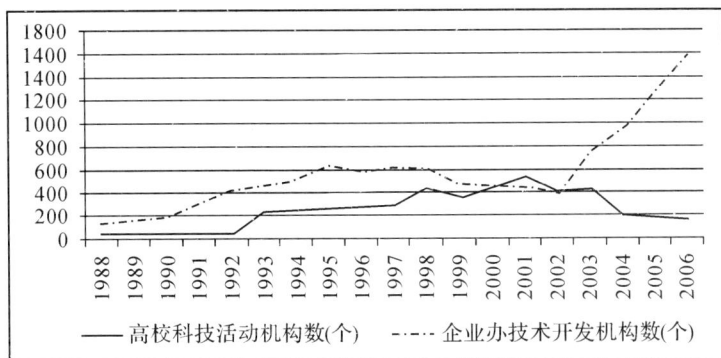

图 8-9　1988—2006 年高校和企业科研机构数量对比

资料来源:《浙江统计年鉴(2007)》。

表 8-5　技术市场成交情况(2002—2005 年)

	成交项目(项)				成交金额(万元)			
	2002	2003	2004	2005	2003	2003	2004	2005
总　　计	38400	50861	39974	20628	389438	530353	581465	386954
按卖方分								
工业企业	8161	12876	13506	5627	145335	175002	204995	167544
科研机构	2598	2829	2589	1027	37166	45311	70147	23873
技术贸易机构	22938	29430	19021	9146	145980	218607	211498	108390
大中专院校	2473	3354	2964	4086	38561	53830	64885.7	78297
个人经营	279	344	55	114	1863	2748	1489.55	1400
其他	1951	2028	1839	628	20533	34855	28450.1	7540
按买方分								
工业企业	30355	40305	31375	15833	293415	395656	454449	312274
科研机构	1226	1426	1293	824	21438	20546	20230.1	15312
各级管理部门	3243	3877	3304	2286	36989	58226	59953.2	37614
技术贸易机构	115	150	103	33	1243	2238	1340.99	377
个人经营	185	475	256	187	735	1013	1166.96	1132
其他	3276	4628	3643	1465	35618	52674	44324.3	20245

资料来源:根据《浙江统计年鉴(2002—2005 年)》资料整理。

表 8-6　大中型工业企业科技活动情况(2006 年)

	国有				集体			
	2003	2004	2005	2006	2003	2004	2005	2006
企业科技活动人数(人)	4331	3619	6181	4312	5593	425	1852	620
科学家工程师(人)	2093	2071	3987	3007	3808	136	873	253
经费支出额(万元)	28318	40183	72179	85225	54124	6414	18747	6411
开发新产品(项)	8588	10509	40825	55167	19133	4468	13909	5638
企业科技活动人数(人)	2922	297	1522	1966	54220	16810	20423	24284
科学家工程师(人)	1746	141	812	1173	31080	10365	14508	13278
经费支出总额(万元)	30436	6668	19983	35514	585061	259816	426675	484327
开发新产品(项)	14768	168	16918	27447	352610	153314	270957	381657

资料来源:《浙江统计年鉴(2002—2005)》。

　　组织层次网络是区域创新环境的实体部分,是创新的产生场所。浙江省做到了包括政府机构、高等院校、科研院所、企业、个人等在内的各类行为主体协调并统一各方的努力方向,以企业为中心,有效组织分派各种资源,发挥各自的优势,取长补短,齐心协力,从而最终形成创新。

　　4. 信息层次:政府主导下显著发展的信息平台成为创新推力

　　对信息的把握是创新的源泉和最终检验标准,评价区域创新环境的优劣也必须考虑区域内创新相关主体在信息交流、信息对创新的推动等方面的因素。

　　在科技信息和市场信息把握方面,政府目前依然具有无可比拟的优势条件。因此,政府推动的科技信息交流是建设区域创新环境的重要力量。从2000 年起,科协系统省级学会共设立有关机构 149 个,吸纳会员 158527 人,主办学术会议 3601 场次,参会人数达到 385412 人,交流学术论文 10Q604篇,主办科技期刊 50 来种,发行总量达到 8329230 册,编著科技图书 527 种,发行总量达到 1370357 册(表 8-7)。

表 8-7　科协系统省级学会情况(2000—2006 年)

项　目		2000	2001	2002	2003	2004	2005	2006
机构数(个)		133	133	138	144	147	149	149
会员数(人)		153909	134412	158487	135243	132062	148298	158427
学术会议	次数(次)	441	488	468	486	517	567	634
	参加人数(人)	41535	47425	46336	48904	58954	66100	76158
	交流论文数(篇)	12399	19728	12378	16904	14092	22988	2115
主办科技期刊(种)		49	38	14	51	51	42	46
年发行总数(册)		2376465	569530	236600	1712535	999100	1052500	1382500
编著科技图书(种)		57	133	78	178	21	24	36
年发行总量(册)		63057	394200	259300	306800	95000	160500	91500

资料来源:浙江省统计局:《浙江统计年鉴(2007 年)》。

　　衡量创新成就的一个参考标准是创新成果的社会认可程度,可以用专利申请数量和专利授予数量来体现。1995—2006 年,浙江省共申请专利授权15731 项,获准 89301 项,申请通过率 56.8%。并且从 1995 年开始,每年申请的专利数都在增长,在 2005 年还出现了一次“井喷式”增长,申请通过率也曾在 2000 年达到了最高的 72.7%,充分表明区域内科技信息、市场信息的拥有量及信息的“崭新”程度是比较高的(表 8-8)。

　　另外一个衡量区域创新成绩的参考标准是主持课题的数量。从 1986 年起,浙江省各级高校、科研机构、企业先后获得“星火”项目国家级立项 1392项,验收通过 592 项;省级立项 2471 项,验收通过 1120 项;市县级立项 9556项,验收通过 4247 项(表 8-9)。

　　浙江省信息层次的进步使得创新行为主体能最大可能地识别和把握市场与市场约束条件,正确地确定创新方向、规模和形式,这对创新的成败有至关重要的影响。也就是说,信息平台的发展使得创新活动与市场紧密结合,从而使科学技术真正转化为生产力。

表 8-8 专利申请量和授权量

项　目	1995	2000	2003	2004	2005	2006
申请量合计(项)	4042	10316	21463	25294	43221	52975
发明	357	859	2750	3578	6776	8328
实用新型	2323	4439	7758	9021	12723	15929
外观设计	1362	5018	10955	12695	23722	28718
授权量合计(项)	2131	7495	14402	15249	19056	30968
发明	54	184	398	785	1110	1423
实用新型	1455	3439	4928	5492	6778	10489
外观设计	622	3872	9076	8972	11168	19056

资料来源:浙江省统计局;《浙江统计年鉴(2007)》。

表 8-9 "星火"计划项目情况(1986—2006 年)　　　　(单位:项)

年　份	国家级		省级		市县级	
	立项	验收	立项	验收	立项	验收
1986	29	7	70	188	203	44
1987	33	3	71	11	191	21
1988	38	—	66	2	185	2
1989	10	—	71	3	208	6
1990	28	8	79	44	298	102
1991	37	9	81	66	343	159
1992	37	26	89	65	413	161
1993	44	40	149	78	246	124
1994	43	14	152	34	302	100
1995	45	19	165	54	379	175
1996	58	17	119	38	509	165
1997	74	26	144	37	587	193
1998	82	35	144	35	636	200
1999	79	42	143	75	656	285
2000	80	54	171	83	540	261
2001	88	39	156	61	665	303
2002	100	35	84	45	785	535
2003	115	58	138	65	831	498
2004	118	65	116	51	493	330
2005	107	40	131	49	591	244
2006	147	55	132	36	495	339

资料来源:浙江省统计局;《浙江统计年鉴(2007)》。

5. 区域创新环境总体分析

从上文可以看出,改革开放以来我省的创新活动进展迅猛,区域创新环境体系初步形成。表 8-10 罗列了浙江在各个层次创新环境的主要工作成果。从中可知,政府做了大量积极而有益的工作,并取得了显著成效。

表 8-10　浙江政府在各个层次创新环境主要工作成果总结

基础层次	全省各级财政和全社会的科技投入大幅度增长。2005 年全社会和全省各级财政科技投入 305 亿元和 445 亿元,分别是 2000 年的 29 倍和 31.8 倍。在人力资源上,政府重视发挥人才的支撑作用,实施"151 人才工程",培养和引进了一大批学术、技术带头人。
文化层次	除弘扬创新精神外,修订并出台科学技术进步、专利保护、促进科技成果转化、科学技术奖励、企业技术秘密保护等方面的多项法律法规,加强专利行政执法检查和专项整治,切实推进知识产权开发和保护。
组织层次	积极推进以企业为主体的创新研发能力的增强,全省共建有国家级技术中心 16 个,省级高新技术企业研发中心 375 个,省级企业技术中心 300 个,累计开发省部级以上新产品 803 个,获得国家、省部级科技进步奖项 560 项,发明专利 394 项。公共基础、行业和专业、重点区域等三类科技创新平台基本建成,现有省部级重点实验室、中试基地、工程技术研究中心 105 个,国家重点实验室 9 个,国家级生产力促进中心 6 个,省级区域科技创新服务中心 55 个。
信息层次	完善开放型科技信息市场体系,在全国率先建立了网上技术市场;加强国内外科技合作,联合共建长三角区域创新体系,组织实施一系列长三角重大科技攻关项目。

资料来源:浙江政府各部门官方网站。

二、国资监管体系的建立与完善

由于国有企业的特殊性质,除了创新活动外部环境的营造,政府特别是国资委还作为国有企业的出资人对国有企业施加监管。针对国有企业历史遗留问题多、负担重、创新难的情况,浙江省国资委及各地市国资委做了大量积极而有益的工作:优化国有经济布局和结构,夯实国有企业创新的基础;深化和完善国有企业改革,激发国有企业创新的动力;发展和壮大国有企业的规模,增强国有企业创新的实力;加强国有企业领导班子建设,提高国有企业创新的人才水平。在工作过程中,地市国资委根据各地的实际情况,因地制宜地采用恰当措施,取得了显著的良好效果,大大促进了国有企业创新活动的开展。

（一）深化监管创新，做好国有企业创新的引导者

认清职责、把握定位，才能更好地起到监督与服务国有企业创新的作用。因此，浙江省国资委及各地市国资委始终把创新监管理念放在重要位置，使监管工作取得更佳成效。

杭州市国资委要求全体机关干部切实转变观念，充分认识管理身份、管理方式、管理对象、管理目标的"四大变化"，即由过去的政府公共管理者转变为国有资产出资人代表；由过去政府的行政管理转变为出资人的产权管理；由过去管理各类企业转变为管理授权范围内的国有资产；由过去的宏观调控目标转变为实现国有资产保值增值和发展壮大国有经济。为依法履行出资人职责，认真开展好工作，杭州国资委提出了"三大工作目标"、"三大工作思路"的指导思想。"三大工作目标"是：坚持深化改革，完善监管职能，确保国有资产的保值增值，寻求经营效益的最大化；坚持统筹协调，树立大局意识，充分发挥国有经济在全市经济社会发展中的调节带动作用；坚持和谐创业，以人为本，自觉承担起社会、企业稳定职能和社会责任。"三大工作思路"是：坚持依法规范与开拓创新并举；坚持严格监管与优质服务并举；坚持解决当前突出矛盾与谋划战略发展并举。同时，杭州国资委把其与监管企业定位为"三大工作关系"，即：监管协调关系、指导服务关系、合作伙伴关系，形成一种相互支持、相互配合的良好氛围。

绍兴市国资委把自身定位为当好"三个员"，即：当好通信员，做好上情下达、沟通联系，及时传达好各类信息的工作；当好组织员，做好组织与发动工作，把市委、市政府各项工作要求做到位，起到积极辅助的作用；当好联络员，通过联络工作，把上级的要求，以生动的载体实现，并及时组织交流，提升工作经验。

监管理念的创新促进了监管方式的优化。浙江省国资委及各地市国资委自成立伊始就开始探索建立完善的监管体系，以精简、高效的监管与服务，为国有企业的发展铺路。

杭州市国资委紧紧围绕国资监管体系构建和依法履行出资人职责这一中心，积极推进国有资产管理体制改革，努力健全出资人制度、探索监管有效方式、强化监管力度，初步构建了以包括政策法规体系、国有资产经营业绩考核体系、出资企业收入分配和调控体系、国有资产统计评价与财务监督体系、国有产权股权变动监控体系、国有资本经营预算和投资风险监控体系、企业领导人员管理体系、国有企业党建和党风廉政建设体系在内的"八大体系"为核心的国资监管新体制。

湖州国资委成立后立即组织三个调研小组开展调查研究,确定了国资监管工作的三大目标,即促进国有资本优化配置、防范国有资产营运风险、确保国有资产保值增值。在监管形式上,实行三层次监管体系:第一层次是政府投资性公司,按照管资产和管人、管事相结合的原则进行监管;第二层次是其他的国有全资和控股公司,主要进行资产的管理;第三层次是国有参股企业,主要是进行股权的管理和收益收缴管理。为了夯实国资监管工作的基础,突出抓了三项工作:一是初步建立了规范化的政策法规体系。以规范化、制度化为着眼点,建立健全与《公司法》和国务院《企业国有资产监督管理暂行条例》相配套的相关监管制度,确保国有资产监管工作有法可依,有章可循。争取市委、市政府重视,下发了《中共湖州市委、市政府关于加强国有资产监督管理工作的若干意见》,制定出台了资产评估、专家评审、资产统计、对外担保等 20 多项制度。二是全面开展了清产核资工作。三是主动加强与各方面的联系沟通。根据机构新组建的实际情况,及时与有关主管部门、监管企业及上下级监管机构进行沟通联系,进一步理顺有关工作关系。建立了以市长为组长、各有关部门负责人为成员的市国有资产监督管理工作领导小组,切实加强了对全市国有资产的监督管理工作的协调和领导。

(二)优化国有经济布局和结构,夯实国有企业创新的基础

浙江省国资委及各地市国资委站在整体搞好搞活国有经济的高度,坚持"存量调整和增量优化并重,宜强则强、宜留则留、宜退则退"的原则,稳步推进国有企业产业战略重组。遵循有步骤、有计划和先易后难的原则,浙江国有资本逐渐从效益差、经营困难、长期亏损且扭亏无望的企业和领域中退出,从技术水平低、规模化要求低、并经实践证明不宜于国有经济发展的行业中退出,从具有市场竞争性的小型经营型和服务型企业中退出。同时,国有企业战略重组以市场为导向,以资本为纽带,以资源优化配置为基础,推动国有资本向关键领域、主导产业和优势企业集中,国有经济质量和效益得到进一步提升。

杭州市国资委制定了国有经济布局结构调整的指导意见,重点支持"基础设施和公用事业、装备制造业、化工医药、现代服务业"四大优势产业和优势企业的发展,并坚持企业产权制度改革与国有经济布局结构调整相结合,有进有退,不断优化国有资源配置,如对杭华油墨、松下马达、华丰纸业、黄龙饭店等优势企业进行了增资,支持做强做大;对杭州友好饭店、百大集团等实行国有资本退出;对部分亏损和经营不善企业实施了破产歇业等。通过一系列的布局调整,杭州国有资产在一般竞争性领域收缩战线,持续向基础性行

业和公益性行业集聚。2007 年与 2004 年相比,市属国有资产在竞争性行业的比例从 78.25% 下降为 36.5%,而公益性及其他行业比重从 21.75% 上升为 63.5%。国有资产向大型企业集聚。2007 年市属大型企业户数占总户数的 10.91%,而国有资产总量却占全部企业国有资产总量的 63.56%。

在湖州市国资委推动下,湖州国有资本加快了从一般竞争性领域的退出,但同时在基础设施、公用事业和公益性产业等领域加快了进入的步伐。2006 年底,全市国有企业分布在基础性行业的资产达到 139.5 亿元;占全市国有企业资产总额的 62.14%。到 2007 年底,市交通投资集团资产总额达到 119.5 亿元,市城建发展总公司资产总额达到 29.9 亿元,环太湖集团资产总额达到 17.5 亿元,与 2006 年同期相比均有较大幅度增长,已基本实现国有资产总量的 70% 集中到基础设施和公益性领域,国有资本总量的 70% 集中到国有大公司大集团的本年度目标。为了在更高层次、更宽领域和更高水平上推进国有经济布局和结构的调整,促进全市国有经济又好又快发展,2006 年又制定了《湖州市"十一五"时期国有经济布局和结构调整规划》。

(三)深化和完善国有企业改革,激发国有企业创新的动力

浙江省的国有企业自改革开放初期至今,经历了扩大企业经营管理自主权、产权制度改革、加快国有经济的战略性调整、加快国有大中型企业改革和发展、体制创新等阶段,成果颇丰。在这一过程中,省国资委及各地市国资委坚持正确的改革方向和市场导向,采取多种形式,广泛寻求合作对象,吸引有利于企业长远发展的跨国公司、知名企业参与国有企业改革重组,实现投资主体多元化;并加快推进国有大型企业股份制改革,支持具备条件的国有大型企业通过规范改制实现境内外上市,提高企业的资本经营能力和市场竞争力。

杭州市国资委自 2005 年至 2007 年底,实行改制和深化改革的企业有 40 多家,其中对公交、水务、排水等企业进行了国有独资公司的整体改制,对房地产企业、路桥总公司等企业进行了产权多元化改革,对燃气集团高压管网、瓶装液化气、污水处理厂等市政公用企业进行了市场化改革,完成了 10 多家公用事业单位的转企改制和大部分公用企业辅业改制,全面完成了国有企业的股权分置改革。杭州市商业银行、燃气集团、杭氧、华东医药等一批国有企业成功引入了战略投资者。不少企业按市场原则合理地退出了职工持股会。2007 年与 2004 年相比,市属国有独资企业、公司减少了 97 家,控股企业增加了 99 家。改革凸显了良好的效果,国有控股企业效益明显好于国有独资企业。2007 年杭州市属国有控股企业占有的国有资产总量仅 24.09%,但实现

的利润却占全部企业利润总额的95.47％。此外,国资委监管企业经营效益也明显好于其他非监管企业。2007年监管企业共实现利润29.57亿元,虽然监管企业户数只占市属国有企业总户数的76.06％,但实现的利润却占市属国有企业利润总额的94.41％。

根据做大做强黄酒主业的要求,绍兴国资委采取"三公开"的办法,于2007年顺利实施氨纶资产的剥离。拍卖股权资金一次性到位,且没有发生一起信访事件,成为深化国有企业改革的一个成功范例,得到了绍兴市委、市政府的肯定和社会各界的好评。此外,绍兴国资委提出了清理三级以下企业和部分国有参股股权的意见,2008年上半年,全部企业完成了清理工作。

在国有企业产权改革的过程中,省国资委及各地市国资委还积极加快建立国有企业的现代企业制度,进一步规范公司股东会、董事会、监事会和经理层的权责,形成有效制衡机制;并探索建立了企业法律顾问制度、财务总监制度等一系列有利于完善公司治理结构的新途径。

以财务总监制度为例,2000年浙江省政府印发《浙江省国有企业财务总监委派制试行办法》后,各地市也出台了相应文件。湖州市国资委组建了国有资产财务管理办公室(审计稽查中心),制定出台了《湖州市国有企业财务总监管理办法》,6名财务总监分别派驻到13家监管企业并担任专职监事。组织财务总监参加各种会计知识大赛和监管培训。各财务总监先后向监管企业提出合理化建议28条,大多数被企业采用。2004年,嘉兴市国资委创新了财务总监的招聘方式,财务总监的人事关系挂在会计事务所,与企业脱钩,进行市场化的监管,取得了比较好的效果。近年来嘉兴市国资委不断加强财务总监管理,以财务总监联签工作为抓手,加强对国资营运公司的实时全程监管。2006年14家实行财务总监联签的国资营运公司中,财务总监联签了1726笔,涉及金额124.42亿元;参加招投标17次,涉及金额1159万元;财务总监备案314项,涉及金额35.47亿元。

舟山市国资委致力于做好直管国有企业的监事会工作,以完善国有企业的治理结构。2007年12月,国资委召开全市重点国有企业监事会工作会议。会议上各单位交流汇报了一年来的监事会工作情况,组织学习了新《公司法》有关监事会工作规定,讨论了《舟山市市属国有企业监事会暂行办法》(征求意见稿)及《监事会工作报告制度》(征求意见稿)。至2008年4月,市国资委根据《中华人民共和国公司法》、《国有企业监事会暂行条例》等有关法律法规,并结合市属国有企业实际,制定出台了《舟山市市属国有企业监事会暂行办法》及与之配套的《舟山市市属国有企业监事会工作报告制度》。《暂行办法》明确了企业监事会工作应遵循的工作原则,监事会的职权范围等内容;《工作报告制度》则是在《暂行办法》的指导下开展企业监事会工作制度化的一项具体工作方式,主要分定期工作报告和专项工作报告,并明确了定期报告和专项报告的具体范围、报告程序和报告的处理办法。《暂行办法》及《工作报告制度》的出台为做好国有企业的监事会工作提供切实有效的指导依据。

嘉兴市国资委把完善市级国资营运公司法人治理结构和强化内部管理作为一项十分重要的工作。2006年结合市级国资营运公司法人治理结构的现状,起草制定了《进一步完善市级国资营运公司法人治理结构的若干意见》,明确提出了国资营运公司高级管理人员的定期交流机制、董事长与总经理分设机制和高级管理人员的统一管理机制,有效地促进了市级国资营运公司法人治理结构的完善。

(四)发展和优化国有企业结构,增强国有企业创新的实力

作为开展创新活动的基本条件之一,企业的经济实力颇为关键。在产业结构"有进有退"的优化调整基础上,浙江省国资委及各地市国资委一方面积极培育国有大公司、大集团;一方面努力促进企业增长方式的转变,积极引导和鼓励企业加大技术开发投入,提高引进技术的消化吸收再创新能力。通过壮大国有企业规模与优化国有企业产品结构,

为积极培育规模性企业集团,省国资委及各地市国资委采取联合重组、合资合作、增资扩股、产权转让等多种形式,加快组建了一批具有较强竞争力的大公司、大集团;有计划、有重点地发展了一批具有地方特色的骨干企业;积极引导大型国有企业利用自己的市场、技术、人才等优势,加快发展成为产业的龙头企业。

杭州市国资委在调研的基础上初步确定了8家企业作为重点培育发展的对象。2008年以来,为加快推进大企业改革发展,市国资委成立了两个专题调研组,由市国资委领导带队深入企业进行专题调研,帮助企业破解发展难题。专题调研的主题有两个:一是推进大企业改革发展。重点调研解决大企业、大集团在加快发展、深化改革、理顺体制等方面的突出问题,指导推动大企业加快上市和引进战略投资者的步伐。二是确保搬迁企业顺利推进。重点调研、协调解决授权经营企业及所属搬迁企业在搬迁中的突出问题,确保企业顺利完成搬迁任务。杭州市国资委的工作取得了积极的效果,大企业、大集团的盈利能力和规模实力明显增强。2007年市属大型企业只占总户数的10.91%,但利润总额却占69.19%,而2004年市属大型企业占总户数的13%,利润总额却只占58.04%。目前已涌现出15家利润上亿元的企

业,部分企业已经成为具有较强竞争力的大企业、大集团。2007 年,共有 5 家企业(杭州橡胶集团、杭汽轮集团、华东医药集团、金鱼电器集团、杭州制氧机集团)进入中国制造业 500 强,3 家企业(杭州大厦有限公司、杭州解百集团股份有限公司、杭州长运运输集团有限公司)进入中国服务业 500 强,其中杭州橡胶集团和杭汽轮集团 2 家企业进入中国有企业业 500 强,销售收入都超过了 100 亿元。

在促进企业增长方式的转变方面,浙江省国资委及各地市国资委主要做了以下工作:一是在技术创新方面,鼓励企业以节约资源和循环利用为重点,进一步提高资源综合利用效力和投入产出水平,加快资源节约型、环境友好型企业建设。以杭钢集团为例,集团用高新技术和先进适用技术改造传统产业,淘汰了 10 条落后的生产线,新建了 4 条具有世界先进水平的生产线,累计开发新产品 180 多个,优钢比达到 70% 以上。实现了生产方式逐步从劳动密集型向技术密集型转变,产品结构逐步从普碳钢向优特钢转变,使杭钢这个老国有企业进一步焕发了生机和活力。2007 年,杭钢实现销售收入412.5 亿元、利润 21.5 亿元,分别比 2003 年增长 219.8% 和 121.1%,均创历史新高;二是在管理创新方面,浙江省国资委及各地市国资委推进企业调整组织体系,缩短管理层次,提高管理效率和质量,增强抵御风险的能力和市场经营活力。以省属企业为例,通过推行精细化管理、全面预算管理等先进理念和方法,完善企业内控体系,强化财务资金管理成本控制,2007 年三项费用占总成本费用的比重为 6.95%,比 2002 年下降 1.1 个百分点,节约费用26.5 亿元,其中管理费用占总成本费用的比重为 3.41%,比 2002 年下降0.78 个百分点,节约费用 18.7 亿元;营业费用占总成本费用的比重为1.67%,比 2002 年下降 0.57 个百分点,节约费用 13.7 亿元。

(五)加强国有企业领导班子建设,提高国有企业创新人才水平

人力资源是推动企业发展的主体。实现做大做强的目标,无疑需要调动人力资源的积极性和主动性。因此,省国资委及各地市国资委把国有企业人才队伍建设摆到十分重要的位置。

近年来,杭州市国资委努力将国有企业党建工作的政治优势转化为发展优势和管理优势,为推动国有企业改革发展提供强有力的政治保障。杭州市国资委每年与各资产营运机构签订经营业绩考核责任书,根据资产属性实行分类考核的制度,充分调动经营者的积极性。在年薪制考核中,除把经营效益作为主要考核指标外,还突出企业创新因素,因企制宜地导入自主创新、技术改造、安全生产等考核内容。为克服企业经营的短期行为,市国资委提出

了通过虚拟股权激励和建立离职保证金等形式对经营者实行进行中长期激励的办法，目前正在进行试点。从近几年的实践看，杭州市国有资产营运机构经营者年薪考核体系在经历了"政府工作目标考核——企业经营结果考核——企业国有资本经营预算执行结果考核"的演变后，已逐步实现从公共管理者考核向国有资本出资者考核的转换。考核导向、考核内容、考核方式更加兼顾企业的实际运作和长期发展目标的需要。通过年薪考核，较好地调动了营运机构经营者的积极性和创造性，促进了营运机构的健康稳定发展。

湖州市国资委为健全完善绩效考核和薪酬激励机制，认真落实《湖州市人民政府关于开展国有企业经营业绩考核的试行意见》，在以下三个方面做了大量扎实工作：进一步完善考核办法，努力使经营业绩考核更客观、更科学、更合理；深化薪酬制度改革，积极探索经营者多种形式、多种途径的激励机制，使经营者与企业结成利益共同体、新型的产权关系，促进企业可持续发展；按照教育与惩罚相结合、权责利相统一、实事求是与客观公开的原则，建立健全重大决策失误追究制度；加强和改进对企业收入分配的调控，引导企业建立激励有效、约束到位的收入分配制度。此外，湖州市国资委还定期举办国有企业高管人员研修班，提高国有企业管理者的综合素质。

表 8-11 是各地市国资委具有代表性的工作总结。

表 8-11　各地市国资委代表性工作

	深化监管创新	优化国有经济布局和结构	深化和完善国有企业改革	发展和优化国有企业结构	加强国有企业领导班子建设
杭州国资委	充分认识管理身份、管理方式、管理对象、管理目标的"四大变化"，提出了"三大工作目标"、"三大工作思路"及"八大体系"为核心的国资监管新体制。	重点支持"基础设施和公用事业、装备制造业、化工医药、现代服务业"四大优势产业和优势企业的发展，并坚持企业产权制度改革与国有经济布局结构调整相结合，有进有退，不断优化国有资源配置。	2005 年至 2007年底，实行改制和深化改革的企业有 40 多家，其中对公交、水务等企业进行了国有独资公司的整体改制，对房地产企业进行了产权多元化改革，对燃气集团高压管网等市政公用企业进行了市场化改革。	在调研的基础上初步确定了8 家企业作为重点培育发展对象。2008 年以来，为加快推进大企业改革发展，市国资委成立了专题调研组，深入企业进行专题调研，帮助企业破解发展难题。	每年与各资产营运机构签订经营业绩考核责任书，根据资产属性实行分类考核的制度。在年薪制考核中，除把经营效益作为主要考核指标外，还突出了企业创新因素，因企制宜地导入了自主创新、技术改造等考核内容。

续表

	深化监管创新	优化国有经济布局和结构	深化和完善国有企业改革	发展和优化国有企业结构	加强国有企业领导班子建设
绍兴国资委	定位为当好通信员、组织员、联络员"三个员"。		采取"三公开"的办法,于2007年顺利实施氨纶资产的剥离,成为深化国有企业改革的一个成功范例。		
嘉兴国资委			2004年创新了财务总监的招聘方式,财务总监的人事关系挂在会计事务所,与企业脱钩,进行市场化监管。2006年提出国资营运公司高级管理人员的定期交流机制、董事长与总经理分设机制和高级管理人员的统一管理机制。		
湖州国资委	成立后立即组织三个调研小组开展调查研究,确定了国资监管工作的三大目标,实行三层次监管体系,突出抓了三项工作。	国有资本加快了从一般竞争性领域的退出,但同时在基础设施、公用事业和公益性产业等领域加快了进入的步伐。	制定出台了《湖州市国有企业财务总监管理办法》,6名财务总监分别派驻到13家监管企业并担任专职监事。组织财务总监参加各种会计知识大赛和监管培训。		进一步完善考核办法;深化薪酬制度改革;建立健全重大决策失误追究制度;引导企业建立激励有效、约束到位的收入分配制度。
舟山国资委			2008年4月制定出台了《舟山市市属国有企业监事会暂行办法》及与之配套的《舟山市市属国有企业监事会工作报告制度》。		

第九章　浙江国有企业持续创新与发展的思考

一、持续创新动力机制

创新不仅是国有企业某个发展阶段的主要任务,而且是贯穿企业发展全过程的重中之重。发展不息,创新不止。由此,培养国有企业的持续创新能力显得尤为重要。前文已分别对浙江国有企业的技术、管理与体制三个层次的创新作了详尽的分析,本章则从大局的角度出发,对影响国有企业持续创新中的一些共性及突出的问题加以阐述。

(一)加深创新意识,加快理念革新

无论是技术创新、体制创新或是管理创新,理念作为创新活动的指导,始终是第一位的。从调研的结果来看,部分国有企业缺乏创新活动或创新效果不佳的主要原因在于,部分国有企业的管理者在观念中还带有计划经济时代特征,当企业取得了一定的市场地位后,不再考虑如何通过持续创新提高自身的竞争力,而是固守现状。

因此,推进国有企业持续创新,以保证国有企业的市场竞争力,首要的改进方向在于改变传统国有企业"等、靠、要"的观念,使创新意识深入企业全体员工,尤其是管理者的思维之中。除了注重创新、积极开拓,更要在创新中不断革新理念,接受先进的创新思想。例如现阶段仍有部分企业管理者受传统计划经济体制的影响,不理解现代企业制度,对公司制的法人治理结构存在偏见。也有一些管理者不善于使用现代管理手段和方法,不擅长资本经营,也不熟悉国外市场。为此,在国有企业内部大力倡导管理观念的转变,通过培训现有管理人才或引入新的外来管理者,开阔国有企业管理者的视野和思路,广泛吸收新的管理信息,提高管理者的管理专业素质显得尤为重要。

（二）深化产权改革，提高管理效率

近 30 年的国有企业改革取得了显著的成就，但一些长期积累的结构性矛盾和体制机制障碍尚未得到根本解决。首先，产权制度安排尚不科学，目前仍有相当一部分国有企业保持国有独资和国有一股独大的产权结构；其次，法人治理机构亟待健全。企业内部之间缺乏有效制衡，兼职行为大量存在，董事会成员与经营班子高度重叠，实施过程中难以产生实效。虽然企业内部财务监督、党的监督、群众监督等各种监督力量所占企业数比例较高，但效果不佳。

为提高管理效率，推进创新行为的持续高效，国有企业首先可按照"总结、深化、提高"的要求，以总结、完善经验为基础，进一步明确深化改革的方向，制定发展战略，理顺内部关系，巩固改革成果，做好相关利益的统筹兼顾；其次，大力发展混合所有制经济，努力推进多种形式的股份制改革，实现投资主体多元化，优化企业股权结构，引进资金、先进技术和经营管理经验，推动企业创新；最后，在企业内部加快推进现代企业制度建设，努力建立健全权责统一、运转协调、有效制衡的法人治理结构，进一步缩短管理链，理顺母子公司管理体制，增强集团控制力。

（三）推进激励机制改革，以体制创新促进技术、管理创新

目前部分国有企业用人制度、激励机制尚不健全，对国有企业的管理者尚未形成长效激励机制，难以有效衡量其为企业长远利益所作的贡献；科技人员的积极性、创造性没有有效发挥，人才流失现象依然存在，由此在一定程度上形成了国有企业管理创新和技术创新和的阻力。

事实上，无论是国有企业管理者还是技术人员，都是推动企业创新活动的主体，要想持续推动国有企业的创新，调动国有企业全体员工的最大能量，发挥其全部潜能进行创新活动，建立系统科学的激励机制是关键所在。

由此，对于国有企业管理者，要建立短效与长效相结合的激励约束机制，在进一步完善年薪制的基础上，根据保全存量、搞活增量的原则，探索期权、模拟股权、管理要素入股等激励机制，实现企业经营者利益和企业中长期发展的有机结合；针对技术人员，可通过深化并完善我省技术人员入股政策，在国内外大力引进各种人才，以加大各种要素参与分配的力度。同时，物质奖励与精神奖励并用，建立多通道、多层次的激励机制，充分考虑员工的个体差异，实行差别激励，营造人尽其才、人尽其能的环境，最终达到"人才强企"的目标。

（四）各层次创新活动协同发展，开创全面创新

目前大多数国有企业在技术、管理、体制等创新活动中的一项或若干项中取得了一定的成果，但大多数是独立的单一改进，而未体现出全面协同创新的优势。从前文的理论分析和实际调研成果来看，技术、管理、体制这三个层次的创新并非毫无关联，而是紧密联系，相互促进，共同发展的。因此，让更多的国有企业管理者和技术骨干改变传统观念，认识到全面协同创新所带来的巨大作用对于持续创新行为的推动具有重要意义。

以杭钢为例，在 20 世纪 90 年代中期就提出了"以环保为主线，用高新技术和先进适用技术改造传统产业"的技改方针，走上了以技术进步促进技术改造、以技术改造促进技术进步之路。而健全科学合理的人力资源管理和开发体制大大提高了创新能力和创新效率。完善的人才评价体系和激励机制使得技术人员的技术创新热情，技术创新成果产量大幅提高。技术创新所带来的营业额的快速提升和利润的增加又促成了体制创新的推进。

二、区域创新环境的建立

尽管浙江省在区域创新环境体系的建设中成就显著，但与国内经济发达地区甚至长三角地区同类省市相比，差距依然存在。仅在长江三角洲范围内，创新能力就存在着显著差异。创新能力最高的上海与创新能力最低的舟山在综合创新能力指数上相差 10.57，这也就是说，舟山市的综合创新能力还不到上海综合创新能力的 50%。

（一）区域创新环境存在的问题

在基础层次方面，以 R&D 投入为例，2005 年浙江省为 163.3 亿元，同比增长 41.3%，高出同期 GDP 增长幅度约 3.3 倍，虽然增速迅猛，与国内其他省份相比也属于前列，但在国际范围内仍与发达国家差距较大。

在文化层次方面，浙江本土文化中"走在前列，干在实处"的企业家精神对创新活动有一定的促进作用，但是西方先进的创新理念还未深入人心，尤其体现在创新相关的制度方面。知识产权政策等制度若不能进一步发展与完善，将影响创新的积极性。

在组织层次方面，尽管企业已成为创新活动的主体，但创新积极性仍偏低，主要表现为：开展创新活动的企业比例仍不高；企业创新研发机构尚未建

立健全;企业的创新研发活动仍处于较低水平;企业创新成果科技含量水平偏低。此外,企业过于依赖银行提供融资,一旦银根紧缩,创新活动就会遭遇资金瓶颈。

从政府政策的角度看待以上各个方面,浙江区域创新环境的主要问题在于政府政策对企业创新的影响力偏弱。虽然近年来各级政府相继制定出台了不少鼓励企业创新的政策,但从结果看,这些政策对企业创新的作用力和影响力还不强,对企业开展创新活动的影响程度普遍偏低。企业家认为免征技术转让开发营业税政策、企业相关科研设备加快折旧的政策等鼓励创新的措施对企业没有起到太大作用。究其原因,主要集中在对政策的了解度不高、政策吸引力不强或是政策办理手续繁杂等。

2005 年全国及各地区科技进步统计监测结果显示,上海、江苏和浙江的综合科技进步水平都高于全国平均水平,分别名列全国第一、四、七位,属于全国科技进步先进地区,但浙江的排名明显落后于上海和江苏。如果根据综合科技进步水平指数将内地 31 个省份的科技进步总体水平划分为六类:Ⅰ类地区为综合科技进步水平指数高于 60% 的地区,包括上海、北京和天津;Ⅱ类地区为综合科技进步水平指数低于 60%,但高于全国平均水平(45.61%)的地区,包括广东、江苏、辽宁和浙江。在另外两项地区创新环境差异的实证分析中,2001—2006 年,创新环境优越的区域并且保持稳定的只有北京、上海和广东。那里汇集了全国的科技精英,在服务设施、基础设施方面也都是一流的,并且能够将这些有利因素很好地整合起来,形成合力,造就一流的创新环境。而浙江得益于高度开放性和灵活的政策,国际化程度较高,能够吸引国外直接投资,属于创新环境良好的区域,但排名也只能一直在第四和第五之间徘徊。

(二)区域创新环境建设对策

针对目前区域创新环境存在的种种不足,政府作为企业的监管者、引导者与服务者,应率先调整政府行为,运用创新政策工具引导和鼓励企业创新。

1. 政策目标

浙江省委、省政府已明确提出,要用 15 年时间建成创新型省份和科技强省。到 2010 年,浙江省全社会研究开发投入占生产总值的比重达到 15% 以上,科技进步贡献率达到 50% 以上;发明专利授权量和国际科学论文被引用数均居全国先进水平;高新技术产业产值超过 1 万亿元,高新技术产业增加值占工业增加值比重达到 25% 左右;突破和掌握一批对全省经济社会发展具有明显带动作用的核心关键技术,培养和造就一支具有国内领先水平的创新人才队伍，基本建成具有浙江特色的区域创新体系。到 2020 年，全社会研究开发投入占生产总值的比重提高到 25％以上；科技进步贡献率达到 65％以上，使浙江省成为科技对经济社会发展具有决定性作用、高新技术产业成为主导产业、传统产业得到全面改造提升、创新创业环境优越、具有持续创新能力的创新型省份，成为科技综合实力、区域创新能力和公众科学素质居于全国前列的科技强省。

为达成这一总体目标，必须在区域创新环境各个层次实现突破。在基础层次方面，需要进一步加大创新活动相关的资金投入，同时优化投入结构，提高资金的利用率；在文化层次方面，在向大众宣传创新精神的同时，更需要建立成熟、完善的创新制度体系；在组织层次方面，需要进一步促进创新各主体之间的良性协作，激发企业的创新活力。

当前，浙江工业企业正处于科技创新发展的关键时期。为推动浙江创新型省份的建设进程，必须在现有鼓励科研创新政策的基础上，借鉴国外先进经验，改进并完善政策体系，优化具体措施，积极为企业创造有利于创新发展的和谐的政策环境和社会氛围。

2. 政策手段

（1）财政政策。财政政策是科技创新政策的一个重要方面，发达国家都非常注重政府科技投入的总量、结构及方向的控制，注重用政策引导社会资金的投入，建立包括政府、企业、各种基金、信贷、风险投资在内的强大投融资体系。在政府科技投入方向上，浙江和发达国家基本一致，主要用于基础研究、公益性研究以及引导资金上，但在资金来源、投入规模、增长水平上与国外相比略有不足。

目前，世界范围内 R＆D 投入占 GDP 比重平均水平为 1.6％，发达国家水平一般高于 2％。回顾发达国家的工业化时期 R＆D 投入增长速度，明显高于 GDP 增速。1953—2001 年，美国 GDP 增长 27.4 倍，R＆D 投入增长 55.7 倍；1975—2001 年，韩国 R＆D 投入增长高出 GDP 增长 7 倍。我国政府科技经费总投入由 2001 年的 656.4 亿元增加到 2005 年的 1213.1 亿元，增长 1.85 倍。浙江省科技经费由 2001 年的 110.5 亿元增加到 2005 年的 445 亿元，增长了约 3 倍，大大超过了国家平均水平。由此可以看出，浙江省科技投入在国内处于领先行列，但与发达国家相比还存在差距。

（2）税收政策。国外实施的税收激励政策重点在于鼓励企业加大研发投入，促进中小企业技术创新和鼓励技术转让。

浙江省虽然制定了多项激励科技创新政策，但与先进国家相比还略显单一，力度不足，存在空白点或具体操作性有欠缺，对创新活动的影响度偏低。

发达国家灵活多样的税收优惠手段,还有专门针对鼓励中小企业技术创新和技术转让的税收优惠政策等,这些对浙江省都有重要参考借鉴意义。

完善我省科技创新税收激励政策,一方面,要学习借鉴他人有而我们还没有的适用政策;另一方面,要加大优惠力度,增强可操作性,做到税基减免、税额减免与优惠税率三种方式相互协调配合,使所有企业和科研机构都有动力开展创新活动。

(3)知识产权政策。知识产权的保护在发展科技、鼓励创新中的作用不言而喻。发达国家不仅把知识产权作为国家发展的重大战略,而且也作为谋取经济霸权的重要手段。浙江省近年来大力学习先进国家知识产权制度,把创造和保护知识产权提高到重要战略位置,根据科技发展的时代要求,制定和完善知识产权的法律法规体系和政策支持体系,促进知识产权的创造和保护。

但由于起步较晚,目前在浙江知识产权工作还是一个薄弱环节。大众知识产权意识淡薄,法律制度体系不健全,政策支持体系不完善,知识产权产量低,转化效果差,保护力度不够。必须认真学习国外知识产权的先进理念,创造良好的法制环境,着重从鼓励创造人的积极性、鼓励成果有偿转让、维护产权收益等方面完善政策支持体系。

3. 主要措施

(1)加大科技投入力度。虽然浙江企业创新研发投入自 20 世纪 90 年代以来保持较高的增长速度,自主创新能力不断增强,但总体上看,创新研发 R&D 投入强度仍处于较低水平。国际上普遍认为,R&D 投入强度在 5％以上的企业才具有市场竞争力。2006 年,浙江工业企业 R&D 投入强度仅为 0.63％,离国际标准还有很大的差距,企业与行业技术开发和技术创新能力不足,缺乏参与国际竞争的能力,很难在激烈的国际市场竞争中占有一席之地。

此外,在提高资金投入的同时还必须注意优化投入结构,避免过于分散,将资源投放到关键领域与项目。例如,针对前文提出的浙江目前科研机构研发力量不足、科研中介机构较为薄弱的现象,可进行重点支持,以实现突破。

(2)拓展税收抵扣方式。大多数国家对创新型产业都实行税收抵扣,但因鼓励的侧重点不一样,所以方式不同。2006 年 10 月,浙江省科技、财政、地税、国税、统计等五部门联合出台了允许企业实际发生的技术开发费用按 150％抵扣当年应纳税所得额政策;国家高新技术产业开发区内新创办的高新技术企业自获利年度起两年内免征所得税,两年后按 15％的税率征收企业所得税;对整体或部分企业化转制科研机构免征企业所得税等促进企业创新的政策。

借鉴国外的经验,浙江目前的税收优惠政策还可以进一步拓展,以下举两个例子:一是税收优惠的流转或追溯,即准许企业以某年度的研发投入经费抵消以后年度的盈利;或者冲抵以前年度的盈余,申请退还以前年度应纳所得税的部分税款。一般有一定年限。二是提取技术准备金,即企业可提取一定额度的技术开发准备金,而不用纳税。如韩国技术开发准备金制度规定,企业可以按收入总额的 3%—5% 提留技术准备金,在投资发生前作为损耗计算,在提留之内起 3 年内使用。

(3)完善知识产权保护。浙江工业企业在广泛研发新产品的过程中,成果转化能力不断提高。2006 年,全省工业企业实现的新产品销售收入占产品销售收入的比重为 18.1%,高出全国(12.7%)5.4 个百分点;但是从另一个角度看,浙江省拥有国际、国内和企业新产品的企业占工业企业的比重分别为 11.3%、35.3% 和 55.1%,三者实现的新产品销售收入分别占企业主营业务收入的 20.3%、44.5% 和 35.1%。由此可见,浙江大部分工业企业开展的创新活动水平仍不高,具有自主品牌、高科技含量、高附加值的国际新产品数量仍然较少,实现的销售收入份额也仅占五分之一,不少企业还是通过追随和效仿市场上类似的产品来获取经济效益。长此以往,将严重制约浙江省企业的发展后劲和市场竞争力。

为解决这一问题,可以借鉴国外知识产权保护中的有效措施:一是注重明确知识产权的归属。美国法律规定由联邦政府资助的小企业、非营利机构(包括大学)所获得的研究成果由小企业和非营利机构所有,参与研究的人员可分享利益。英国将由政府资助的研究项目所产生的知识产权归国家所有改为归项目研究机构所有。二是加快专利审查速度。如日本规定到 2013 年专利审查缩短为 11 个月。三是注重维护知识产权的收益。各国都制定优惠政策鼓励知识产权有偿转让,保护持有人的合法收益。法国法律规定,从1997 年起研究人员以发明专利作为资本入股参与企业的创建和开发,专利获益的,对其利润的征税可延缓 5 年执行。

4. 配套措施

(1)改变过于偏重银企合作的方式,发展新的金融工具。科研仅仅依靠政府财政资金的支持肯定是远远不够的。国内外科技金融的政策措施主要都是从鼓励银行贷款、提供担保、发展资本市场等几个方面进行支持,但侧重点各有不同。

目前国内各省,包括浙江省,注重改善银企关系,加强政策性银行对重大专项的支持,政府利用基金、贴息、贷款等方式引导商业银行为中小企业提供贷款或运用基金提供担保。而发达国家比较注重利用资本市场及一些创新金融工具为科研提供资金来源。例如美国的纳斯达克市场,1990—1997年为美国高科技产业注入了近750亿美元的资金。支持科研的创新金融工具在国外则有经营者期权、知识产权抵押担保、高新技术债券,等等。

(2)优化科研设备的折旧方法

对科研设备采用优惠的折旧方法可以达到鼓励企业或科研机构购买先进科研设备,从而提高其科研创新能力的目的。国外一般都对科研设备采用加速折旧的计算方法,即在仪器购买初期提取较多的折旧,以后逐年减少,且多数国家都有明确规定。

现在我国一般采取30万元以下的一次性摊入管理费,30万元以上的可采取适当缩短折旧年限或加速折旧的政策。浙江目前经省认定的高新技术企业,用于开发、生产高新技术产品的仪器、设备,经主管财税机关批准,年综合折旧率可达25%。尽管已有了相当程度的优惠,但这一措施的效果仍不够理想。除了进一步完善这一措施的实施方法以外,政府还需加大对政策的宣传力度,并尽量简化办理手续,使政策措施落到实处。

(3)鼓励技术转让

技术转让涉及科研创新成果的供需关系,因此对科研创新的动力影响很大。在许多国家,技术转让的税收可减免。例如,在韩国,技术转让给本国人的收入可全额免征税收;转让给非本国人的收入,则减征50%的税收;在巴西,公司技术输出所取得的特许权使用费收入不征所得税。

浙江省目前对技术转让收入采用免征营业税的优惠政策,虽然已有了一定程度的优惠,但税款减免力度与国外相比仍略显不足,对科技研发方的吸引力还不够大。如果能进一步加大优惠程度,同时配合对企业的宣传,应会取得更好的效果。

附录一　调研企业名录

一、杭州地区

1. 杭州杭氧股份有限公司
2. 杭州汽轮动力集团公司
3. 浙江省能源集团公司
4. 浙江省交通投资集团公司
5. 中国(杭州)青春宝集团有限公司
6. 杭州市城市建设投资集团有限公司
7. 西湖电子集团公司

二、湖州地区

1. 浙江正兴集团公司
2. 湖州长广集团

三、嘉兴地区

1. 嘉兴市嘉实集团公司
2. 嘉兴市嘉通集团公司
3. 嘉兴市嘉成集团公司

四、金华地区

1. 浙江尖峰集团股份公司
2. 广联信息网络公司
3. 金狮啤酒有限公司

五、宁波地区

1. 宁波城建投资控股有限公司

2. 宁波联合集团股份有限公司

六、衢州地区

1. 巨化集团公司
2. 东方大酒店有限责任公司
3. 浙江汇盛投资集团有限公司

七、绍兴地区

1. 绍兴黄酒集团有限公司
2. 绍兴平铜(集团)有限公司

八、温州地区

1. 金可达集团公司
2. 温州工业资产管理公司
3. 温州管道燃气公司
4. 英博双鹿啤酒集团公司

九、舟山地区

1. 舟山海星轮船有限公司
2. 舟山一海海运有限公司

十、台州地区

1. 台州高速公路建设开发集团有限公司
2. 海正药业股份有限公司
3. 三变科技股份有限公司

附录二　调研国资委名录

一、浙江省国资委
二、杭州市国资委
三、湖州市国资委
四、嘉兴市国资委
五、绍兴市国资委
六、金华市国资委
七、宁波市国资委
八、衢州市国资委
九、温州市国资委
十、舟山市国资委
十一、台州市国资委

附录三 主要调研案例节选

案例1 杭州汽轮动力集团有限公司

一、企业概况

(一)企业发展与历史沿革

杭州汽轮动力集团有限公司(以下简称杭汽轮集团)是一家具有50年历史的老国有企业,其前身为杭州汽轮机厂,成立于1958年。目前是杭州市政府授权经营的6家国有独资企业之一。

杭汽轮集团的主导产品工业汽轮机是一种将热能转换为机械能的关键装备,被广泛应用于石化、炼油、化工、冶金、电力、制药、造纸、建材等重化工业领域,以及企业自备电站、余热发电、区域热电联供、城市垃圾发电、蒸汽—燃气联合循环发电等领域。

自20世纪80年代,杭汽轮集团引进德国西门子工业汽轮机专利技术以后,确立了其在国内工业汽轮机领域的技术领先地位,填补大量国内空白,产品大量替代进口,曾获得两项国家科技进步一等奖,一项国家科技进步二等奖,一项国家科技进步三等奖,产品荣获国家质量金质奖,并获"中国名牌"称号。

作为国务院确定的百家"建立现代企业制度试点企业"之一,杭汽轮集团于1995年6月经当时的国家经贸委及浙江省政府批准,第一批被改制为政府授权经营的国有独资公司;1998年4月,经当时的国务院证券委批准,将其核心优质资产——工业汽轮机生产经营性资产"包装"上市,杭州汽轮机股份有限公司(简称:杭汽轮B)在深圳证券交易所发行境内上市外资股,杭汽轮集团持有杭汽轮B63.64%的国家股。

2002—2006年,杭汽轮集团销售收入从12亿元增长到80亿元,利润总

浙江改革开放三十年研究系列·理论篇

额从 8430 万元增长到 70421 万元,规模增长 5.7 倍,效益同步增长了 7.4 倍。

(二)公司发展的内外环境

尽管在国内工业汽轮机技术领域处于"独占鳌头"地位,杭汽轮集团也正受到国内同行以及国际列强的"围追堵截"。在国内,一些同行企业已经实现了"民营化"改制,发展势头十分强劲,他们正积极研发新产品,试图介入杭汽轮集团传统优势市场——工业汽轮机领域,并且已经对杭汽轮集团的生存构成了威胁。而在国际上,一些著名跨国集团如德国西门子公司、美国 GE 公司、日本三菱重工等,利用中国加入 WTO 之际,纷纷加大了抢占中国市场的力度,并与中国国内相关企业加快了合资、合作的速度,对杭汽轮集团的生存与发展提出了严峻挑战。杭汽轮集团若仍然按部就班地延续着固有的发展思路及其发展模式走下去,那么在激烈的市场竞争中,就很有可能被淘汰出局。

2003 年之前的杭汽轮集团,尽管从未发生过经营性亏损,但企业发展速度却十分缓慢,2000—2002 年企业营业收入和利润总额年平均增幅也只有 15% 左右。尽管这个增长速度与杭汽轮集团自身作纵向比较,已经不算慢了,但与周边许多国有企业改制后的"民企"作横向比较,就显得相当缓慢。当时,杭州市政府考核"大企业大集团"的销售规模底线为 15 亿元,杭汽轮集团由于未达到考核指标,面临着被"踢出"大企业大集团行列的危险。

与所有实行"优质资产"包装上市,并形成"一股独大"的国有企业一样,2003 年之前的杭汽轮集团可谓是问题多多,企业至少存在以下四个方面的问题:

1. 改制不实,困境依旧

杭州汽轮机股份有限公司上市后,虽然从理论上说,已经实现了"产权多元化",但由于控股股东——杭汽轮集团依然是"纯国有体制",所以就整个集团而言,"国有"的运行体制、机制并未因子公司的上市而得到丝毫改变。而且"优质资产"上市后,留在集团里的却是一些没有盈利能力的生产辅助或生活后勤部门,集团公司就此背上了沉重的包袱。

由于产权关系不清晰,企业的效能机制就无法建立;也正是因为"原动力"问题没有解决,集团下属分(子)公司经营者以及业务骨干的潜能就得不到充分挖掘和发挥,企业始终发展不快。当时,集团下属除了已经上市的"杭汽轮 B"外,其他分(子)公司则长年处于亏损或微利的困境之中。

2. 设备老化,技改滞后

杭汽轮集团在 20 世纪 80 年代引进技术时期,曾被列为国家"四五"重点建设工程,从国外引进了大量先进加工设备及测试仪器,但在此后的 20 多年的时间里,企业未曾进行大规模的技术改造,设备陈新率一度降到 30% 左右。

3. 安于现状,小富即安

杭汽轮集团的企业文化偏于"保守",这可能与其生产的产品有关,由于工业汽轮机是在高温、高压、高转速、变工况条件下运行的,设计制造这类产品的可靠性要求极高,这使得杭汽轮人处事谨小慎微,缺乏冒险精神,"小富即安,求稳怕变"的思想根深蒂固。在企业发展问题上,从领导干部到普通员工,均满足于"迈小步,不停步"的理念,比较安于现状。

4. 收入平平,人才难留

2003 年底,杭汽轮集团员工年人均收入只有 2 万元左右,远远落后于周边许多国有企业改制后的"民企",与外资企业的差距就更大了;这也是员工积极性普遍不高,企业缺乏凝聚力的重要原因。企业每年都招收一些大学毕业生,但由于种种原因就是留不住人,企业成了"培训基地",一些年轻人积累了"工作经验"后,便跳槽离开。

二、创新历程

从总体上来说,杭汽轮集团的创新模式是全面创新的模式,从技术创新模式来看,采取的是先引进后消化吸收,最终进行自主创新的模式。

(一)体制创新

1. 企业改制

在改制过程中,杭汽轮集团为了防止企业国有资产流失,理顺集团核心企业"杭汽轮 B"与集团下属其他分(子)公司的关系,同时也为了使企业改制公开、公平、公正地进行,确立了五项改制原则:一是所有改制企业的经营者、技术及业务骨干必须以现金方式参股本企业,将个人的切身利益与企业的发展捆在一起,以解决企业发展的原动力问题。二是凡是与工业汽轮机产品关联度密切的分(子)公司,必须由"杭汽轮 B"绝对控股,以消除改制后的分(子)公司在利益追逐上与集团整体利益之间发生摩擦的隐患。三是所有为工业汽轮机主业提供配套或辅助服务的企业,均须由集团公司相对控股,以确保集团公司对这些企业的控制权。四是对与集团主导产业无关,经营不善,出现经营性亏损,且发展前景不明朗的分(子)公司,国有股坚决全身而退。五是所有改制方案均须提交集团和分(子)公司两级工会组织审议,并由职工代表大会表决批准,以实现改制过程的公开透明。

通过分立式改制,杭汽轮集团建立了由"杭汽轮 B"控股的五家与工业汽轮机产品关联度密切的子公司,以及由集团相对控股的五家为工业汽轮机主业提供配套或辅助服务的子公司。

在推进企业改制的同时,杭汽轮集团还着手梳理集团母公司与核心企业"杭汽轮 B"之间的关系。过去,杭汽轮集团与"杭汽轮 B"之间一直存在着"剪不断,理还乱"的交织关系。其中关键原因有二:一是"杭汽轮 B"没有独立的党委系统。虽然中国证监会的法律法规并没明确规定上市公司一定要建立独立的党委系统,但是"杭汽轮 B"是国有绝对控股企业,国有企业党组织的核心作用是无论如何不能缺失的。当母子公司共有一个党委系统时,子公司的"独立性"也就难以保证了。二是集团总部与股份公司同处一个围墙内。母子公司之间,虽然表面上做到了资产、机构、人员、财务、经营"五分开",但集团公司守着一大堆"烂摊子",要让集团领导的视线跳出最赚钱的"股份公司"真是非常困难,这既制约了"股份公司"的发展,更限制了集团自身的发展。

国有企业在分配问题上的最大弊端就是"干多干少、干好干坏一个样"。2003 年底,"杭汽轮 B"率先在营销、设计、生产等部门推行以"绩效挂钩、成本控制"为核心的经营目标承包责任制,将员工的收入与其业绩状况直接挂钩,端掉了员工吃了数十年的大锅饭,从而彻底释放了广大员工的积极性和创造才能,使得员工们的工作心态、干劲与以前大相径庭。

2. 收购兼并

2003 年之前,杭汽轮集团下属企业基本上围绕工业汽轮机这一主产品展开经营业务,经营范围相对单一,与工业汽轮机存在着"一荣俱荣,一毁俱毁"的风险,严重制约了集团的做大做强。

从 2003 年 10 月起,杭汽轮集团在两年多时间里,先后收购兼并了"杭州热联进出口有限公司"、"杭州发电设备集团公司"、"杭州东风船舶制造有限公司"、"杭州万东电子有限公司"等企业,并与浙江中毅投资有限公司合资组建了"杭汽轮集团中德置业有限公司",使杭汽轮集团形成了以装备制造业为核心,集"技、工、贸"为一体,装备制造、进出口贸易、电子管生产、船舶制造、房地产开发等产业协调发展的多元化经营格局,一举扭转了原先单一的产业结构,为集团跨越式发展搭建起扩张平台。

在实施企业收购兼并过程中,杭汽轮集团注重集团内部资源的优势互补,为集团的可持续发展构筑起有机相连的产业体系。集团在收购兼并企业中始终遵循三条原则：一是收购对象的发展前景须明确,有利于集团的做大做强；二是收购对象须与主导产品工业汽轮机可以形成产业链,有利于提升集团的核心竞争力；三是收购对象须在人、财、物或市场等方面具备某一种优势,有利于集团内部资源的优势互补。

例如"杭州东风船舶制造有限公司"是杭州市仅存的一家中型钢质船舶制造企业,在加盟杭汽轮集团之前,由于资金短缺,濒临破产。2004 年初被杭汽轮集团收购后,2004—2006 年的销售规模分别达到 1.5 亿元、2 亿元、2.5 亿元；利润也从负值增长到 500 万元。杭汽轮集团收购"东风船舶"正是看中了国际船舶制造中心向中国转移给集团未来发展所带来的巨大商机,因为集团下属的装备制造业将来极有可能借助"东风船舶"这个平台,发展船舶辅助设备制造产业,如船用汽轮机、船用发电机、船用辅机等等。由于受"东风船舶"现有生产场地、水文条件等限制,"东风船舶"还不能生产大型船舶,为此集团决定投资 13 亿元,在海盐开辟新的造船基地,以建造 7 万吨级以下的船舶。杭汽轮集团正在为打造新的船舶制造产业链创造条件。

(二)激励机制创新

杭汽轮集团为了推进企业的超常规、跨越式发展,加强了分(子)公司管控的体系建设,建立起了对子公司的"预警"、绩效考核、经济运行分析、和谐创业等较有新意的激励制度。

1. 对分(子)公司的"预警"

在对分(子)公司的"预警"管理中,集团规定：当下属企业出现严重经营困难,业绩持续下滑时；或者当国家宏观政策或市场环境发生逆转,导致下属企业发展预期不佳时；或者由于下属企业因人为因素造成企业发生突发性经营困难时,如决策失误、投资失误、资金困难、发生重大安全及质量事故、企业高管或企业法人违法违纪被政府或司法机关查处等情况时；经集团总经理办公会议审议决定,将该企业列为"重点关注企业"予以预警。

在分(子)公司"预警"期间,集团公司会要求该企业在规定期限内提供整改报告,集团公司派遣一位副总经理蹲点督促该企业实施整改,并提供必要的资金、资源等方面的支持,帮助该企业该企业摆脱困境。对整改不力的企业,将通过该公司董事会更换经营者或相关高管人员,并降低该公司高级管理人员的年薪。分(子)公司的预警期一般不超过 3 年,对连续 3 年业绩持续下滑,采取补救措施后,仍不见效果的分(子)公司,集团将对其进行"重组","重组"措施主要有：引进新的战略投资者、资产置换、托管经营、集团公司转让或退出股份,或宣布该对该公司实施解散清算。

以"杭州发电设备厂"为例,在杭汽轮集团收购该厂之前,已经亏损长达8年之久,集团从收购之日起,就将其列为"重点关注企业",在分析了该厂亏损的原因后,集团与该厂经营班子一道制订了周密的"拯救计划",注入了一定的启动资金,并将集团的核心企业"杭汽轮B"的工业发电汽轮机与该厂的火力发电机实施"捆绑销售",从而使该厂一举摆脱困境,收购后6个月就实现了盈利。

2. 绩效考核

在对分(子)公司的绩效考核中,杭汽轮集团建立了对下属企业的评价考核体系,该体系由"定量考核"和"评议考核"两个部分构成,每项考核指标都设有所对应的权数,每一项考核内容都由相应的职能部门负责考核,最终由集团经济管理部负责汇总。

"定量考核"由利润总额、销售收入、净资产收益率、资本积累率四个指标构成,并由集团经济管理部负责考核。由于各企业所处行业和经营规模不同,考核中根据国内同行业平均参考值,并结合本集团的具体实际,设立了行业与规模系数,以体现考核的公正、公平性。

"评议考核"由应收账款、财务费用、安全生产、经营班子效能、技术创新、执行力等六个部分构成,这些考核项目都是根据集团公司"导向性原则"设置的,也就是针对分(子)公司经营中的难点,集团希望分(子)公司在经营中需要关注的重点和热点设置的,具体考核细则由集团公司相关职能部门制订,并组织实施。

为了鼓励分(子)公司创新经营、依法经营,杜绝各类重大事故的发生;集团在对下属企业的评价考核体系中,还设立了"加减分"项目。对于在科技创新、管理创新、品牌建设、双文明建设中获得市级以上政府奖励的分(子)公司予以加分;而对当年发生重大安全、质量、设备事故,发生重大违法、违规、违纪案件的分(子)公司给予扣分。

经集团经济管理部汇总后的各分(子)公司考核总分,就是集团公司总部对下属企业的经营绩效所作的量化评价结论,考核结果主要用于四个方面:(1)提供给各分(子)公司的股东会或董事会,为各子公司高管人员的当期年薪的兑现,以及为确定下一年度基薪标准作决策依据;(2)提供给集团公司董事会或经理层,作为经济决策,以及对下属企业监管的参考依据;(3)反馈给各分(子)公司的经理层,作为其完善经营管理的参考资料;(4)编制集团下属企业经营绩效排行榜,并在一定范围内公布。

3. 经济运行分析

集团公司每季度举行一次"经济运行分析会",由各分(子)公司汇报上一季度经济运行情况及下一季度的工作打算,集团公司领导进行当场点评,集团公司财务部、经济管理部还要在会上对整个集团的经济运行质量进行分析评估,并提出相应的改进措施。

4. 和谐创业

和谐创业、振奋精神是企业克服困难的法宝。为了凝聚人心,鼓舞斗志,杭汽轮集团党委组织开展了一场又一场的学习与大讨论活动,如"我的事业在汽轮、汽轮兴衰我的责任"的大讨论——"没有任何借口"的主题教育,如学习《华为的冬天》增强危机意识的大讨论——提高"执行力"的主题教育,"与狼共舞,振兴民族工业"大讨论——"细节决定成败"增强责任意识的主题教育……通过学习和讨论,不断增强了广大干部员工克难进取的意志和信心;通过学习和讨论,大家群策群力,一心一意谋发展。

同时,杭汽轮集团建立了"平等协商"的制度,每年通过这一制度,明确员工的收入与福利待遇,并确定企业每年为办职工办的几件实事。随着企业效益的提高,员工收入也同步大幅度增长,人均工资从 2002 年的 2.4 万元/年增长到 2006 年的 6 万元/年,已经有 20% 的员工拥有了自己的私家车。

改制过程中,企业不搞"减人增效"。减人增效虽然对企业有利,但对员工和社会是一种极大的伤害。集团公司领导多次强调:"我们决不做这种与企业的社会责任相悖的事情!"随着杭汽轮集团各项事业的蓬勃发展,员工收入的提高,过去曾跳槽出去的"人才"又纷纷回流,对于这些人才,杭汽轮集团不计前嫌,重新予以重用,让他们有用武之地。

杭汽轮集团还从 2004 年起,每年组织 100 位一线工人赴新加坡、马来西亚、泰国等国以及香港地区休假,让这些长期工作在一线的普通员工感动不已。

企业拿出数十万元重奖营销、技术、经营功臣,这已不是什么新闻,而普通员工能够获得公司给予的每位净 30 万元现金奖励,这也是杭汽轮集团的"创举"。从 2004 年起,集团公司建立了"功勋员工奖励制度",每两年在全集团范围评选一次,中层以上干部不参与此项评选,奋战在生产、技术、营销第一线的普通员工才有资格当选。通过重奖普通员工,就是为了向全体员工发出这样的信号:只要你为企业出作贡献,即使再普通的员工,其价值也会得到企业的认可! 2004 年以来,杭汽轮集团已举行两次集团科技大会,共出资 400 万元用于奖励科技成果和科技人员。杭汽轮集团 2005 年获得国家劳动和社会保障部、全国总工会等部门联合认定的"全国劳动和谐示范企业"的称号。

(三)战略创新

杭汽轮集团公司领导认为国有企业存在的问题是属于系统性、综合性的，因此，要让一家老国有企业焕发青春，并实现"跨越式"发展，就必须采对企业进行全面系统的管理整合，只有这样，才能从根本上转变企业的发展模式和增长方式，才能让企业踏上可持续的"跨越式"发展道路。

杭汽轮集团实施企业跨越式发展管理整合工程的内涵是：用管理来整合集团的跨越式发展，使企业在体制、机制、产品、技术、管理等诸方面获得全方位、整体性的创新拓展，从而促使企业的发展模式、增长方式实现整体性的根本转变。

从2003年开始，企业有针对性地在跨越式发展过程实施了"1351"管理整合工程：第一个"1"即明确"一个整合目标"。实现企业超常规、跨越式发展，以提升集团整体的生产力，使集团的管理目标力和执行力得到创新。"3"即突出"三大长寿基因"，通过企业战略力、组织力、文化力"三位一体"的整体变革，以赢得企业发展的爆发力。"5"即整合"五项发展要素"，通过对市场营销、业务流程、技术创新、资本经营、人本管理五项发展要素的有机整合，实现企业可持续的跨越式发展。第二个"1"即聚焦"一种整合效应"。在上述1、3、5交叉互动的基础上，实现企业管理与发展的有机整合，以取得管理工程的局部放大效应。

杭汽轮集团在实施跨越式发展管理整合工程中，注重依靠管理来整合发展，用管理的整合来推动企业的跨越式发展，并且十分强调企业内部各项管理的交叉互动，形成了一种集团管理创新活动相互渗透、相互整合、相互促进的态势，创造出一种促使企业跨越式发展的系统协同的效应。该整合工程如图1所示：

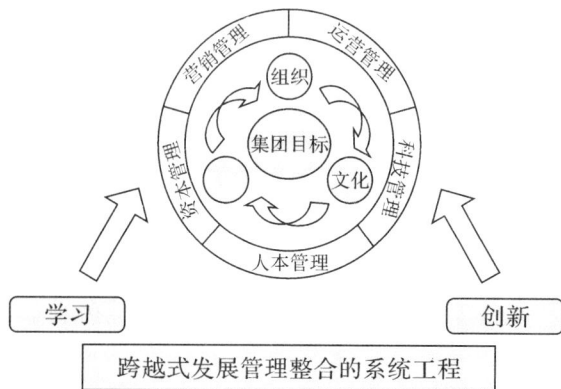

图1　集团跨越式发展管理整合的系统工程

在这一管理整合工程里,"集团目标"处于最核心的位置,企业的一切创新管理都围绕这一中心展开;而企业的组织管理、战略管理、文化管理是实现"集团目标"的三大基础性管理,企业要想实现超常规、跨越式发展首先必须在这三大管理上寻求突变。

杭汽轮集团通过"改革改制",注入机制活力赢得了企业组织管理的突变;通过"开辟蓝海",延伸产品内核赢得了企业战略管理的突变;通过"更新观念",重塑企业文化赢得了文化管理的突变。正是由于这三大基础性管理突破了原先旧有的框框,企业才迎来了超常规、跨越式的发展。

在企业跨越式发展的过程中杭汽轮集团根据自身装备制造型企业、地方集团型企业的特点,选择了以"营销"、"运营"、"科技"、"资本"、"人本"五大管理为抓手,紧紧围绕集团"跨越式发展"这一目标展开企业的管理创新,并且在企业组织、战略、文化三大基础管理发生突变的前提之下,贯穿于企业跨越式发展的整个过程之中。

(四)技术创新

在技术创新方面杭汽轮集团做到了以下三点:

1. 搭建技术研发平台

通过 20 世纪 80 年代后期到 90 年代初期在消化吸收引进技术方面的努力和不断地完善技术创新体系,今天的杭汽轮集团已经拥有了一个由国家级技术中心、博士后工作站、工业汽轮机研究所、工程计算机集成制造(CIMS)应用研究所"四位一体"的技术创新平台。

2. 明确技术创新方向

杭汽轮集团在持续不断的创新实践中形成了具有杭汽轮特色的自主创新模式,这些创新模式主要有以下四种:

一是以市场需求为导向的新产品开发。产品开发突出了前瞻性。早在20 世纪 80 年代后期针对国内火电建设向大容量方向发展的趋势,杭汽轮集团及时开发出 30 万、60 万千瓦锅炉给水泵驱动用汽轮机。为了迎接新一轮火电建设的主力机型,杭汽轮集团在 2006 年又成功地开发出 100 万千瓦锅炉给水泵驱动用汽轮机。

二是以技术发展为导向的新产品开发。如"乙烯三机"(裂解气、丙烯机、乙烯机)驱动用汽轮机是工业汽轮机中设计制造难度最大的高端产品,杭汽轮集团在成功地为大庆石化年产 48 万吨乙烯、上海金山石化 65 万吨乙烯工程提供驱动用汽轮机后;又在 2002 年及时提出开发当时在世界上也属领先的 100 万吨"乙烯三机"汽轮机,并获得原国家经贸委的立项;通过近四年的努力,终于开发成功,赶上了国家"十一五"建设百万吨级乙烯装置的设备需求。

三是以技术储备为导向的新产品开发。如在"十一五"期间,杭汽轮集团就已成功开发了市场只是有需求预期的60万吨PTA装置用汽轮机,在此基础上,2006年又着手开发目前在世界上都属首创的100万吨PTA装置用汽轮机。

四是以技术提高为导向的创新。如依托国家级技术中心和博士后工作站,与高校开展"产、学、研"活动,利用最先进的全三维设计技术,不断提高现有汽轮机产品的内效率和技术的先进性。

根据中国名牌战略推进委员会的评审结果,杭汽轮集团的"工字牌"工业汽轮机2006年被认定为"中国名牌"产品。

杭汽轮集团在总结以往技术创新经验教训的基础之上,在2006年7月举行的集团第三届科技大会上对建设"创新型集团"工作作出了部署,并推出了《杭汽轮集团推进企业科技创新配套措施文件汇编》,以建立科技创新的长效机制,科技创新配套措由以下八个方面组成:

一是完善创新体系。设立了集团"十一五"科技创新重大项目;明确了集团创新平台建设的架构;落实了科技创新资金的来源及投入力度;确立了创新人才培育和激励的方式;阐明了工会、科协等群众组织在创新活动中的作用。二是强化创新项目管理。制订了科技创新项目管理程序及项目经费的投入方式和项目考核办法。其中亮点之一就是将分(子)公司部分科技创新投入当作考核利润。三是规范科技投入的统计方法。四是实行技术职务的内部聘任制度。目的在于持续激励专业技术人才和高技能人才不断追求创新,实现自我价值。五是选拔企业特殊津贴享受者。每两年选拔一次,获得企业特殊津贴者每月可以获特殊津贴1万元。六是重奖创新成果及人才。评选集团科技进步奖、技术创新奖、优秀科技贡献者和优秀青年科技工作者。每年举行一次,项目最高奖为50万元,个人最高奖为10万元。七是开展合理化建议活动。每年评选一次,最高奖1万元。八是解决高端人才引进中的住房安置问题。这个问题在杭州市特别突出,因而杭汽轮集在这个方面采取了一些解决办法。

杭汽轮集团开展"创新型集团"建设的目的是:把增强自主创新能力作为企业发展的基点,健全完善科技创新体系,推动企业技术能力的跨越式发展;实现企业发展模式从"资源依赖型、数量扩张型"向"人才支撑型、创新驱动型"的跨越。

3. 加大技术投入

工业汽轮机不仅是杭汽轮集团的优势所在,更是国民经济快速发展的需求所在。随着中国城镇化及产业升级推动的重化工业的迅猛发展,工业汽轮机出现了供不应求的态势。2003年之前,"杭汽轮 B"的年产量一直徘徊在80台—100台、年产值3亿—4亿元之间的水平,而2003年当年的订单额就高达16亿元,市场需求与企业产能之间出现了悬殊的缺口!

由于一台汽轮机有14000多个零部件,技术要求非常高,又是单台设计制造,不能形成批量生产,按照以往经验,每年多生产10台都非常困难。为了扩大产能,从2003年开始,杭汽轮集团着力在技改、外协、流程再造三个方面加大投入,力求以最快的速度最大地挖潜、扩大生产能力,满足市场需求。

在技术改造方面,杭汽轮自从被列为国家"四五"重点建设项目后的近30年以来,一直未进行过大规模的技术改造,曾经令人羡慕不已的"设备优势"早已被"设备老化"所取代,从2003年起,杭汽轮集团逐年加大了技改投入力度,2003—2006年投入技改的资金分别为8768万元、1.06亿元、1.2亿元、1.4亿元,4年共投入4.5亿元,从国外引进了一大批先进加工设备及测试仪器,并推行"6S"管理,对生产作业现场和厂区环境进行了大规模的改造。这些技改项目完成后,不仅使企业的设备陈新率从30%提高到70%以上,大大缓解了生产中的瓶颈压力,而且还使作业环境发生了根本性变化,现场管理水平上了一个台阶,为企业实现产能连续"翻番"奠定了基础。

在零部件外扩加工方面,过去的杭汽轮集团总是患得患失,生怕"核心技术流失"而不敢最大限度地充分利用社会资源扩大产能,外扩加工的也只是一些非关键的中小零部件。2003年,杭汽轮集团在借鉴国内外知名装备制造企业零部件外扩加工经验的基础上,从选点、质量控制、知识产权保护三个方面入手,制定了严格的规章制度,大举推进重大、关键零部件的外扩加工。

在选点上,采取分散设点的方式,将关键零部件细分成若干道工序,每个加工点只负责几道工序,这既提高了合作厂家的"专业化程度",又有效防止了核心技术的流失。在质量控制上,除了派人员加强现场指导和检验外,还定期开展"供应商质量评审"活动,对评审不合格的厂家,则坚决将其踢出"供应商"名单。在知识产权保护上,除了在加工合同上明确保密条款外,还在原材料供应、图纸提供、技术交底等方面采取严密的保护措施。

在采取上述措施的前提下,杭汽轮集团不仅大幅度增加了国内各零部件协作生产厂家的业务量,而且还在全球范围内寻找零部件合作生产伙伴,有相当数量的大型、关键零部件就是由国外厂家完成的。现在杭汽轮集团工业汽轮机制造中大约有30%—40%的新增生产能力,是通过外扩加工来实现的。

在生产流程再造方面,杭汽轮集团将某些能够独立运行的生产部门从生

浙江改革开放三十年研究系列 · 理论篇

产链中分离出来，成立子公司，将其推向社会，再通过这些子公司形成了"社会化、专业化"生产的格局，从而彻底摒弃了企业原先统包统揽"大而全"的生产组织模式，逐步实现了国际装备制造业通行的"哑铃型"生产管理模式。

例如，铸件、辅机、备品配件生产，原先都是公司内部的生产车间，现在从生产链中分离出来后，改制成由"杭汽轮 B"控股，经营者持股，业务骨干参股的独立法人，这些公司再与社会上相关企业展开合资、合作，从而派生出一条新的产品产业链，促使产能成倍提高。

如铸造公司独立以前产能只有 1000 吨/年左右，2004 年初独立后与一家民营企业合资，当年产能就达到 3500 吨/年，2005 年更是达到 8000 吨/年，2007 年实施异地搬迁后，产能扩大到 10000 吨/年以上，有望成为浙江省最大的铸锻件专业生产企业。

通过扩大产能，杭汽轮集团创造了年产量连续翻番的骄人业绩，工业汽轮机从 2002 年底的 96 台/47 万千瓦，增长到 2006 年底的 369 台/358 万千瓦，年产量名列全球工业汽轮机制造商的第 1 位。

（五）市场创新

1. 蓝海战略

杭汽轮集团一直以提供工业汽轮机单机为主，其生产的工业汽轮机无论是技术、质量、市场、还是产量方面，均在国内处于"独占鳌头"的地位。但是，集团领导也清楚地看到，即使企业在一个产品上做到无人匹敌的地步，也存在着极大的风险。

杭汽轮集团的"蓝海战略"，就体现在产品内核的延伸上。从 2004 年开始，集团紧紧围绕工业汽轮机这一优势产品做足"延伸"的大文章，并取得了良好成效，为企业的长盛不衰增添了竞争核力。杭汽轮集团在"产品延伸"上主要从以下四个方面入手：

（1）产品使用领域的延伸。工业汽轮机的使用领域正是随着重化工业规模化、集约化生产的发展和"节能减排"的需求而不断延伸的。在"规模化、集约化"生产中，火电站的驱动锅炉给水泵的动力装置，在 10 万千瓦以下小型火电站，一般采用电动机驱动锅炉给水泵，而当发电规模达到 20 万千瓦以上时，再用"电拖"就不经济了，必须要用"汽拖"，即用汽轮机驱动锅炉给水泵。杭汽轮集团正是适应电力行业的"规模化、集约化"生产的发展需求，先后开发出如 30 万千瓦、60 万千瓦、100 万千瓦锅炉给水泵汽轮机，并占据了国内市场 50% 以上的份额。

在"节能减排"领域，国外冶炼企业饱和蒸汽再利用发电汽轮机一共有七种类型,杭汽轮集团目前已经成功开发出其中的五种,即中板、转炉、干熄焦、高炉煤气、废气,还有球团矿、烧结两大类余热利用汽轮机正在开发之中。在美、日、德等发达国家早已实现"富能冶炼",即所有冶炼企业不仅能自产自足能源,而且还能向社会输出能源。而在我国,钢厂能源自给率却还仅有40%,这也就意味着中国"富能冶炼"的市场空间和发展潜力巨大!

(2)产品经营模式的延伸。杭汽轮集团过去在产品经营模式上以卖汽轮机单机为主,这种传统经营模式制约了企业经营规模的拓展。企业要做大规模就必须持续地满足不同用户的不同需求,实现经营模式的不断延伸。

目前在产品经营模式上,杭汽轮集团已经实现了从单机供应到产品成套再到"交钥匙工程"的三级跨越。有的用户需要提供"汽轮机、锅炉、发电机"成套产品,公司就予以满足;有的用户需要"交钥匙工程",公司就提供厂房建设、流程布置、设备安装、机组运行的全套服务。

水泥余热发电是建材行业"节能减排"的重要举措,杭汽轮集团采取与用户共同投资建设"余热发电项目"的方式,来推广这项利国、利企、利民的工程。其经营模式为:由杭汽轮集团负责工程项目总承包,并以自己生产的汽轮机、发电机等产品投资入股与业主合资建立的余热发电"项目公司",每年从其发电收益中获取回报。这一经营模式深受水泥行业广大业主的欢迎。继 2006 年建成浙江安吉水泥厂的"样板工程"后,2007 年又在浙江长兴水泥厂获得"复制"。这种经营模式有可能形成一个新产业,成为杭汽轮集团未来发展的一个新的增长亮点。

(3)产品服务渠道的延伸。售后服务是杭汽轮集团以往产品服务的主要渠道和方式,用户机组出现故障就及时派员去抢修,机组易损零部件坏了就及时予以更换,这种服务方式实质上是被动应对的方式。杭汽轮集团在2004 年建立"汽轮机械设备公司"后,不断探索着产品服务渠道的延伸。目前采取的服务方式主要有售前服务、售中服务、售后服务、远程服务和设备改造服务等,服务过程变以前的"被动"为现在的"主动",正在从"单纯制造型企业"向"制造服务型企业"迈进。

售前服务,即前置服务,用户在询价阶段就主动向其提供周到的服务。例如帮助用户选择产品机型,为用户提供热能、动能的最佳解决方案,并为用户提供装置流程的最佳设计等。过去这些工作大多数是由设计院独立完成的,现在由用户、设计院、制造厂三方共同来做,可以使流程设计更科学、更合理。

售中服务,即在产品制造过程中主动与用户保持密切联系,掌握用户整个项目工程的进度,在交货期上与用户的设备安装日期精确对接,同时培训用户操作人员,避免因操作不当给用户造成损失。

售后服务,除了为用户提供设备安装、检抢修服务外,杭汽轮集团还为每个用户建立了设备档案,根据用户机组运行情况,主动定期地告知用户应采取维护保养措施,并为用户提供现场服务。

远程服务,对重点产品、用点用户,杭汽轮集团还通过 GPS 系统提供远程服务,监控用户机组运行状况,出现异常,直接通过远程方式加以排除。

设备改造服务,杭汽轮集团不仅为用户运行多年的旧机组提供升级改造服务,同时还对不是本企业生产的其他国外进口机组提供国产化改造服务,即为用户创造了价值,更拓展了企业的服务领域。

(4)上下游产品链的延伸。工业汽轮机的下游产品主要有发电机和汽轮机辅机等,向下游产品延伸有利于提升企业的核心竞争力、扩大市场占有率。收购杭州发电设备厂,使杭汽轮集团在工业发电领域实现了汽轮机向下游发电机产品的延伸。

"杭州汽轮辅机有限公司"在 2005 年初完成改制后,当年就取得了创纪录的 2.4 亿元销售收入和 4000 万元利润的骄人业绩。该公司的辅机产品不仅为集团内的汽轮机主机制造厂提供配套,还为 GE、西门子、三菱重工这样的顶尖企业提供汽轮机辅机产品。目前,该公司正在积极开发研制空冷设备,以实现汽轮机冷却装置由水循环冷却向空气冷却的跨越。

燃气轮机是透平机械的尖端产品,也是工业汽轮机的上游产品。国际上只有美、德、日等极少数国家能够制造。2004 年以来,杭汽轮集团积极与日本三菱重工洽谈合作生产,并设立了燃机事业部,投资建设了燃机总装车间。2006 年 3 月首批两套燃机按期交货,开启了杭汽轮历史的新纪元。

2. 开拓海外市场

杭汽轮集团的工业汽轮机,过去尽管在国内市场上独占鳌头,但在国际市场上的发展尚有很大空间。2004 年,在国内工业汽轮机供不应求,市场最为火爆的时刻,集团新班子提出了实施"国际化战略"的思路,对进军海外市场、参与国际竞争作出了周密部署:

(1)选准海外市场的突破口。杭汽轮集团经过对国际市场的反复调研,选择了印度市场作为进军海外的突破口,因为印度是个人口大国,经济复苏速度相当快,对工业汽轮机的需求量大,而且该国已大量引进西门子工业汽轮机,这就为同样采用西门子技术的杭汽轮集团的工业汽轮机介入该市场提供了契机。

(2)通过当地代理商进入印度市场。杭汽轮集团在印度寻找到一家有销售西门子工业汽轮机经验的代理商,并投入 50 万美元参股该公司,将双方利益捆在一起,促使代理商积极推销杭汽轮集团的产品。

(3)对"杭汽轮 B"的外贸运行体制作相应调整。原先"杭汽轮 B"外贸处也承担部分内销业务,公司确定"国际化战略"后,明确外贸处专攻海外市场,并实行"事业部"体制,员工收入直接与其海外订单量挂钩,在给外贸人员政策的同时更给予压力。

通过上述措施,杭汽轮集团在 2004 年当年就拿到了 2500 万美元的海外订单,2005、2006 年分别获得 5000 万美元和 8500 万美元的海外订单。在印度市场上,杭汽轮的工业汽轮机销量已经排在继印度 BHEL 和新日本造机之后的第 3 位。

除了工业汽轮机外,杭汽轮集团的船舶、发电设备、工业汽轮箱和汽轮机辅机、医用 X 射线管等产品都踏上了"国际化"的旅程。

(六)文化创新

2003 年的杭汽轮集团正处在一个企业文化变革的"前夜",集团党委充分发挥强大的政治优势,在整个集团范围内,组织开展了一场声势浩大的"促改革求发展"大讨论。党委要求广大干部员工以"大改大出路,小改小出路,不改没出路"的理念,破除杭汽轮传统的"安于现状、求稳怕变"的观念束缚,并利用集团内部的报纸、广播等宣传工具,大量刊登、播出干部员工的一些合理化建议。

通过大讨论,杭汽轮集团干部员工逐步形成了下列新的理念:(1)市场竞争的理念。所谓"竞争","竞"就是比赛,"争"就是抢夺,竞争的逻辑就一个字——"争"!这里没有谦让等待可言,只有设定目标,勇往直前!要求企业员工具有"敢于负责的勇气,争创一流的霸气,克难攻坚的豪气",在竞争中不畏强手,所向披靡!(2)可持续发展的理念。杭汽轮集团近年来虽然年年有进步,但发展步伐和速度却不能令市委、市政府和员工满意。企业中有许多难题,只能通过发展来解决。大发展小困难,小发展大困难,不发展更困难!(3)依靠"二本"的理念。企业的运作要抓"二本",一是成本,二是人本。控制成本,达到利润最大化;以人为本,调动各方面的积极性。(4)和谐创业的理念。企业内部线与线之间,部门与部门之间,领导与领导之间,都会有利益的冲突和工作的碰撞,解决办法就是用坦诚沟通来消除矛盾。

(七)创新成就

杭汽轮集团的创新成效主要体现在以下五个方面:

1. 企业得到又好又快的发展,创造了跨越式发展的奇迹

以前杭汽轮集团体制单一,产品单一,抗风险能力相对较弱,现在集团变

单纯的"国有"体制为国有控股的"混合型"经济体制,变单一的工业汽轮机生产经营为以装备制造业为核心,集"技、工、贸"为一体,装备制造、进出口贸易、电子管生产、船舶制造、房地产开发等产业协调发展的"多元化"经营格局。

杭汽轮集团的发展模式实现了从"资源依赖型、数量扩张型"向"人才支撑型、创新驱动型"的转变。企业得到又好又快的发展,创造了跨越式发展的奇迹。

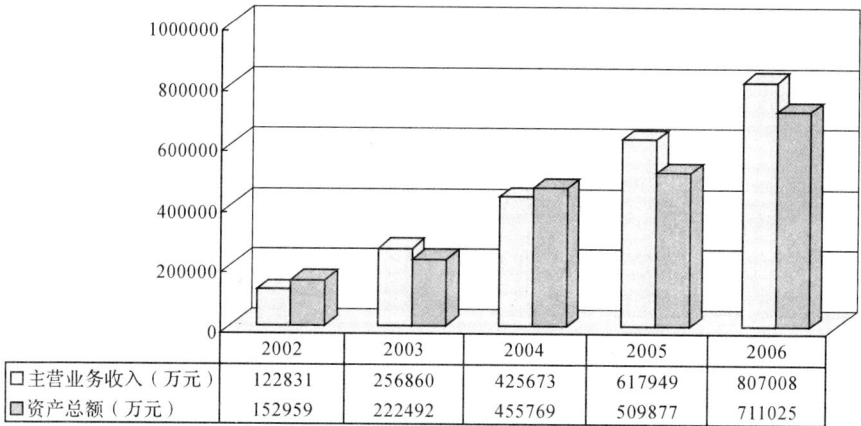

	2002	2003	2004	2005	2006
□ 主营业务收入（万元）	122831	256860	425673	617949	807008
□ 资产总额（万元）	152959	222492	455769	509877	711025

图 2　2002—2006 年杭汽轮集团规模发展变化情况

由图 2、图 3 可以看到,2002—2006 年间杭汽轮主营业务收入年平均增长速度为 60.10%,资产总额年平均增长速度为 46.83%,企业增加值年平均增长速度为 50.83%。

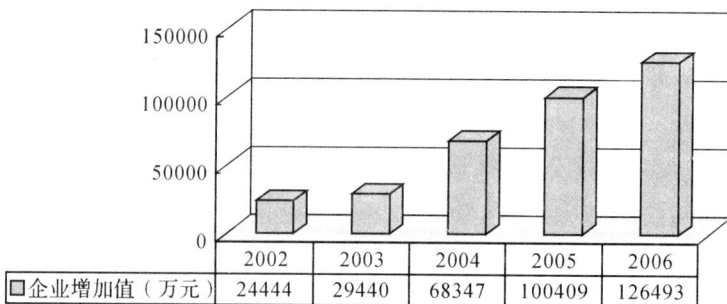

	2002	2003	2004	2005	2006
□ 企业增加值（万元）	24444	29440	68347	100409	126493

图 3　2002—2006 年杭汽轮集团增加值发展变化情况

2. 全面提高了企业素质,重现自主创新的生机

由图 4 可以看到,企业技术改革加大,产能成倍增加,使工业总产值从 2002 年的 5.78 亿元增长到 2006 年的 35.24 亿元,4 年增长了 5 倍;工业增加值从 2002 年的 2.34 亿元增长到 2006 年的 11.57 亿元,4 年增长了 3.9 倍。集团通过加强分(子)公司的管控,使执行力得到提高;通过推行"6S"管理,使生产现场管理水平跨入国内先进行列;企业素质全面提高,核心竞争力不断加强,使企业订单持续不断地增长。

企业的创新能力不断增强,无论在体制创新、制度创新、管理创新、技术创新等方面,杭汽轮集团均获得大丰收。如体制创新上,建立了以消除改制后的分(子)公司在利益追逐上与集团整体利益之间发生摩擦隐患的"混合型"经济体制;在制度创新上,建立了"分(子)公司预警"机制;在管理创新上,建立了分(子)公司"公平竞争平台";在技术创新上,前瞻性地推出了适应电力行业向单机大容量方向发展的百万千瓦锅炉给水泵汽轮机等新产品。

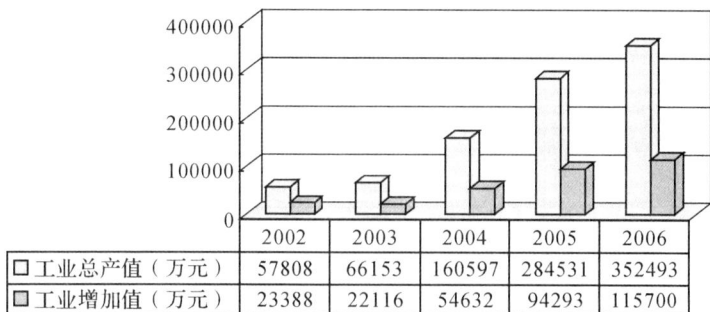

	2002	2003	2004	2005	2006
□工业总产值（万元）	57808	66153	160597	284531	352493
□工业增加值（万元）	23388	22116	54632	94293	115700

图 4　2002—2006 年杭汽轮集团工业总产值、工业增加值发展变化情况

3. 为国家工业化和地方经济的发展尽到了社会责任

以前杭汽轮集团由于受生产能力的限制,工业汽轮机的产出量远远不能满足市场的需求,使不少国内用户不得不花巨额外汇购置工业汽轮机。

后来杭汽轮集团从加大技改投入、扩大零部件外协、推进生产流程再造三个方面入手,竭尽全力扩大生产能力,使工业汽轮机产量从 2002 年底的 96 台/47 万千瓦,增长到 2006 年底的 369 台/358 万千瓦(见图 5 至图 7),年产量名列全球工业汽轮机制造商的第 1 位,基本满足了市场需求。

杭汽轮集团对下属分(子)公司进行了"分立式改制",以原集团下属的"杭州热能动力公司"为例,改制前年销售收入仅为 2000 万元,2003 年底改制成由"杭汽轮 B"绝对控股、公司经营者及技术骨干持股的"杭州中能汽轮动力有限公司"后,2004—2006 年的销售收入分别达到 9015 万元、1.58 亿元和 2.4 亿元,利润分别达到 879 万元、2400 万元和 3050 万元。2007 年上半

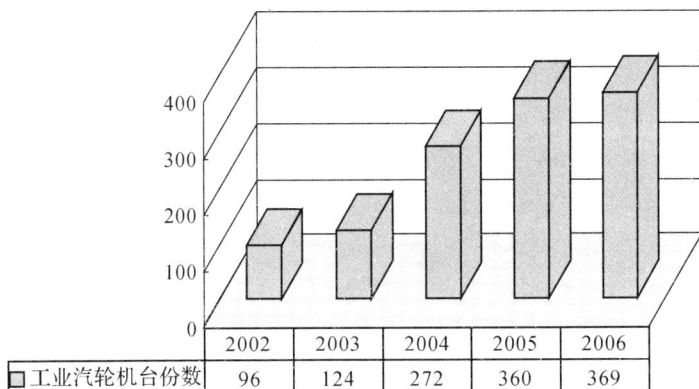

	2002	2003	2004	2005	2006
□ 工业汽轮机台份数	96	124	272	360	369

图 5　2002—2006 年杭汽轮动力集团工业汽轮机台份数发展情况

年更是创造了销售收入 1.7 亿元、利润 1643 万元的佳绩（见图 6），实现了规模与效益同步，连年成倍增长。

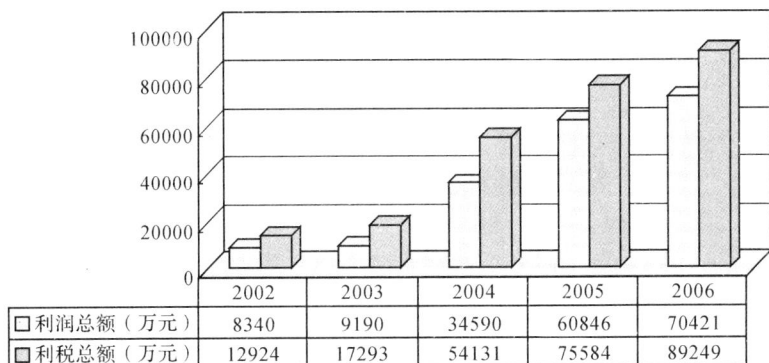

	2002	2003	2004	2005	2006
□ 利润总额（万元）	8340	9190	34590	60846	70421
□ 利税总额（万元）	12924	17293	54131	75584	89249

图 6　2002—2006 年杭汽轮动力集团利润总额、利税总额发展变化情况

杭汽轮集团也实现了规模和效益连年、持续的"翻番"，员工人数增加，利税总额从 2002 年底的 1.29 亿元增长到 2006 年的 8.92 亿元，4 年增长了 5.9 倍（见图 6），为地方经济的发展尽到了社会责任。

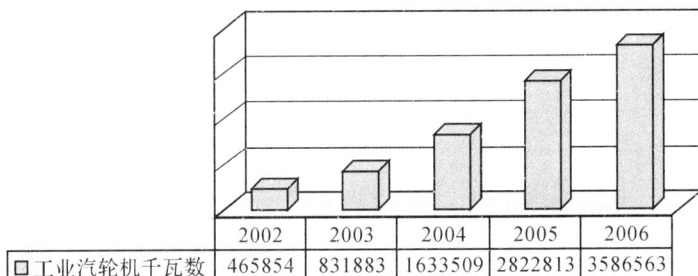

	2002	2003	2004	2005	2006
□ 工业汽轮机千瓦数	465854	831883	1633509	2822813	3586563

图 7　2002—2006 年杭汽轮动力集团工业汽轮机千瓦数发展变化情况

4. 职工收入稳步提高,凝聚力得到增强

从图 8 可以看出,随着企业效益的提高,员工收入逐年稳步提高,员工人均收入从 2002 年底的 2.43 万元/人年增长到 2006 年的 6.04 万元/人年,4 年增长了 1.5 倍,一些过去曾跳槽出去的"人才"也纷纷回流,企业的凝聚力得到进一步增强。

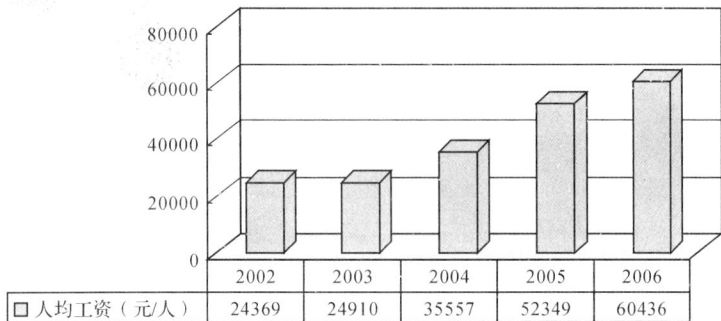

	2002	2003	2004	2005	2006
☐ 人均工资(元/人)	24369	24910	35557	52349	60436

图 8　2002—2006 年杭汽轮动力集团人均工资发展变化情况

5. 提高了企业知名度,受到了党和政府各级领导的赞誉

2004 年 8 月 24 日,温家宝总理视察了杭汽轮集团,在听取集团领导的汇报后,温总理说,杭汽轮集团在国内同行业中创造了七个第一,这不容易。这体现了"勇创一流"的精神,全国各行各业都要有这种精神,中国要在全球经济一体化的过程中,发扬这种不畏艰难、勇创一流的精神,以实现中华民族的伟大复兴!

杭汽轮集团这些年来,正是用实际行动践行着温总理的重要指示,不断地创造着一流的业绩:

2004—2006 年连续 3 年被杭州市政府授予"有突出贡献企业"称号。2006 年又被杭州市政府授予"十佳功勋企业"之一;

2004—2006 年在"全国机械百强企业"的排位从 40 位晋升到第 28 位,并被列为全国汽轮机行业"排头兵"企业;

2005 年起进入全国有企业 500 强之列……

"杭汽轮 B"被中国竞争力组织等单位评为 2004—2005 年"中国上市公司竞争力百强企业",被深圳证券交易所评为 2004—2006 年度"信息披露优秀企业",并被中外机构投资者评为"中国上市公司十大最具成长性企业"之一。其股票被美国摩根公司列为"全球新兴市场指数"。

案例 2　杭州市城市建设投资集团有限公司

一、企业简介

杭州市城市建设投资集团有限公司成立于 2003 年 6 月,原名杭州市城市建设资产经营有限公司,2007 年 6 月经市委、市政府批准更名。公司直属于杭州市人民政府,注册资本 65 亿元。公司的宗旨是按照国家的产业政策、杭州经济发展战略和社会发展要求,按照建立现代产权制度的要求,运用资本运营手段,促进存量资产结构调整和资源优化配置,实现资本经营与产品经营有机结合,增强企业核心竞争力,确保国有资产保值增值,提高保障供应能力,为社会提供符合标准的公共产品和服务。公司经营范围是市政府授权的城建国有资产,现有下属单位 24 家,涵盖公共交通、城市供水、供气、热电联产、市政工程、垃圾污水处理、房地产开发、建筑工程、科研设计九大行业,各类从业人员 3 万多人。

公司组建 5 年来,紧紧围绕为城市建设筹措资金、为广大市民提供合格的公共产品和服务、确保国有资产安全增值等三方面职能,克难攻坚、开拓进取,使公司系统各项事业得到了长足发展,企业规模得到了迅速扩张。据统计,截至 2007 年底,全系统合并国有总资产和净资产分别达到 497 亿元和 211 亿元,比公司组建初期的 215 亿元和 65.5 亿元分别增长 131% 和 222%,纳入考核范围的经营性净资产收益率始终保持在 15% 以上,在同类企业中名列前茅。

由于行业与公司本身性质的特殊性,公司与其他国有企业相比主要存在以下三点不同:公司的性质有着强烈的政府管理职能色彩,承担着公共产品的提供与服务,因此最大的特点是不追求经济效益而追求社会效益;在公司的业务范围内,市政公益行业占很大的比例;政府扶持方面只有财政补贴,政策方面的支持作用不是很突出。

二、技术创新

(一)热力公司汽动泵冷却水技术改造

热力公司生产技术部组织对汽动泵冷却水系统进行了节能改造,将原开放式冷却水系统改为闭式循环系统。经 2006—2007 年采暖季实际使用,节能效果明显,达到并超过了改造设计的要求。

表 1　技术改造前后生产系统自来水消耗量　　　　　　（单位:吨）

时间段	12 月	1 月	2 月	累计
2005—2006 年采暖季	4270	3120	2750	10140
2006—2007 年采暖季	1930	703	576	3209

从表 1 可以看到,公司自来水用量显著下降,技术改造前后一个采暖季节约水量为 6931 吨,按工业水价 2.95 元/吨计,可节约生产成本 20446 元。而当初实际投入改造成本为 33000 元,按此计算不到一年(采暖季和制冷季)即可收回投入,技术改造成效明显。

(二)城建科研所创新平台

杭州市城建科研所与同济大学合作开发了桥梁科技创新平台,组建桥梁科技创新服务技术平台,有利于充分利用国内外资源,运用现代信息技术,搭建具有公益性、基础性、战略性的桥梁工程研究基础条件平台。浙江省地处江南水乡,据不完全统计,全省共有城镇桥梁 9000 多座。现有桥梁桥型丰富、技术含量高,科技力量和人才队伍建设已有了一个良好的基础,但长期以来,由于缺乏一个公用技术平台,使得全省既有的桥梁科研和人力资源等优势未能得到充分发挥,并直接影响到全省桥梁建设养护事业的长远发展及对桥梁新技术的引进、消化、研发、转化能力的进一步提升。

当前,全省桥梁养护管理状况不容乐观,全省 9000 多座现有城镇桥梁中,有相当部分的桥体老化严重,同时受各种事故隐患和人为破坏的影响以及维修工作的滞后,不少桥梁的安全运行难以保障。近 20 年来,城市交通量不断增加,桥梁负荷日益加重。特别是我国在 20 世纪 70 年代后期和 80 年代建造的一些桥梁,不仅荷载标准低、桥面宽度窄,而且由于长期营运产生了老化、破损、裂缝等损伤现象,使得它们在大吨位、高流量的车辆通过时,处于超负荷运营状态,难以保证行车安全和通畅。另外,在县(市)一级及乡镇,桥梁档案资料管理混乱,没有建立桥梁管理养护信息系统,普遍存在以下问题:桥梁无档案资料,原始资料不全,没有基本的桥梁技术数据;养护记录和检测评估制度不健全,没有作过定期检测和必要的养护维修;缺乏专业桥梁管理和技术人员。因此组建桥梁科技创新服务技术平台,在建设新农村中能发挥重要的服务作用。

该平台的建设将为整合沪、杭两地的桥梁科研力量,培育专业化的人才队伍和机构,改善桥梁科技创新环境,增强持续发展能力提供有力的支撑。同时,该平台的组建有助于加强对桥梁新技术、新材料、新结构、新工艺的应用研究,有助于改善和加强行业管理,为公众提供社会公益性服务,对推进沪、杭两地乃至全国桥梁工程研究都具有极强的现实意义和长远的战略意义。

(三)热电集团信息平台

热电集团认真贯彻落实"五大战略"实施要求,在改革创新战略中下工夫。继建立热电集团项目储备机制后,热电集团又积极参与中国杭州节能环保网信息网络平台的建立。新创设的中国杭州节能环保网(www.hzjn.org)是贯彻落实《杭州"十一五"节能专项规划》的重要举措之一,由杭州市节能协会、杭州热电集团有限公司、杭州电子市场有限公司及杭州丹青图文设计有限公司共同打造,依托强大的国际互联网平台,集合国内大专院校、科研院所、企业和中介机构等众多单位的资源构成的虚拟市场系统,是华东地区综合性节能与环保资讯类专业网站。这在杭州节能事业的推广和发展上具有里程碑的作用。

未来的中国杭州节能环保网将通过整合国内节能与环保行业资源,线上收集整合行业信息,各级会员互动;线下以网站为依托,针对国内节能与环保消费群体,定向直投指导节能与环保电子版/印刷版杂志,为企业提供网上信息发布、选择合作伙伴、与消费者沟通互动,同时为企业提供消费者的消费信息分析报告,由此为政府指导节能与环保行业的发展决策提供依据,提供全面的节能与环保匹配服务,如EMC(合同能源管理),最终实现节能综合性(含招投标)信息发布和各类节能产品在线辅助交易,形成互联网与传统纸媒和有形市场并行的国内外节能与环保资讯与服务为主体的新型电子商务模式。

中国杭州节能环保网的建立,打造了一个以政府机关和高能耗企事业单位为核心受众的,直接参与提供产品匹配服务——华东地区节能设备用户和全国节能设备生产企业为受益主体的门户网站,目标客户是以全国节能设备为主体的生产企业、服务供应商、合作企业,华东地区节能设备用户。

该网站的创建,也为杭州城投系统能源企业提供了新型的信息交流平台,能使各企业在国家节能减排政策的指导下,通过网络更准确地寻找目标客户,及时获取更多的商业信息和成功经验,更好地做好各项技改工作。

三、体制创新

公司 2003 年 6 月成立时的情况是半数以上是事业单位，很大一部分是传统国有企业。经过大幅度的体制改革，现在只余下两家事业单位。体制改革具体通过以下步骤实现：

第一，将事业单位转为企业单位。原有的 15 家事业单位中已有 13 家先后完成"事转企"改革，8 家已改为投资主体多元化企业，4 家国有资产全部退出，9 家改为国有独资公司制企业。

第二，针对市场化条件的成熟情况选择企业改制路径。能走向市场化的企业，如房地产企业基本上实现走向市场，而市场化条件不成熟的企业，如自来水、污水处理、公交等，因为涉及多方利益，采取谨慎的态度。先让全民所有制改革成国有投资制，然后从企业管理角度进行改造。

在改革过程中，公司在诸多方面有领先性的创新：在国有资产协议转让上，国家规定的程序是两次披露一次评估，然后进行公示，公开挂牌转让，之后经过一段时间资产的产权才彻底变更。在这个时间差当中就有暗箱操作的可能性，漏洞很多，但是公司在最终产权发生变更的时候再向社会公示一次，这在全国是首创的，并且成为全国在这方面完全透明公开、形成制度的第一家。因为公用行业比较特殊，所以有些不能完全实现市场化，公司推行经营业务方向的市场化，另外在企业管理中可以市场化的元素都实现市场化。这在与公司同种性质的国有企业里面也是独一无二的。此外，全国大部分都是事业单位养护道路桥梁，但杭州是实行养护企业化运作的，自 2003 年开始实行城市建设养护市场化招投标体制。环卫体制方面，过去实行的是分区划片，现在也实行了市场化招投标。

优越的地理位置和浙江先进理念推动了企业的改革进程，但是公共行业在现在的环境下市场化的条件还不够成熟，主要表现为：政策面或监管层不到位，定价体制不合理；由于体制问题，国有企业的效率从某种程度上来说会低于民企。虽然公司的主观愿望是希望改革，做好社会与政府利益的平衡点，但从目前体制上来看很难达到这种效果。改革必须循序渐进，在整个国家进行整体规划设计的前提下逐步实现。

公司目前的体制改革没有简单地把产权转让作为主要的推介模式，而是采取以企业做大做强、发挥效用最大化为目标的模式。如企业在自主创新方面，尝试在省内或周边拿项目，通过形成一定规模后再进行股份制改造，以项目合作的方式实现创新成果,同时也让社会公众进行监督,以提高创新效率。

目前公司体制改革的工作重点是资源、项目、企业的整合重组,目标是上市或进入资本市场,或者向外扩展,增加对外部市场的抢占。公司也成立了课题组,研究如何进行重组和创新,为企业改革和创新提供战略指导。

四、管理创新

(一)战略创新

自 2003 年以来,公司在战略方面的创新工作,可以简要概括为以下六方面:

1. 加大投入力度,实施了大项目带动战略

通过不断加强对重点工程的工作协调和责任落实,逐步建立起一套重点工程协调推进的机制,有力地推进了各项重点工程的建设。

2. 加大拓展力度,实施了开放发展战略

公司组建以来,坚持依托既有的能力和资源,紧紧围绕相关行业市场需求,努力推进现有产业链上下游的延伸和主营业务的扩张,取得了明显成效。

3. 加大改革力度,实施了改革创新战略

在国有企业改革政策发生重大调整的情况下,坚定不移地把改革改制作为一条主线来抓,并于 2007 年开始实施改革创新战略,取得了明显成效。

4. 加大保障力度,开展了"两保一优"活动

公司在成立不久就提出了"人民群众不满意的地方,就是企业发展的潜力所在,是新的经济增长点所在"的理念,并据此在 2003 年底提出了"切实抓好安全生产,让人民安心;切实增强生产和供应能力,让人民舒心;切实提高服务意识和服务水平,让人民称心"的目标,启动了以保安全、保供应、优服务为主要内容的"两保一优"活动,并在实践中取得了丰硕成果。

5. 加大管理力度,提高了国有资产保值增值能力

公司组建以来,坚持把经营好、管理好国有资产作为重要职责,建立了一套比较完整的国有资产管理体系,确保了国有资产的安全增值。

6. 加大创建力度,实施了文化兴企和人才强企战略

公司组建以来,一直高度重视人才和文化建设,毫不松懈地抓党建和精神文明建设,取得了明显成效。从 2002 年开始,实施了人才强企战略和文化兴企战略,与大项目带动战略、开放发展战略和改革创新战略共同构成了简称为"五大战略"的发展规划,从而将党建和精神文明建设纳入企业发展的大

系统之中,使两者的结合更加紧密,相互促进效果更加明显。

(二)机制创新

公司自 2003 年成立以来,一直把推进企业"三项制度"改革、实现机制创新作为公司发展的基础工程,三项制度指企业用人、用工和分配机制。公司还坚定不移地组织实施了全员劳动合同制、中层管理人员竞争上岗和员工的双向选择,规范和完善了"让想干事的有机会、让能干事的有舞台、让干成事的有地位"的"三让"机制。一系列改革举措对进一步激发广大员工的工作激情和积极性起到了积极的作用,也为进一步深化改革、加快发展奠定了良好的基础。

公司"竞聘上岗"和"双向选择"工作在精心组织实施后取得了一定成效,实现了人才的良性流动,为公司各项业务的稳步快速发展打下了坚实的人才基础。主要有四个方面特点:一是员工积极响应。2007 年共有 19 人参加了 9 个中层管理岗位的演讲答辩,每个岗位都有 2 人以上参与,双选则推出了公司包括地下管道公司的所有共 64 个岗位供员工自主选择。员工参与竞聘的热情尤为高涨,在公司的积极引导下,8 名近两年加入公司的新员工也参加了竞聘。二是上下互动增强。新的竞聘和双选范围扩大至公司下属子公司,为员工提供更多岗位选择机会的同时也实现了人才的良性互动和人力资源的合理再分配。三是岗位系数视能力而定。随着每位中层干部和普通员工岗位的确定,公司领导班子经过研究讨论,结合岗位与个人能力在基准岗系上作了调整,有 3 名员工的岗位系数得到上调,3 名员工下降,充分体现了公司着力推进"三项制度"改革和遵循用人"三让"理念的决心。四是过程平稳和谐。每位员工都抓住机遇,彻底打破了"论资排辈"的陈旧观念,为实现自我发展作出了选择,对竞聘和双选这样的形式也更趋认同。

公司的员工考核方法由北大纵横公司设计,使用绩效考核方法,即运用要素计点法。员工薪酬由三部分构成:要素计点年薪,这个用要素计点年薪模型来进行计算,包括基础工资、技能津贴、绩效考核薪酬等;其他薪酬;突出贡献奖。

(三)文化创新

公司的企业文化建设总体思路为"以观念更新推动理念创新,以文化发展推动管理升级",自 2003 年以来,公司把企业文化纳入企业发展战略规划,不断充实企业文化的内涵,初步形成了杭州城投系统企业文化建设的基本理念。

案例 3　浙江省交通投资集团公司

一、公司概况

浙江省交通投资集团(以下简称省交投集团)是以原浙江省高等级公路投资有限公司为主体,吸纳省交通厅其他 4 家直属企业组建而成的一家省级交通类国资营运机构。2001 年 12 月 29 日正式登记注册,注册资金 50 亿元,主要经营高速公路投资、经营、维护、收费及配套服务,交通工程建设、施工、物资经营,远洋、沿海运输及高速公路客运等。目前省交投集团旗下有 29 家全资、控股子(分)公司,还参股投资了浙商银行股份有限公司(最大股东之一)、浙江杭州杭千高速公路发展有限公司、浙江杭浦高速公路有限公司、浙江舟山岱衢港口开发有限公司等企业。

省交投集团自组建以来,按照浙江省委、省政府"建设大交通、促进大发展"的战略构想,切实承担着国有资产保值增值和在全省高速公路网络建设中发挥主导作用这两大使命。旗下通车高速公路里程从组建时的 507 公里,发展到 2007 年的 1876 公里,占全省通车高速公路总里程的 78.8%;沿海、远洋运输船舶总载重吨从组建时的 47 万吨,发展到 2007 年的 176 万吨,居全国省级同类企业前列。省交投集团总资产从 242.4 亿元发展到 815.1 亿元,所有者权益从 106.5 亿元发展到 179.1 亿元,分别增长了 236% 和 68%,资产规模和企业实力在本省名列前茅。

在规划上,省交投集团将以资本经营为核心,高等级公路投资经营为重点,着力开发以高速公路为依托的道路运输、交通工程建设和相关产业协同发展的公路产业带经济,积极发展沿海和远洋运输,不断向附加值和技术含量较高的领域拓展,逐步发展成为主业突出、多元化经营、母子公司协调发展的跨地区、跨行业、跨所有制和跨国经营的大企业集团,在全省高速公路领域充分发挥了主力军的作用。

二、技术创新

(一)技术创新促进高速公路智能交通发展

从 1996 年底浙江省首条高速公路——杭甬高速通车运营开始,省交投集团旗下的沪杭甬公司就一直高度重视技术创新工作,并拥有一支全省高速公路公司中独一无二的营运收费系统专业技术队伍。1996 年,杭甬高速公路 IC 卡收费系统成功开发,改变了当时全国高速公路普遍使用磁卡通行券的状况,开了 IC 卡收费的先河。1999 年,公司在全国率先推出预付卡交费服务,改变了现金支付的传统方式。2006 年,沪杭甬、上三高速公路推出银联卡交费服务,并组织以公司自有技术人员为主体的研发力量,自主开发出满足浙江省现有运营环境的 ETC 系统。其特点和优点在于:一是在全省高速公路已实施联网运营,而在所有高速公路全面实施 ETC 系统条件尚未具备的情况下,由公路经营业主自行开发可以兼容其他高速公路半自动收费系统的 ETC 系统,在国内尚属首例。二是由于公司基本掌握 ETC 系统软件开发的核心技术,且可以与公司原有的银联卡、预付卡付费方式相兼容,公司只需外购 ETC 系统的部分硬件设备,与国内其他高速公路普遍新起炉灶、需要建设完整的 ETC 车道系统相比,节约费用约 50%,经济效益十分显著。

同时公司紧紧抓住技术人员引进、使用、培养等各个关键环节,积极为他们创造各种有利条件,对部分高层次技术人才在后续教育、培训考察、专业职称评定、职务晋升、薪酬待遇等多方面给予倾斜。公司每年在制订年度预算计划时均设有专题科研经费,鼓励下属单位和技术人员开展项目攻关,对在技术开发上作出突出贡献的人员给予重奖,由此在企业内部形成重视科技、鼓励创新的良好氛围。

(二)技术创新有力支撑舟山大陆连岛工程建设

舟山大陆连岛工程是浙江省"五大百亿"工程之一,其中投资约 100 亿元的西堠门大桥和金塘大桥是整个舟山大陆连岛二期工程最为关键的部分。该工程海洋施工环境恶劣、施工难度大、技术要求高,很多施工方案为国内首创,需要相当高的桥梁建设科技作为保障。

省交投集团公司旗下浙江舟山大陆连岛工程高速公路有限公司作为该工程的项目业主,按照现行委托代建的建设体制,会同舟山连岛工程建设指挥部,按建设阶段和运营阶段的不同要求,各有侧重、分工合作,在广大大桥建设者和科研工作者的共同努力下,坚持技术创新、专题研究、科研攻关,以高标准、高要求、高技术含量的科学技术为大桥建设提供有力的支撑,确保大桥建设的稳步推进。

1. 发挥科技先导,为大桥建设注入动力

大桥建设汇聚了一大批桥梁、船舶、海洋等多个学科的专家,并与浙江大学等多所高校进行技术合作。截至 2007 年,已经完成和正在开展的科研项目有 58 项,其中有 29 项列入省交通厅科技项目。已经完成的 16 项总共投入科研经费 2873 余万元。在各种科研成果中,有相当一部分达到国内领先和国际先进水平,甚至有些科研课题和新技术开了桥梁建设的先河。

2006 年 8 月 1 日,"先导索直升机牵引过海"技术在西堠门大桥建设中成功实施,开创了国内桥梁建设史上在未封航条件下实施直升机架设先导索的先河。

由公司承担的科研项目"金塘大桥可靠性管理技术与应用研究"在 2007 年 7 月的浙江省交通厅组织召开的项目鉴定会上被认为具有创新性,总体上达到国际先进水平。

2. 利用科技攻关,为大桥营运提供保障

由于大桥建成通车后的营运和维护成本较高,为降低未来可预见的较高成本,也为今后的营运管理提供坚实的技术保障,公司对以下三个科研课题进行了研究:桥梁健康监测及安全评价系统研究和设计;金塘大桥非通航孔防撞技术研究;金塘大桥通航孔防撞研究。

3. 加大科技研究,为大桥安全增添砝码

舟山大陆连岛工程计划于 2009 年整体建成通车,通车以后的使用安全问题将是公司要关注的问题。西堠门大桥、金塘大桥在科研攻关大桥建设过程中,多项科研课题研究都涉及大桥将来建成以后的使用安全:安全行车风速研究;钢桥梁电弧喷涂层纳米改性封闭剂研制及工艺性能研究;金塘大桥海工混凝土耐久性设计与施工指南。

三、体制创新

省交投集团以创新求发展,积极引入现代企业制度,完善法人治理结构。近年来,省交投集团根据浙江省政府和省国资委关于深化企业改革的工作要求,专题研究改革改制工作,着手进行新一轮改革改制工作。母子公司体制进一步深化,明确了集团公司与子公司董事会、监事会的联系渠道和议事程序,建立了集团公司内部沟通协调制度,为集团公司委派的董事、监事更好地履行职责创造了条件;同时还结合清产核资工作,加强内部审计和监督力度。

省交投集团旗下沪杭甬公司根据香港联交所的《上市规则》要求,组织修订了《公司章程》和《公司治理指引》,进一步完善了公司治理制度,并通过管理处负责人轮岗交流等措施,增强了企业活力,促进了企业水平的不断提高。公司股价始终保持在超过上市发行价一倍多的水平,继续稳居 5 家公路 H 股领头羊位置。公司市值在香港 1100 多家上市公司中排名前 100 位。

省交投集团旗下的省交工集团完全按照现代企业制度的要求建立公司法人治理并进行规范运作,同时经营层及骨干持有公司股份,使股东利益与经营者利益保持一致,立足于长远谋划发展,2005 年以来产后的利润大部分用于设备的再投入和资本的原始积累,为公司规模的进一步扩展和做大做强打好了基础。

对于一个航母式的国有投资集团,如何筹集更多的资金,建设更多高速公路,一直是省交投集团努力突破的重点、难点。2004 年,这个难点在改革中终于取得了重大突破,融资创新迈出新的步伐。集团公司成功发行了 14 亿元的"04 浙交通债",为拓宽融资渠道、降低融资成本、加强与国际知名中介机构的合作、打造符合国际惯例的现代企业集团打下了良好的基础。

四、管理创新

省交投集团积极创新管理机制与管理手段,以实现提高经济效益的目标。集团公司于 2006 年 9 月作出了调整高速公路管理模式的决定,进一步提高了高速公路经营水平和管理效率,降低了管理成本,优化了资源配置,实现了高速公路规模化管理、集约化经营。其管理的总体思路为:改变"一路一公司"、"一路多公司"的组织构架,通过辅业分离、产业整合的方式,按照"就近、相连、集约管理、方便指挥"的要求,组建若干家区域性高速公路管理机构,以受托管理、合并经营或资产重组的形式,负责该区域内集团公司旗下高速公路的建设、营运管理工作。高速公路管理模式的优化调整遵循以下原则:就近、相连、集约管理、方便指挥;适度规模、提高效率;精干高效、节约成本;依法运作、互利多赢;与集团公司发展战略相衔接;与浙江省社会经济发展相协调。根据集团公司所属在建、已通车高速公路和将来可能投资项目的相关情况,将集团所属高速公路整合为上市板块、直管板块、浙西板块、浙北板块、浙东板块、台州板块、温州板块、浙南板块这八大板块,并对每一块进行分别管理。

此外,集团公司进一步完善内部经营管理制度。除出台综合绩效考核指导意见外,还出台了投资管理办法、项目建设期管理暂行办法、建设项目委托管理暂行办法等制度,进一步规范母子公司的关系。集团强化经营管理,特别在高速公路项目管理上,积极指导旗下项目公司完善委托建设制度。通过艰苦的协调,代建费用已从 10% 降到 5%(2004 年新开工的项目中标合同价近 70 亿元,下降 1 个百分点就有可能节约投资 7000 万元左右)。同时,还积极探索大宗材料采购集中招标办法,有效地降低了建设成本。2004 年,集团公司指导旗下的 3 家项目公司成功实施了大宗材料采购招标。据不完全统计,3 家公司通过材料招投标,同类产品中标价格都较同期市场价格低,不但保证了材料的质量,而且节约成本 4000 余万元。

省交投集团旗下甬台温公司针对之前用工方式中出现的问题进行了革新,推行收费员租聘试点。2005 年 11 月,公司由劳务中介公司按照招工条件公开招聘,经培训合格后,已聘用了 20 名收费员,有效建立起能进能出、能上能下的用人机制,激活了现有收费员的工作积极性。此外,公司还开展绩效考核体系研究,并实行应用其成果。2004 年 9 月,公司与浙江大学合作展开了《绩效考核体系研究》项目。2005 年 7 月,取得了包括《公司本部部门职能和岗位说明书》、《管理处部门职能和岗位说明书》、《绩效考核手册》和《薪酬管理手册》在内的研究成果,并通过了专家评审。2006 年,公司全面推行该项目研究成果,并不断予以完善。

集团公司坚持激励机制创新,通过建立有效的激励与约束机制,在母子公司牢固树立以经济效益为中心的经营理念,在整个集团公司实施以国有资产保值增值为核心、安全生产和廉政建设为保证的综合绩效考核制度。将实施综合绩效考核作为实施国有资产经营目标管理和落实国有资产经营责任制的重要手段,力求通过综合绩效考核的实施,引导母子公司领导人员的经营方向和经营行为,把企业的近期目标与远期目标、子公司的目标与集团公司的目标相统一,从总体上提高国有资产的经营效率和竞争能力。

在企业文化的建设和创新上,集团公司将其视为一项长期的系统工程。2003 年,集团公司提出了“诚信务实,奋发有为,奉献社会”的企业精神口号。2004 年,为了更好地提炼集团公司的企业精神,在集团范围内开展了企业精神口号征集活动,最终确定了“同路同心,追求卓越”的企业精神口号。2004 年 12 月,集团公司出台了企业文化建设三年规划,提出了从 2005 年起用 3 年的时间构建起具有集团公司特色的企业文化体系。2005 年 11 月,在结合保持共产党员先进性教育活动的整改措施的落实时,下发了《关于进一步加快集团公司企业文化建设的通知》,明确了把 2006 年作为集团公司的“企业文化建设年”。省交投集团力争通过一年的努力,使企业文化建设的重要性在集团公司范围内逐渐深入人心,并逐步形成积极开展企业文化建设的良好氛围。

案例 4　西湖电子集团有限公司

一、集团概况

西湖电子集团有限公司(以下简称西湖电子集团)成立于 1973 年,是国家 520 户重点企业之一,浙江省高新技术企业,杭州市政府首批授权经营管理的国有独资公司,是以数字家电、信息产品为主业,集彩电、手机、IT、房地产、软件园等产业为一体的大型企业集团。至 2007 年底,公司占地总面积 29.06 万平方米,建筑总面积 15.99 万平方米,拥有总资产 26.48 亿元,净资产 4.98 亿元,全部职工 900 多人,其中中高级职称人员 133 人。西湖电子集团下属企业主要有数源科技股份有限公司、数源移动通信设备有限公司、杭州西湖电子进出口有限公司、杭州电子市场有限公司、杭州智能楼宇系统工程有限公司、杭州易和网络有限公司、杭州易和互联软件技术有限公司、杭州西湖数源软件园有限公司、杭州中兴房地产开发有限公司、杭州中兴景洲房地产开发有限公司、杭州中兴景天房地产开发有限公司、诸暨中兴房地产开发有限责任公司、合肥西湖房地产开发有限责任公司、合肥印象西湖房地产投资有限公司、浙江数源贸易有限公司和西湖集团(香港)有限公司等 16 家;参股企业主要有华数数字电视有限公司、三丸东杰(控股)有限公司等 2 家。

二、技术创新

西湖电子集团围绕"做大做强主业,抢抓机遇,拓展新兴产业"的产业发展思路,大幅度提高技改投入;以产品创新为目标,努力提高自主创新能力。重点选择液晶彩电和数字电视两大主攻方向,积极开展了自主研发和引进消化再创新工作。完成了具有自主知识产权的 PW106 液晶彩电机芯的开发,研制成功该机芯技术的 26 英寸、32 英寸、37 英寸、40 英寸、42 英寸、47 英寸等产品,使产品系列化、产业化;加强了引进消化再创新工作,重点对引进机芯液晶彩电进行差异化、可靠性设计,开发成功了 LCDTV/DVB(液晶彩电/机顶盒二合一机)、LCDTV/DVD(液晶彩电/影碟机二合一机)、LCDTV/DMP(液晶彩电/流媒体播放器二合一机)、LCDTV/DVD/DMP 三合一等多功能液晶彩电新产品,建立起欧洲、澳洲、亚洲三大新品系列;加强数字电视机顶盒产品的研发,通过技术协作和联合开发,完成了 STB12G 有线数字电视机顶盒、STB12P 机卡分离有线数字电视机顶盒的研制和试生产。企业新研制的 40LW26.42LW26 型高清数字液晶彩电、STB12P 型机卡分离数字电视机顶盒产品,通过了国家数字电视产品认证机构—中国电子技术标准化研究所(CESI)产品认证中心的认证,列入国内首批通过数字电视产品认证名单,并获得了国家电器产品 3C 认证证书。

三、营销创新

西湖电子集团的彩电主业围绕着市场销售,做好适应性调整,努力增产。企业以市场为导向,增产适销对路产品并根据市场调研及时调整生产计划,确保内外销订单的完成;在企业内部激励员工积极性和创造性,积极开展班组劳动竞赛,充分调动发挥员工的积极性和创造性;加强设备的维护和保养,提高生产效率和安全性。同时,企业努力降低采购成本,通过引进新的配套厂家,采取竞价配套的竞争、激励机制,使主导产品成本明显下降。

集团下属数源贸易公司针对企业改制后的现状和彩电市场的变化,积极调整,开拓市场,并根据市场变化,积极实施对应有效的销售政策和促销手段,收缩铺底销售客户的数量;坚持有进有出的原则,有针对性地对部分大卖场进行撤点,同时加大了团购销售的力度,既降低了销售费用,又保持了一定的销量;充分利重大节日现场促销活动、送货下乡巡回演示等各种促销手段,提高彩电销售量;此外,公司与广东生产企业进行液晶电视机生产、销售合作,产生了良好的经济效益。配合产品销售做好彩电的维修、咨询服务工作,确保企业的品牌和声誉。因此,数源科技被中国质量万里行评为"全国质量服务无投诉用户满意品牌",并连续 6 年被中国质量协会授予"优质服务月先进单位"。

案例5　巨化集团公司

一、企业介绍

巨化集团公司(以下简称巨化)创建于 1958 年 5 月,1992 年经国家经贸委批准组建企业集团,1997 年经国务院批准列入全国 120 家试点企业集团,1998 年 3 月被确定为浙江省首批国有资产授权经营单位。1998 年 6 月巨化集团公司独家发起设立的浙江巨化股份有限公司股票(证券代码 600160)在上海证券交易所上市。

巨化经过近 50 年的发展,现有在岗员工 1.6 万人,拥有总资产 110 亿元,下设 78 个分(子)公司和控股参股公司。公司占地 7.3 平方公里,建有 100 多套主要装置,以生产氟化学制品和基本化工原料为主,兼有高分子材料、化肥农药、化学医药、化学矿山、建筑材料、化工机械、电力能源等 17 大类 200 多种产品。形成了以氟化工为龙头,氯碱化工和煤化工为基础,精细化工、合成材料、技术服务为高新技术突破口的化工产业链。公司拥有铁路专用线、自备热电厂,通讯、供水、环保等公用设施完善。

在 2007 年发布的中国石油和化工行业百强企业中,巨化以销售收入 72.5 亿元列中国石油和化工行业经营业绩第 22 位、列基础化工原料制造业第 5 位;在 2006 中国有企业业 500 强中,巨化列第 477 位;在世界品牌实验室《2007 中国品牌 500 强》中,巨化集团公司居第 100 位。

公司决策中心在浙江省杭州市,生产基地位于浙江省衢州市,在上海、北京、深圳、香港、温州、宁波、厦门等地设有分支机构,与国外 200 余家商社和公司建立了贸易业务关系。公司拥有国家级企业技术中心,建有企业博士后工作站,是"国家氟材料工程技术研究中心"和"浙江巨化中俄科技合作园"的依托单位。现为国有特大型企业、全国最大的氟化工基地和浙江省最大的化工基地。公司氟化工基础原料产量居亚洲第一,聚四氟乙烯和氟制冷剂产销量居全国首位。氟化工系列产品的国内市场占有率为 15%—30%。PVDC、环已酮商品量、烧碱、PVC 等基础化工产品分别位于全国第1、第2、第4和第19 位。

公司以"碧水蓝天、造氟社会"为宗旨,坚持科学发展,建设资源节约型、环境友好型企业,打造中国氟化工先进制造业基地。巨化集团公司以高新技术产业为主导,建设有 100 多套国际先进水平的生产装置,以生产基础化工原料和氟化学制品为主,兼有化肥、医药、农药、矿产品、高分子材料、建筑材料、化工机械、电力能源等 200 多种产品。

公司实施技术创新工程,经科技部批准,设有国家级企业技术中心、国家氟材料工程技术研究中心、浙江巨化中俄科技合作园、中俄氟化工联合实验室等科研开发、自主创新平台。公司实施网络营销战略,广泛应用电子商务和 ERP 等现代信息技术,在全国建有氟化学品,化肥农药、基础化工原料、建筑材料、化学医药等五大营销网络。

公司以高新技术产业为主导,依靠技术、管理和制度创新,推进人才工程,着力抓好产业运营和资本运营两个经营,突出以氟化工为核心,加快结构调整,培育核心竞争能力,形成精细化工、合成材料和以现代物流、信息技术、工程技术等为主的现代服务业三大支柱,创建中国氟化工先进制造业基地,目标是建成多元化、现代型、国际性的具有自主创新能力和知名品牌的巨化集团。

二、技术创新

(一)公司技术创新载体

公司积极发展技术创新,于 1980 年创建巨化集团技术中心。1998 年,技术中心被浙江省经贸委认定为"浙江省首批省级企业技术中心",2000 年被国家经贸委、财政部、税务总局、海关总署等部门联合批准为"国家认定企业(集团)技术中心"。2002 年 12 月,由科技部批准的以巨化集团公司为依托单位、技术中心为核心载体的"国家氟材料工程技术研究中心"正式组建,并于 2006 年 1 月通过科技部验收。该中心以具有较强实力的特大型企业为依托,利用先进的科研设施吸引国内外氟材料开发、生产单位来此合作、委托研究开发;吸引高级人才来中心工作;与国内外科研单位和院校开展较高水平的合作;建成具有国内新型氟材料科研开发基地,以提高我国的氟材料研究开发原创能力,形成拥有自主知识产权的研究成果,培养氟材料工程技术人才,增强我国氟材料工程化研究能力,提高我国氟材料产品的工业化生产水平,推动我国的氟材料工业进入世界先进行列。

技术中心下设"高分子材料与工程研究所"、"精细化工研究所"、"环境科学研究所"、"实验工厂"、"专家实验室"、"项目工厂"、"工程技术部"、"分析测试中心"、"对外合作与交流部"、"市场部"、"办公室"等机构,主要从事氟化工领域的新产品、新技术研究开发。

截至 2007 年底,技术中心有职工 225 人,其中各类专业技术人员 120 余人,享受国务院政府特殊津贴 3 人,原化工部跨世纪优秀拔尖人才 1 人,浙江省"151 人才"4 人,10 人入选衢州市"151 人才工程"。拥有建筑面积 4400 平方米的科研大楼和 16000 平方米的中试基地,具备有机合成、高分子聚合、废水处理、分析测试等技术研究开发的实验室和逐级放大的试验装置。科技图书馆藏书 20 多万册,具有较齐全的中外文期刊、专利和标准资料等文献。具备色质联用仪、高效液相色谱仪、元素分析仪、红外光谱仪等先进的大型分析测试仪器。固定资产总值 3000 万元。

截至 2007 年底,技术中心累计拥有科研成果 300 余项,其中有 23 项获省部级科学技术进步奖,3 项省星火技术推广奖,31 项市科学技术进步奖,5 项市星火技术推广奖,获国家发明授权专利 9 项,有 30 余项科研成果实现生产力转化。

"十一五"以来,技术中心坚持"立足巨化,面向市场,为巨化的发展服务"的科研方针,提出了第二步发展新战略:"立足巨化,面向市场,为巨化核心和支柱产业织造产品网,延伸产业链;大力推进人才工程,提升自主创新能力;强化研发与市场结合力,推进成果产业化;打造产业孵化器,夯实巨化腾飞的技术平台",技术中心跨入了一个新的创新创业时期。

巨化集团技术中心充分发挥国家氟材料工程技术研究中心、中俄氟化工联合实验室、国家级企业技术中心等优良载体作用,积极引进科技人才,科研成果显著,一批氟化工重量级的前瞻性技术实现成果产业化。

"国家氟材料工程技术研究中心"为中心创造了良好的外部政策环境,树立了中心的品牌。2002 年 12 月,以巨化集团技术中心为载体组建的"国家氟材料工程技术研究中心"项目,正式获科技部批准,为巨化公司氟化工发展增添了"助推器"。几年来,中心得到了国家关于"国家氟材料工程技术研究中心"的专项资助经费,其品牌效应在人才引进和外部合作中得到有力体现,一些前瞻性的氟化工项目因此大大加快了开发速度。

2001 年,经过国家发展改革委员会、财政部、海关总署、税务总局联合验审,巨化集团技术中心被确认为国家企业技术中心。技术中心享受国家专项资金支持,而且享受国家多项税收优惠政策。

"中俄氟化工联合实验室"为中心提供了良好的外部合作环境,是中心的"名牌"。巨化集团公司于 2001 年在科技部的大力支持下,与俄罗斯应用化学科学中心联合创建了中俄氟化工联合实验室,旨在联合国外力量,提高我国在氟化工领域的研究开发及技术成果的产业化能力,加快氟化工研究开发人才的培养,为公司向含氟高分子材料、含氟精细品、含氟医药和农药等高新技术行业发展打下良好的基础。中心利用中俄联合实验室的资源已成功开展"氟聚合物共同研究开发"、"电解氟化学"等氟化工研究课题的合作,从而既加快了全新领域的开发速度,缩短了开发进程,又培养了研发队伍。

(二)企业技术创新发展的现状

巨化集团的科技创新主要通过引进技术、引进智力、自主开发三种途径展开:

1. 高起点引进技术

巨化集团通过引进消化国际一流技术,提高产业档次,调整产品结构,实现了主导产品的升级。

氟化工是我国新兴的技术密集型化工产业,含氟产品科技含量高、用途广、产品链长,拥有广阔的市场前景,同时发展氟化工还可以带动基础化工工业的发展。巨化集团认准了这一产业优势,于1993年投资5.4亿元从日本、瑞士、美国等国家引进世界一流技术,建成国内规模最大、技术最先进的氟化工生产基地。1995年正式投产后,当年实现利润1060万元,至1999年利润增长了4倍,成为巨化集团最强劲的经济增长点。氟化工一期工程的成功使巨化集团有了更强的实力和基础提升技术水准和产品档次。

聚四氟乙烯(PTFE)作为一种性能优异的工程塑料,被广泛地应用在化工、军事、航天等领域,国外只有美国、日本等少数发达国家掌握这项高精尖技术。为了打破西方国家的技术封锁,巨化集团多方寻找合作伙伴,20世纪90年代初,他们抓住机遇引进俄罗斯氟化工高新技术,投资3.4亿元,历时一年竣工,投产后该产品首次大吨位出口美国,进军国际市场。

产品的竞争力首先源于技术的先进性。为了提高自己的核心竞争能力,实现进军国际市场战略,巨化坚持跟踪世界高新技术,积极提升技术档次。2007年5月总投资1.4亿元的甲烷氯化物技改扩建工程竣工,使得甲烷氯化的年生产能力由年产3万吨迅速提升到年产4.85万吨,使其生产规模一跃成为国内单项冠军,居世界第3位。通过技术创新,生产技术也不断得到完善,氟化公司4套主装置均实现了100%负荷及超负荷的长周期运行,达到了国际先进的生产水平。比如甲烷氯化物装置是从日本引进的技术,由于原料对设备的腐蚀性较大,日本企业一般是连续生产3个月就要停机检修更换设备,而氟化公司员工通过控制原料质量工艺指标,使装置高负荷(120%)下安全稳定运行224天,超过了日本同类装置连续运行纪录。

2. 实施借脑工程引进智力

巨化集团在立足自身培育人才的同时,坚持引进智力,不求所有,但求所用。他们先后与多所高等院校及科研院所建立了紧密的合作关系,把他们作为技术后盾和人才库,通过项目建设物色人才,谋求更深入的合作。巨化加强了科研开发管理,设立了科研开发基金,建立了专家实验室和企业博士后工作站。公司与科研院校广泛合作,与浙江大学签订了全面合作协议,与高等院校和科研所签订了一批科研开发合同,巨化股份公司与浙大合作设立的研发中心正式投入运营。"借脑工程"的实施实现了企业与院校及科研机构等广泛的技术合作与交流,为公司的高新技术开发和技术创新提供了不竭的智力支持和人才资源。

在取得一系列成功之后,巨化并未满足和停留于国内,而是将视野扩大到了国外,触角伸向了国际一流研究院所,让国外人力资源为我所用。1992年始,巨化与俄罗斯国家化学应用研究院开展氟化工领域的研究和技术合作,聘请了3位俄罗斯专家担任技术顾问,成立了氟化工研究所,由俄罗斯专家主持巨化集团技术中心,氟化工研究所科研工作作为氟化工的深度开发,实现巨化以氟化工为核心、以生物高分子精细化工为支柱的发展战略和产业结构调整的目标,创造了十分有利的基础和技术条件。

3. 产学研三位一体,自主开发

巨化集团在重视引进国际先进技术的同时,注重提高自我开发的能力,走产学研三位一体的自主开发之路,实现技术和产品创新。

聚偏氯乙烯(PVDC)是一种理想包装新材料,科技含量高,具有良好的市场前景。国外只有少数几个发达国家能够生产,但它们一直对中国予以技术封锁。在这种情况下,巨化公司知难而进,结合原有的生产条件联合浙江大学、浙江省化工研究院,自主开发技术攻关终获成功。1998年8月,巨化股份公司将募集的社会资金投资建设了年产1万吨的PVDC一期工程,这项技术的开发成功不仅填补了国内空白,结束了我国长期依赖进口的局面,而且满足了国内新兴包装工业的发展,打破了发达国家的技术封锁,为我国自行开发这项高科技新产品作出了贡献。同时,巨化也探索出了一条企业、大学、科研机构三位一体,自主开发技术创新的新路子。

公司坚持技术创新,狠抓老企业产业结构和产品结构的调整。"九五"以来,始终坚持以技术创新为主线,提出以化工高新技术产业为主导,努力实现科技跨越式发展的新思路:(1)大力实施技术创新工程。构建了企业自主创新体系,建立了国家级的技术中心,增强了自主开发能力。同时,本着"优势互补、利益共享"的原则,加强与清华、浙大等高校的合作,有效建立了产学研之间开放而稳固的合作关系,提高了技术开发的起点。(2)大力实施锻造企业核心竞争能力工程。始终围绕做大做强做精氟化工进行规划,依托科技进步,大力开展技术改造,目前化工高新技术产品的比重已达 45%,比"八五"增长了 8 个百分点,企业改造初见成效。(3)大力实施与国际市场对接工程。贯彻"高起点、上规模、上水平"的技术领先战略,在全球范围寻求先进技术,广泛开展国际经济技术交流与合作,并做到"三个结合":一是引进技术与消化吸收相结合,实现再创新;二是引进技术与引进智力相结合,借用外脑创新;三是引进技术与自主开发相结合,先后引进美、日、瑞士、德、俄等国的先进技术,并于 2001 年 5 月举行了中俄科技合作园的开园仪式,使其成为国内唯一以企业为主体创办的国际科技合作园区。

具体的来说,巨化在技术创新方面的表现主要有:

第一,坚持技术创新和技术改造,坚定氟化工核心产业,促进传统基础行业的发展。"八五"期间,通过引进美国、日本、瑞士等国外先进的氟化工生产技术,巨化高起点、高水平建成了无水氢氟酸、甲烷氯化物和含氟制冷剂等生产装置的氟化工一期工程;"九五"期间,通过引进俄罗斯技术、消化吸收、自主创新建成了 3000 吨/年聚四氟乙烯生产装置的氟化工二期工程;"十五"期间,结合俄罗斯及国内最新技术、开发建成了 2000 吨/年六氟丙烯和 600 吨/年聚全氟乙丙烯生产装置的氟化工三期工程。甲烷氯化物、氟制冷剂 HCFC-22、聚四氟乙烯、聚全氟乙丙烯等生产装置的技术水平、装置规模名列全国前茅。仅氟化工一期,先后被国家知识产权局授权 5 项发明专利和 1 项实用新型专利。公司氟化工产业的发展及氟化工技改项目的实施,有力地促进了氟化工相关产业的发展,氟化工产业的发展带动了煤化工、盐化工、公用配套等产业的稳步发展,促进了传统基础行业的技术装备水平和规模效益的提高;同时也促进了精细化工的发展,形成良好的产业链,不仅使巨化摆脱了困境,并在较大程度上改变了以生产基础无机化工和支农化工产品为主的产品结构,为巨化积极改造和提升传统化工产业创造了机会。

第二,加强科技合作,提高研发水平,加快开发步伐。公司提倡"鼓励创新,宽容失败,勇于开拓,争创效益"的科研工作精神,努力提升自主研发能力,提高技术装备水平和产品技术含量。加强与国内、国际企业和院校的科技合作和交流,提高研发水平,加快开发步伐。"十五"期间,公司创建了国家级企业技术中心、国家氟材料工程技术研究中心,组建了浙江巨化中俄科技合作园、中俄氟化工联合实验室等一批技术创新平台,加入了清华大学校企合作委员会,与浙江大学成立联合实验室等等,为公司的发展创造了良好的条件。

公司还承担了 6 个国家级火炬计划项目、3 个国际科技合作项目、2 个国家级创新基金项目、1 个国家级新产品项目、1 个国家级攻关项目的研究开发,开发出多项具有自主知识产权的专有技术,取得了近100项科研成果,被国家知识产权局授权了17项发明专利和4项实用新型专利,荣获浙江省科学技术进步一等奖项目4项。与国内化工行业同类企业相比,公司科研开发的硬件设施已达到中上水平,特别是ODS替代品、含氟聚合物、含氟精细化工等产品,从小试到中试研究的基础设施已较为完善。

第三,坚持引进技术与消化吸收相结合的思路,提升企业自主开发能力。引进俄罗斯技术建设的氟化工二期和三期,依靠俄罗斯提供的技术进行工程化、产业化方面攻关,对生产设备和工艺进行了很多整改,使设备和工艺流程更臻完善;注重引进设备的国产化,大大节约项目投资和外汇支出,取得了可观的经济效益;在引进先进技术的同时,建立了以氟化工为中心的科研开发机构。机构实行"两条腿"走路的办法,一边抓开发,一边抓引进,在开发的条件下引进,在引进的基础上开发,迅速提高自主开发能力。

第四,依靠科技进步,加强环保治理,促进企业健康快速发展。依靠科技进步,通过对环保设施的新建和技术改造、清洁生产推广,采用先进工艺,加强管理及资源综合利用,节能降耗,实现企业经济效益、环境效益和社会效益可持续发展。

(三)技术创新的人才队伍建设方面

企业要发展,人才是关键。面对日益激烈的市场竞争,公司始终把人才工作作为企业发展战略的一项重要内容,结合企业发展,坚持"待遇留人、事业留人和感情留人",积极推进"人才工程",形成了公司主要领导分管,职能部门综合协调,二级单位具体实施的集团公司和二级单位分层管理的人才工作运行机制。公司通过加大引才力度,创新引智载体,建立和完善激励制度,积极探索符合公司实际的人才工作新路子,较好地促进了人才队伍建设。截至2002年底,公司已形成了一支具有专业技术人员4700余人、高级技术工人1100多人的人才队伍,其中高级职称人数达370人,中级职称人数达1786人,有4人入选省"151人才工程",65人入选衢州市"151人才工程"。主要经验和体会有:

1. 广开门路,多层次、多渠道引进各类人才是企业人才工作活力的保证

"争天下者必先争人,取市场者必先取才。"经济全球化带动人才全球化,科学技术的迅猛发展使得高素质人才竞争日益激烈。巨化地处经济相对欠发达的衢州市,发展空间较狭窄,客观上使引智引才工作受到了一定的制约。公司通过解放思想,转变观念,树立必须适应外部宏观环境的变化,企业才能生存和发展的观念,从而为公司的引才工作奠定了思想基础。在实际操作

中,公司突出重点,注重实效,开拓创新,使巨化的引才工作取得了较大成效。

(1)扩大引才规模,大力加强各类人才的引进。周密的招聘需求分析和策略制定是人才引进工作的保证。面对激烈的人才竞争形势,公司在明确提出将引进高校毕业生的重点定位在西南、中南、东北等地区,并通过长期的合作,同浙江大学、四川大学、大连理工大学、合肥工业大学等一批重点高校和原化工部所属的一批化工院校建立了长期的毕业生供求关系,在长期合作和信任的基础上形成了以校园招聘为主的、具有自身特色的招聘网络体系。为加大成熟性人才的引进,公司制定了《巨化集团公司人才智力引进若干规定》等制度,进一步拓宽引才通道,加快引才方式同市场机制的接轨。自2000年以来,公司共引进各类人才750多人,其中本科学历以上的近550人。

(2)提高引才层次,搭建高层次人才柔性流动平台。搭台引才、创新工作载体是集聚人才的一种有效方式。面对高层次人才的短缺和人才的不同需求,公司通过建立国家级技术中心、国家氟材料工程技术研究中心、企业博士后科研工作站、巨化股份公司杭州研发中心等多个引才载体,促进高层次人才的引进。在产学研合作中,公司十分注重利用高校和科研院所的人才聚集优势,将人才智力合作纳入其中,先后与浙江大学成立了校企合作委员会、组建了聚合工程联合实验室,加入了清华大学校企合作委员会,与复旦大学、浙江工业大学、中科院上海有机化学研究所、上海塑料研究所、浙江省化工研究院等院校开展各类合作。通过这些形式,突出以技术和项目合作引才,有效地促进了人才柔性流动。

(3)拓宽引才领域,多形式引进国外智力。引进国外智力是企业技术创新的重要动力。公司在同俄罗斯建立两个合资企业的基础上,以点带面,创建了氟化工研究所、中俄氟化工联合实验室和"浙江巨化中俄科技合作园"等引智平台,通过引资引才,将引进外资和引进技术、人才结合起来。自1992年以来,已有400多人次的外国专家来公司工作。自2005年以来,每年都有50多位外国专家来公司解决技术问题。公司还聘任了多位俄罗斯和日本专家担任公司技术顾问,先后有两位俄罗斯专家获得了国家"友谊奖"和"西湖友谊奖",目前就有4位专家长驻在公司工作。公司的引智工作受到了国家和省外专局的重视和有力支持,公司的氟化工系列产品开发和大规模人工晶体生产技术等引智项目被列为国家外专局重点项目。2002年,公司入选为"全国引进国外智力成果示范单位",是浙江省唯一的入选单位。

2. 竞争择优,完善内部人才选拔、培养机制,是激活人才潜能的根本动力

用人、育人是人力资源管理的重要环节,建立一个公平、公正的内部人才

选拔、培养机制是企业内部人才挖潜与培养的有效途径。

（1）大力推进中级管理者和经营者竞聘制。加强企业经营管理人才队伍建设是全国人才队伍建设规划的重要内容。公司自1994年就开始实行部分中级管理岗位公开竞聘的干部选拔制度，经过几年的探索和努力，已经形成了较为完善的竞聘上岗管理体系。竞聘主要针对部分职能部门及经营班子副职的目标岗位，在贯彻《党政领导干部选拔任用工作条例》精神的基础上，通过程序安排、命题、考评等形式，结合企业实际，处理好坚持党管干部与经营者用人权的结合。至今，公司已推出19个岗位5个批次的公开选拔，有18人应聘走上了中级管理岗位。2001年开始，公司又推出了经营者竞聘制度，至今已在7家单位实施了公开选拔企业经营者。2008年，公司又推出中级管理岗位后备干部选拔工作，分机械、工艺、营销、行政管理、党群五个大类选拔产生后备干部55人。

（2）建立企业内部人才流动机制。针对公司内部单位间发展的不均衡和人才个体不同的发展需求，自1999年开始，公司在内部人才交流中心建立了人才跨单位流动机制。在人才招聘中，强调先内部后外部原则，由招聘单位提供任职条件和选拔程序，优先通过公司人才交流中心公开挂牌在公司内部进行招聘。至今，已有280多人次通过公司人才交流中心实现内部的流动。公司内部人才流动机制的建立，为人才创建了公平、公正的选拔和流通渠道，推进了人才使用上的精细管理，减少了人才外流，对促进各单位优化用人环境起到了很好的推动作用。

（3）加强技术带头人队伍建设。技术带头人是企业推行技术创新的中坚力量。自1998年以来，公司已开展了三届学术、技术带头人和一届职业技能带头人选拔工作，通过动态选拔、定期考核，形成了近70人的带头人队伍。在发挥带头人为公司的重大项目决策和建设、科研开发、技术引进和消化吸收等方面作用的同时，公司推出了学术、技术带头人讲座制度，要求学术、技术带头人任期内必须开展一次以上的专业讲座活动，以此发挥传帮带作用，促进公司内部学术交流和资源共享。

（4）开展多层次的培训。根据统一管理、分类指导的原则，公司通过集中办班、各专业系统办班，采用了内部培训、外送培训和联合办学等方式，对专业技术人员实行了多层次的继续教育。在有计划、有步骤、分层次地组织开展各类通用专业内部培训的基础上，公司与浙江大学、浙江工业大学、厦门大学等开办了5个工程硕士班和3个研究生课程进修班，先后有170余人就学。在外送出国培训上，公司通过自行组团或参加省厅组团，有计划、有重点地选派企业中、高级经营管理人员和专业技术人员参加国外培训，自2001年以来,已共派出 37 人。另外,公司还每年有选择地推荐中、高级管理人员及后备骨干攻读 MBA 学位、短期工商管理培训等。

3. 与时俱进,积极探索和完善分配激励机制,是企业人才队伍建设的助推器

薪酬制度是员工激励中重要的内容。巨化作为国有企业,受传统机制和观念等因素的影响,分配中"大锅饭"现象在短期内得到有效改变的难度很大,但近几年来,公司通过不断努力,在待遇上逐步加大了对核心人才的倾斜力度。

(1)积极推行经营管理人员年薪制。作为省属国有企业首批签订资产授权经营责任书的单位,自 1998 年起,公司经营班子成员实行年薪制。同年,公司在下属子公司中也开展了年薪制试点。现今,已有 21 家分(子)公司实行了经营者年薪制。年薪一般由基本年薪、风险收入、奖励年薪三部分组成,年薪设置最高值为 20 万元。对未实行年薪制的单位和机关部门领导,实行基薪加年度奖励的分配形式,奖励一般以单位职工人均工资的 3 倍为最高限。对上市公司和规范改制后的子公司经营班子,实行经营层持股或虚拟持股等股权激励方式。

(2)建立专业技术人员技术要素参与收益分配制度。根据《浙江省鼓励技术要素参与收益分配若干规定》精神,公司推出技术作价入股、研究课题招标承包、成果转让和转化收益分成、攻关和技改奖励、股权奖励、技术贡献股等奖励制度。为进一步拉开简单劳动与较高技术含量岗位、普通岗位与特殊岗位的分配差距,积极体现技术要素参与收益分配,公司建立了学术带头人、职业技能带头人津贴和推行专业技术人员技术津贴制度;对高学历人才和紧缺人才,打破常规实行协商工资制。2008 年,公司又推出了关键岗位人员激励制度,按上年度工资总额 3% 的比例列出专项基金,用于对关键岗位人员的激励。在技术创新上,公司不断加大奖励力度,建立了技术创新奖励制度和突出贡献人员奖励制度,每年拿出 80 多万元用于个人奖励。

(3)引导和鼓励下属分(子)公司建立符合自身特点的人才激励机制。根据公司行业跨度大的特点,公司在薪酬管理上实行总量控制,允许并鼓励各分(子)公司根据实际建立多样化的薪酬制度和人才激励措施,以此激活人力资源。如针对科研工作的特点,公司技术中心实行项目工资制和开发、技术服务创收分成奖;巨化股份公司设立了五级主任工程师选拔激励制度;衢化医院推出模拟事业单位工资制,还设立了学科带头人、名医、青年拔尖人才激励办法;在营销队伍中,各分(子)公司普遍实行销售费用总承包或销售收入提成办法。这些分配办法的实施较好地调动了专业技术人员积极性,取得了

良好的激励效果。

4. 齐心协力,努力优化企业人才成长环境,是企业人才队伍的稳定器

人才工程是一项系统工程,在通过各种途径完善选拔、激励机制的同时,积极营造一个有利于人才发挥作用,又能使个人实现自身价值的良好成长环境非常重要。近年来,公司通过各项工作不断加强观念的更新,从过去强调对人的制约和管理逐步转变到创造一个让人的个性与智慧充分发挥与施展的平台上来。

(1)积极加强企业文化建设。企业文化是企业管理思想的缩影,是留住人才的潜在力量。企业文化建设和管理的实质是人本思想,良好的人际关系和亲和的文化氛围是企业文化重要内涵的体现。近年来,公司把抓好企业文化建设作为企业党政工作和两个文明建设的合力点,积极加强企业精神的提炼和贯穿,通过企业文化建设强调人的行为规范和价值取向的同时,加强科技文化对人的影响和作用,着力于对人才资源的激励和导向,构建企业上下左右良好的沟通系统,以此集聚人才,凝聚人心。2001 年,公司开展了企业形象识别系统实施。2002 年,公司又组织开展了企业价值观和企业精神及CIS 理念的大讨论与提炼活动,形成了巨化公司企业价值观和企业精神及CIS 理念,并开展认真宣传和贯彻,发挥企业文化留人拴心的作用。

(2)积极引入人才资源开发新理念。伴随着人才竞争的加剧,人力资源管理得到了快速发展,人力资源管理的新理论、新方法不断涌现。公司在每年开展人才状况调研的基础上,积极引进人才管理新理念。2001 年,公司结合企业博士后科研工作站的博士后课题开展绩效考核管理研究;2003 年,公司在开展人才资源规划的同时,推出员工职业生涯管理,要求以新引进的大中专毕业生为切入口,在员工中导入职业生涯管理;2004 年,公司进一步完善人才离职管理,开展离职面谈,推广"导师带徒"活动。公司下属各单位也积极结合本单位特点,推出各具特色的人才开发制度。如巨化股份公司在2008 年出资百余万元聘请国内一流的专家开展员工职业生涯管理和绩效考核管理工作;电石公司积极推行"大工种"培训,营造全员学习空间等。

(3)积极优化人才服务平台。围绕企业人才工作,公司党政各条线积极提高人才服务功能,实行人文关怀。为改善人才的住宿条件,公司通过新建和改建,完成 800 多套公寓的装修,为本科生和中级职称以上人员提供每人一个单间的住房条件。公司还专门拿出 6 套 100 平方以上的住宅用于高级人才的引进。为促进人才成长,公司开展了多次公司科技十佳、青年岗位技术能手等评选活动,多渠道开展科技人才的选拔。针对部分高级专家,公司推出了提高医疗保险比例制度。公司工会也通过组织各类高雅、富有情趣的

文体活动来丰富广大专业技术人员的业余生活。各单位也针对各自实际，分别推出引进人才安家费制度、年终专业技术人员座谈会制度等，以此增强关心和激励，形成重才爱才的良好舆论环境。

多渠道的人才引进，有效的使用和培养，以人为本的关心和激励，是公司人才工作取得较好效果的主要经验。面对激烈的市场竞争和人才竞争，公司将继续坚持与时俱进，紧密结合企业发展实际，深入贯彻"党管人才"的要求，加快企业人才队伍建设。

（四）存在的缺陷和不足

公司科技资源还相对分散，科研开发激励机制还不够完善，新产品产业化受制于现有资源水平难以快速推进，而且一些短平快的精细化工产品占多数，自主开发而转化为生产力的重大产业化科研成果不多，一批重点氟化工项目大部分还处在工程化技术研究和市场开拓阶段。

三、其他创新方面

（一）管理创新

公司坚持管理创新，开发企业内在潜力，按照建立现代企业制度的要求，从国际化竞争的视角重新审视巨化管理体制，重点抓了业务流程再造。在完成母子公司体系架构、建立法人治理结构之后，确定了母公司按照资产营运公司性质定位，以市场为导向，以计划目标为龙头，以效益最大化为目标，以"六个中心"（即投资决策、目标管理、内部财务结算、发展规划、综合服务、企业文化）为主要内容的管理模式，理顺了母子公司管理体制。在深圳和香港成立了投资公司、贸易公司，实行深港联动发展。将决策中心迁往杭州，形成以杭州为中心，衢州为基地，上海、深圳为两翼的新的地域发展框架。

第一，坚持以法治企、以制度管事，大力加强制度建设。根据企业体制以及内外部环境的不断变化，适时调整人事、用工和分配制度，加强资产、债权债务、劳动关系、土地以及各项基础管理。

第二，依托信息化手段，加强生产操作管理、供应链管理和客户管理，实现物流、信息流、资金流的有序流动。

第三，积极探索管理要素和技术要素参与分配，建立和完善多元分配方式相互促进的薪酬体系，规范和深化经营者以竞聘制度、风险抵押制度为基础的经营者年薪激励制度。

第四,公司的财务、规划、科研开发、项目建设、生产、质量、安全、环保、档案等企业内部管理,根据企业制度的变化及时调整,制定相对应的专项规划和管理制度。

(二)制度创新

技术创新的动力源自于制度的创新,依托于机制的保障。

在实施科技兴企这一战略目标的进程中巨化从制度改革入手,形成了有利于提高企业技术创新能力的内在动力机制,完善体制激发企业技术创新的能动性。

公司在体制改革方面,按照浙江省委、省政府的要求,积极引进战略投资者,通过增资扩股方式的改制重组,组建由国有资本相对控股、民营资本和其他社会资本参股的多元化的有限责任公司,大力发展混合所有制经济。认真分析资产结构,合理界定主辅业,提高资产营运效率。加快产业结构调整,转换经营机制,激发发展潜力,促进健康发展,构建主辅分离的社会化协作体系。政府和社会职能实现全面移交,切实减轻企业负担。重点培育产业和基础配套产业要推进内部重组和资源优化,强化品牌和服务意识,立足市场,做强做大,成为新的经济增长点。最终建立起"以产权为纽带,以资产管理为核心,统一规划,分层决策,分权经营,优化资源配置,实行有效监控"的新型母子公司体制。按照《公司法》和现代企业制度要求,建立健全集团及各子公司的股东会、董事会、监事会和经营管理层,理顺各自的权责。充分发挥经营者在生产经营管理中的作用,充分尊重和保障经营管理者的经营自主权,形成了权力机构、决策机构、监督机构和经营管理者之间相互协调、相互制衡的机制。

公司通过坚持制度上的创新,激发企业的活力;通过竞聘上岗、减员分流;生产与生活分离,企业职能与社会职能分离;调整资产结构,多渠道募集资源等有效的措施,实现了企业的"消肿"和"减负"。

案例6 绍兴黄酒集团有限公司

中国绍兴黄酒集团有限公司由绍兴市酿酒总公司与具有300多年历史的沈永和酒厂"强强联合"组建成立。现有总资产40亿元,职工3800名,其中中高级以上专业技术人员690名,占地面积2130亩,建筑面积64万平方米。是520家国家重点企业之一,中国酿酒工业协会黄酒分会理事长单位,国内公司最大的黄酒生产、经营企业。自1951年由地方国营绍兴酒厂成立至今,企业销售额已达23亿元、上缴利税3.5亿元的中国绍兴黄酒集团公司,通过技术创新、体制创新、产业创新、品牌创新,使企业迈上了一个新台阶。

公司现拥有国内一流的黄酒生产工艺设备和省级黄酒技术中心,聚集一批国家级评酒大师,先后通过了ISO9002国际标准质量体系、ISO14001国际标准环境管理体系、HACCP食品安全管理体系、绿色食品认证,年产优质绍兴黄酒14万吨。主要产品"古越龙山"、"沈永和"、"女儿红"、"鉴湖"牌绍兴酒是中国首批原产地域保护产品,多次荣获国际国内金奖,其产品质量国家免检。

其中,"古越龙山"是中国驰名商标、黄酒行业首个中国名牌产品和唯一国宴专用黄酒,是中国黄酒行业标志性品牌;"沈永和"是中国名牌、中华老字号;"女儿红"是中国驰名商标、中华老字号;"鉴湖"是浙江省著名商标、绍兴首个黄酒注册商标。公司系列产品畅销全国各大城市,远销日本、香港、东南亚、欧美等30多个国家和地区。

一、技术创新

1985年3月,公司拥有了国内首家率先使用微电脑计算机控制发酵的万吨机械化黄酒车间,该车间的投产大大降低了黄酒生产的劳动强度,打破了黄酒季节性生产的限制,缩短了黄酒的生产周期,是几千年来黄酒生产历史上的大变革。

同年,从原联邦德国引进年产万吨的自动化瓶酒灌装流水线,为公司迈向现代化企业奠定基础。同时,公司建立了黄酒科研所,与高校开展校企合作,先后攻克了"大容器储酒"、"酿酒菌种的分离与筛选"等科研难题。1998年,公司与江南大学合作成立全国唯一省级黄酒技术中心——中国绍兴黄酒技术中心,从而为绍兴黄酒的技术创新奠定了坚实的基础。2002 年,公司投入巨资进行传统黄酒技术改造,先后实施 5000 吨纯生黄酒生产、5000 吨黄酒无菌灌装技术改造、3 万吨黄酒陈化技改项目、扩建黄酒技术中心等,极大地提升了黄酒技术含量和产品附加值。

今后,绍兴黄酒集团准备学习葡萄酒在中国市场的基础研究方法,继续加大黄酒的基础理论研究,将新技术引入到黄酒产业中去,如引入先进的啤酒、葡萄酒技术去除黄酒中的氨基酸沉淀。

二、体制创新

(一)企业体制

1994 年 5 月,绍兴市酿酒总公司与百年老字号沈永和酒厂"强强联合",组建成立中国绍兴黄酒集团公司,生产能力提高到 6 万吨,净资产增加到 2.4 亿元,实现利润 3200 万元。1997 年 5 月,绍兴黄酒集团公司独家发起,采用募集方式设立的浙江古越龙山绍兴酒股份有限公司,在上海证券交易所挂牌交易,成为中国黄酒第一股,开了黄酒行业进入股市的先河。2003 年,公司审时度势,制定了"瘦身强体、做强主业"的战略决策,关、停、并、转部分小企业,实行资源整合利用,增强黄酒核心竞争力。

(二)销售体制

1984 年 7 月,几番分合后,公司易名为绍兴市酿酒总公司(绍兴黄酒集团前身),由单纯的生产型企业转变为生产经营型企业。20 世纪 90 年代初,公司摒弃"酒好不怕巷子深"的传统销售观念,建立了全国性的销售网络,拓展了北方市场。绍兴黄酒集团先后成立销售分公司、北京古越龙山绍兴酒销售有限公司、上海古越龙山绍兴酒专卖有限公司、绍兴古越龙山进出口公司等,建立了一系列销售体系。2005 年 5 月,古越龙山携手茅台进入卡慕在全球免税店开设的"中华国酒"专区,进入世界销售网。2008 年 2 月,绍兴黄酒集团成立原酒交易公司,这是黄酒销售中的一个新型公司,主要以原酒交易为主。原酒交易公司的成立使黄酒销售呈现出新模式,不仅可以激发人们对黄酒收藏的热情,还能通过原酒在市场上的供应,提升整个产业产品的品质。这一市场有着巨大的潜力,将会促进黄酒业新的发展。

(三)员工激励体制

2003 年,为了留住人才,公司实施改革方案,区别对待"去"或"留"的职工。选择留的职工缴纳风险抵押金,公司对其予以重用,配给40%的虚拟股份份额,给予相应分红,从第6年起,滚动领取5年前的分红。在此举措下,人才流失率降低到3‰—4‰的水平。2008年,为了进一步激励经营团队,公司将部分小额股权划分归经营团队所有。

三、产业创新

1997年起,公司实施"营造大基地、拓展大市场、实现大发展"战略,先后收购兼并绍兴市鉴湖酿酒厂、绍兴市黄酒厂;以整体划转的方式接管绍兴市热电厂;合资组建旭昌科技企业有限公司;出资参股绍兴合作银行;参股绍兴咸亨集团股份有限公司,与百年老店咸亨酒店"联姻";组建中日合资绍兴古越龙山果酒有限公司,延伸黄酒相关行业。通过一系列资本运作,联合兼并,公司形成以黄酒为主业,延伸相关行业,涉足高新技术的大型企业集团。

四、品牌创新

1952年,第一届全国评酒会在北京举行,公司送展的"加饭酒"夺得金奖,并被列为全国八大名酒之一,初步创立了绍兴黄酒的品牌。1993年,绍兴黄酒推出年份酒,不仅提升了产品档次,同时也为黄酒行业发展提供了新的思路。1997年5月,"古越龙山"股票成功在上海证券交易所上市,成为中国黄酒第一股,使得绍兴黄酒"古越龙山"的品牌家喻户晓。1999年1月,古越龙山商标被国家工商行政管理总局认定为中国驰名商标,登上中国黄酒第一品牌宝座。2000年1月,浙江绍兴酒成为中国第一个原产地域保护产品,公司成为首批获原产地域产品专用标志的企业。2003年,公司先后荣获浙江省质量管理奖、浙江省诚信示范企业,成为首批浙江省绿色企业。2004年,古越龙山被国家质量监督检验检疫总局评为中国名牌产品。2005年9月,绍兴黄酒集团在央视黄金时段播出广告,这是古越龙山打响的黄酒央视第一炮,震撼了整个酒业。2005年11月,古越龙山入选中国制造行业内最具成长力自主品牌企业。2005年12月,公司古越龙山、沈永和、鉴湖牌产品质量获国家免检。2006年7月,古越龙山入选中国黄酒行业标志品牌。

在绍兴黄酒集团58年的发展历程中,通过上述四个创新,将一个国有企业建设成为一个以黄酒为主业、延伸相关行业、涉足高新技术的大型企业集团。

案例 7　绍兴平铜(集团)有限公司

一、公司概况

绍兴平铜(集团)有限公司位于浙江省绍兴县平水镇,是一家以矿业经营为主的资源性企业,属我国五大高危行业之一,目前是浙江省内最大的有色金属原料生产基地,成立至今已有 40 多年。40 多年来,企业为国家提供铜金属 25820 吨、锌金属 55000 吨、硫精矿 133 万吨、黄金 580 公斤、白银 18.9 吨、黄铜带 40600 吨、无氧铜杆 42000 吨。2006 年集团公司产销近 8 亿元,利税 5000 万元。公司下辖 13 个子公司和部门、80 个生产班组,现有正式职工 600 余人,企业年产值和销售收入达 10 亿元。平铜集团围绕"建设资源节约、环境友好绿色平铜"的工作思路,坚持产学研联合,大力发展循环经济,着力做好资源扩张、资源综合利用和能耗减量三篇文章。本着"平安平稳,长寿长效"的发展理念,实施"稳健拓展矿业,做特做强铜业,发展新型建材,综合利用资源"的经营战略,坚持在继承中创新,在创新中发展,在发展中壮大。公司不断深化机制改革,注重严格内部管理,先后获得绍兴市文明单位、四星级企业、管理示范企业、资源综合利用先进企业,浙江省职工经济技术创新活动优秀组织单位、浙江省冶金行业"重质量、重信誉"优秀企业等荣誉,系浙江省首家通过 ISO9001 国际质量管理体系认证的矿山企业。

平铜集团现拥有绍兴铜都矿业有限公司、绍兴市越宇铜带有限公司、绍兴盛洋铜材有限公司(原绍兴市越王铜材有限公司)和浙江中厦新型建材有限公司等四家企业,基本形成了集采选、加工、制造、贸易于一体的铜业实体。

(一)绍兴铜都矿业有限公司

由平水铜矿与安徽铜陵(有色)集团公司、绍兴市财政信用投资公司共同组建。公司日采选铜能力达 900 吨,规模为浙江省有色采选行业之首。

(二)绍兴市越宇铜带有限公司

49％国有控股,51％民营控股。前身为平水铜矿全资主办的绍兴市铜带厂。建厂意图为解决下岗职工问题。

(三)绍兴盛洋铜材有限公司

这是一家以民营为主体、国有参股的混合型经济实体,注册资本 1500 万元,平铜集团出资 600 万元,占总股本金的 40%。主要建厂意图为人员分流。

(四)浙江中厦新型建材有限公司

由绍兴平铜(集团)有限公司与中厦建设集团有限公司合资组建。公司利用平铜矿山尾砂资源,变废为宝,生产砂加气新型建材和灰砂砖,使平铜成为无尾砂外排矿山企业,实现资源的有效利用。

二、创业创新

绍兴平铜(集团)有限公司积极转变经济增长方式,推进科技创新、自主创新,大力发展循环经济,大胆引进新工艺、新设备、新材料,综合利用资源,把科技成果转化为生产力。

(一)体制改革

打造投资主体多元化特色,国有企业体制改革应走在前列。越宇铜带有限公司、越王铜材有限公司在经营发展中,企业体制上的种种弊端逐步显现,计划经济的思维束缚了该两家铜加工企业的发展。因而,集团对这两家企业实施了体制改革,并遵循以下思路:(1)转变理念,放下国有企业的架子,与民营合作经营;(2)变存量为增量,确保国有资产的增值保值;(3)变所有为所在,按照现代企业制度的运行要求,完成所有制改造;(4)合资当独资办。

(二)节能减排

在"十一五"期间,平铜集团努力打造"无废平铜",打造具有优越人文环境的特色平铜,争创全国安全标准化矿山,绿色和谐走在绍兴市企业的前列。

1. 能耗问题

逐步淘汰原有的高能耗设备,引进低噪音、高效率的通风机及破碎除尘系统设备。2005 年以来,平铜集团每年综合增加值能耗下降率都在 5%以上。

2. 打造"无尾砂外排矿山"

平铜集团拥有丰富的尾砂资源,目前尾砂库储量达 400 万吨,每年产生尾砂 15 万—20 万吨。尾砂大量堆积给矿山企业的安全、环保等带来诸多隐患。平铜集团与中厦建设集团开展协作,利用尾砂代替石英砂,制造砂加气混凝土砖获得成功。据了解,砂加气混凝土制品是一种新型的轻质节能墙体材料,在国内外工业建筑、高层建筑等领域应用广泛,具有环保、隔音、隔热等功能。

新成立的浙江中厦新型建材有限公司,投资 8000 万元,年生产砂加气混凝土砖 40 万立方米,灰砂砖 1 亿块。形成规模后,可完全利用平铜产生的每年 20 万吨尾砂,使平铜成为无尾砂外排企业。达产后,年产值将达 1.2 亿元。

3. 污水处理问题

铜都矿业公司污水处理在二级排放的基础上,经过再处理,达到一级排放水平,100％循环利用,每天可节约工业用水 1500 吨。

4. 资源综合利用

实施井下深部资源勘探与安全回采可行性研究,不断提升企业科技自主创新水平,着力于提高井下矿石回采率、选矿指标回收率以及铜材加工成材率,实施污水渣有用元素的回收和硫酸钡新产品的开发。

(三)技术创新——"产学研"联合

企业长期坚持"产学研"科技合作,加大技术改造和投入力度,向科技要效益。

着重实现"三个新突破",即:在技改投入上实现新突破,在"产学研"技术合作上实现新突破,在企业发展规模上实现新突破。眼下,企业将重点抓好矿山三期工程建设,解决矿业稳定长寿问题;开展好"空区稳定研究与控制"等 23 个年度科技攻关课题的研究与落实;坚持"三结合"原则,加强铜加工技改项目的调研,发挥规模效益,科学规划好企业发展远景。

努力实行"三个调整",即:在产品结构上有新调整,在投资结构上有新调整,在发展思路上有新调整。坚持混合型经济投资主体多元化的发展方向,科学制订平铜中长期发展规划。

做到"三个创新",即:生产工艺技术的创新,人才应用的创新,发展意识的创新。要按照科学发展观、循环经济的原则,更新发展观念,创新发展模式,实现企业稳健可持续发展。

(四)安全生产

1. 企业安全生产走在同行前列

结合平铜的实际(属五大高危行业之一),结合创业创新的要求,企业安全生产管理走在同行前列:

(1)中层以上领导班子对于安全生产认识境界高。平铜近10年来未发生矿山安全事故。

(2)加大安全科技的投入,推进自动化、标准化、规范化。主要有三大项目:设置预警系统,预防井下深部作业大面积塌方事故的发生。在事故抢救措施方面,建立相应救援机制,成立5支救援队伍,并建立了井下作业现场GPS人员跟踪系统。坚持以人为本的理念,尽最大能力保护员工的生命安全。推进安全文化建设,使员工认同文化理念,统一思想、统一行动。

(3)关注职工的职业健康。职业病防治是高危行业维护职工合法权益的重要内容,也是企业正常运行、促进持续健康发展的基础。绍兴平铜集团坚持把搞好职业病防治作为头等大事来抓,层层落实源头防治责任,有效地保障了职工健康、企业稳定、社会和谐,使企业发展步入良性发展轨道。公司建立以来,始终坚持"以人为本"的管理原则,加强职业卫生建设,维护职工合法权益,实现了企业规模不断扩大、效益持续提升、职工身体保持健康、收入稳步增长的良好局面,连续10年未发生职业病和重伤以上事故。2006年,公司荣获首批"国家职业卫生示范企业"称号,成为全国56家"国家职业卫生示范企业"之一。

2. 公司的主要做法

(1)层层落实责任,实施源头防治。明确各级领导在职业病防治工作中应承担的职责。有效落实各项法律责任、安全利益责任和确保企业和谐稳定的责任。形成了企业劳动保护工作层层有人抓、事事有人管的良好格局。同时,随着企业的不断发展和扩能改造,做好新建项目的职业危害预评价、职业卫生防护设施审查、职业危害控制效果评价和建设项目职业安全卫生竣工验收,保证了建设项目职业卫生的"三同时"管理,从源头上控制了职业病危害。

(2)强化日常管理,落实现场监测。平铜集团把职业病防治纳入安全管理工作范畴。公司每年制订职业安全卫生管理工作计划,明确方案的目标、措施以及工作实施资金保障,同时明确工作实施步骤、技术要求和实施后的验收制度。强调落实现场监测,使职业病防治工作在公司各生产、操作、检修等过程中得到有效控制,保证了员工的身体健康。

(3)加大科技投入,防止职业危害。公司以建设国家职业卫生示范企业为契机,坚持走产学研联合之路,与相关科研院所建立了长期的合作关系,使其为我所用,为职工创造了安全健康的作业条件。同时,为使企业最终成为"无废"矿山和综合资源利用的工业企业,公司分别与北京矿冶研究院、同济大学、浙江大学、北京科技大学等10家科研单位进行了全方位、多渠道的合作。大投入带来了大改变:通过投入,淘汰了落后的工艺和设备,推进了企业安全生产的科技发展,促进了劳动生产率的提高,降低了职工劳动强度,增强了岗位职业防护水平,保证了职工的安全健康,促进了企业的稳定和谐。

(4)厚待企业职工,组织职工疗养。按照"救急救重、特困补助,注重实际、量力而行,好事办实、实事办好,阳光操作、公正公平"的原则,公司从情感关怀入手,尊重职工、关爱职工、厚待职工和爱护职工,先后建立了企业安全基金、医疗保险救助基金互助会;开展了职工生活区文明社区创建活动,投入40多万元改造生活区设施、住房,进一步改善职工居住条件;出台了井下四大工种工龄满 25 年、地面工种工龄满 30 年的职工组织分批国内旅游疗养的规定。

案例 8　衢州东方大酒店有限责任公司

一、公司发展改革历程

衢州东方大酒店有限责任公司是衢州市国资委控股的股份制流通服务企业,地处市区黄金地段,是衢州商贸服务行业的一面旗帜。下有控股子公司 4 家:衢州东方商厦有限公司、衢州市东方物业管理有限公司、衢州东方旅行社有限公司、浙江衢州东方假日酒店有限公司。公司身处充分竞争的流通服务业,10 多年来始终保持年销售 35% 以上的增长。它的发展改革主要经历了以下几个过程:

(一)衢州东方大酒店开业

1994 年 10 月,衢州东方大酒店正式开业。在头半年,酒店每月营业额只有 50 多万元,员工工资 200 余元,总经理的月工资也只有 400 余元,福利待遇无从谈起,面对激烈的竞争,酒店困难重重。

(二)大刀阔斧的改革

1995 年下半年,公司高层管理者以强烈的改革意识,大胆地提出了"以合理的定位和科学的决策为依托,实施严格的管理和一流服务"的经营思路,并率先在衢州商业界推行供货商招投标制、部门经理责任制和中层干部竞聘上岗等一系列举措。通过 1995 年大规模的改革,酒店内部增强了活力、开拓了市场、降低了成本,企业开始扭亏为盈。1998 年,东方大酒店成为衢州市区首家三星级涉外旅游饭店、浙江省首批绿色饭店,潘廉耻总经理又提出了"管理规范化、产业多样化、经营多元化"的理念,推进酒店继续发展。

(三)股份制改造

2000 年,衢州东方大酒店进行股份制改造,酒店正式更名为衢州东方大酒店有限责任公司,其中国有股占 51%,并实行员工持股。通过股份制改造,酒店解决了全体员工的激励问题,酒店的经营效益也有了大幅度提高。

(四)大规模、多元化发展

2000 年以来,东方大酒店有限责任公司开始实施多元化发展战略。

2000 年 10 月,公司兼并了曾经在衢州商界显赫一时的华联商厦,并改名为东方商厦;2001 年,在巨化开出了东方商厦巨化分店;2002 年 8 月,公司与杭州肯德基有限责任公司合作,成立了衢州肯德基东方餐厅;2003 年 1 月,公司成立了东方物业管理有限公司,大力发展家政服务和洗涤中心,成为市区最大的洗涤中心;根据衢州农村的实际情况,从 2005 年开始,公司开始构建"从农村包围城市,从小店包围大商场"的连锁超市体系,于 2005 年 4 月 28日,开了第一家农村店——东方商厦石梁店;2007 年 8 月,衢州东方旅行社成立,公司开始涉足旅游业;2007 年 12 月,4300 平方米的东方商厦华庭购物中心盛大开业,目前是衢州最大、档次最高的购物中心;2008 年初,公司首家连锁酒店——东方假日酒店诞生,这标志着公司在业态方面开始进入酒店业连锁发展。

目前公司已由起步时单纯的酒店,发展成一家集酒店经营、购物中心、连锁酒店、连锁超市、旅行社、洗涤中心及家政服务于一体的多业态商贸企业。公司也逐步形成了产业多样化、经营多元化、管理规范化的发展战略。

二、公司的规模和销售收入

历经 13 年,衢州东方大酒店有限公司发生了翻天覆地的变化。2006年,公司二期投入使用后达到了最佳的盈利规模,酒店营业面积从原来的1.4 万平方米扩大至 2 万平方米,商厦营业面积 1.8 万平方米扩大至 3 万平方米,门店数由 27 家发展到 55 家,增幅达 103.7%。同时东方商厦完成了"精品百货项目"的改造,形成了精品百货加连锁超市的经营模式的转变。2006 年 12 月,东方大酒店被浙江省饭店星级评定委员会授予四星级饭店。

公司经营效益呈逐年上升趋势,2007 年,公司全年销售收入达到了 2.7亿元,实现利润 2300 多万元。其中东方大酒店销售收入达 4226 万元以上,同比上年递增 70%,上缴税收 357 万元,同比上年递增 80%,实现利润 325万元。东方商厦实现销售收入 2.25 亿元,同比上年递增 40%;上缴税收 508万元,同比上年递增 61%;实现利润 950 万元,同比上年递增 167%。东方物业公司完成销售收入 160 万元,上缴税收 11.4 万元,实现利润 9.8 万元,分别比上年递增 38%、46%、5%,公司整体销售、税收、利润分别比上年递增41%、68%、54%。

按照预期,2008 年公司努力实现销售收入 3.5 亿元,力争 4 亿元,公司税利同比 2007 年增加 800 万元,力争 1000 万元。其中,东方大酒店销售收入

4500 万元,力争 5000 万元;连锁酒店销售收入 500 万元,力争 1000 万元;东方商厦销售收入 3 亿元,力争 3.5 亿元;物业公司销售收入 600 万元,力争 800 万元。

三、公司的创新模式

(一)管理体制创新

东方大酒店积极创新管理体制,不断推出以"绩效考核"为代表的科学管理方式,构筑起先进科学的管理平台。

(1)强化目标成本管理,找准突破管理瓶颈切入点,细化分解企业降本增效管理目标,制订切合实际的最优管理方案和措施,以目标量化考核为主,定性考核为辅,明确降本指标和严控措施,实现成本目标化管理。

(2)构建管理体系,在 2006 年成功创建四星级旅游饭店的基础上,结合浙江省旅游局开展"品质管理年"活动号召,于 2007 年全面导入 ISO9000 质量管理体系,以论证工作为载体,全面规范企业管理。

(3)酒店派出员工参加国际饭店金钥匙组织(中国地区分会)服务培训,成为衢州地区目前唯一加入这一世界饭店业最负盛名组织的酒店,并为酒店服务创新带来新的理念,在酒店内掀起"满意＋惊喜"服务竞赛。

(4)建立人才梯队建设机制、引进机制、激励机制,广泛调动全体员工和社会的积极性,使人才"为我所用,为我所留,为我尽责"。

(二)经营模式创新

东方商厦在开展"千镇连锁超市"工程中主要作了以下创新:

(1)把实施"千镇连锁超市"工程与衢州实际结合起来。根据乡镇数量多、人口聚集度低,乡镇现有商业网点面积小、农民人均收入低等基本情况,采取了 1∶2∶5 的比例来规划连锁直营门店、连锁加盟店及连锁便利店的数量。

(2)把发展"千镇连锁超市"村连锁便利店、放心店建设结合起来。东方商厦开展了以 1 家乡镇连锁超市连锁配送 5 家以上农村便利店的试点工作。

(3)把农村发展连锁超市与促进当地经济发展结合起来。在开展乡镇连锁超市建设中,商厦各门店积极拓展经营范围,把当地的农特产品和蔬菜食品纳入销售配送网络。工业品、农产品进行了双向市场对接,以农村连锁超市的发展促进当地农村经济的发展,实现城乡经济双赢。

(4)开展邮政配送试点工作。配送实行以来,试点配送费用率控制在1％以下,探索了一条解决"千镇连锁超市"配送的新路子,为全省推广邮政配送作出了示范。

(5)把连锁门店配送与送文艺下乡结合起来,与送年货进山结合起来。

(三)服务创新

东方大酒店实行"金钥匙"服务理念,它的中心思想为"用心极致,满意＋惊喜"、"在客人的惊喜中找到富有的人生"。在服务创新方面,东方大酒店增加了服务项目,并注重服务细节。在服务项目方面,如:赠送矿泉水、水果;高温时节为客人准备清凉茶;在房内增加文具用品、天气预报提示;客房中心准备常用药品,等等。在细节服务方面,酒店把4月至9月份定位为"优质服务月",各营业部门在服务方面做了大量细致的工作,如客房部推出了每天宾客意见征询制,总台推出了"入住3分钟,结账5分钟"的服务承诺,对生日客人、VIP客人等做好关注服务;餐饮部定期推出新菜肴,每日领班带领3名员工整装迎接员工上岗,技术比武等活动;保安部推出学习旅游交通知识和泊车服务等,这些工作都受到了客人的一致好评。

(四)文化创新

一个企业要兴盛十几年,甚至几十年,就必定拥有深厚的企业文化积累。企业文化是增强企业凝聚力、向心力和竞争力的不竭源泉。为了实现公司的可持续发展,领导班子十分重视企业文化建设。衢州是南孔圣地,东方大酒店巧妙地将现代管理与儒家文化相结合,以"诚"、"信"经营,"仁"、"爱"治理,重视新员工道德培训。公司还广开言路,让广大员工通过论坛、总经理接待日、总经理意见箱与酒店高层直接对话。在各个方面,公司力求做到管理层与员工和谐、公司与社会各界和谐、公司发展速度与发展质量和谐。

案例 9　舟山海星轮船有限公司

一、公司发展简况

舟山海星轮船有限公司是舟山市交通运输系统骨干企业，创建于 1980 年 11 月，原名舟山地区轮船公司，系全民所有制企业。1987 年舟山撤地建市时改名为舟山市轮船公司。1998 年 3 月企业产权制度改革后改为现名。公司属于股份合作制性质的有限责任公司，注册资金 3000 万元，其中国家股 930 万元，占 31%；职工股 2070 万元，占 69%。国家虽然只占有 31% 的股份，但在实际运作中扮演控股股东的角色。公司改制后进行了员工人事制度改革，买断员工的工龄，实行竞聘上岗。公司主要经营海上客运、水上货运、陆上旅游客运、水上旅游业，以及客运站、筏修理站、实业公司等配套服务业务，同时经营船舶代理、客货运代理、海员劳务输出等业务。下辖单位有巴拿马—香港海星轮船有限公司、香港新海星航务有限公司、青岛海之星船舶管理有限公司、上海寰岛轮船公司、舟山海星外事旅游客运有限公司、海星船用物资公司、舟山市普陀海星游船有限公司、海星船务代理公司等 10 多家子公司。

二、2006—2007 年主要经济指标

舟山海星轮船有限公司 2006 年实现产值 17939 万元，实现利润 1508 万元，上交税金 594 万元；2007 年实现产值 25109 万元，实现利润 2107 万元，上交税金 1217 万元。截至 2007 年底，公司拥有常规客船、高速客船共 21 艘，总吨 12043 吨，总客位 4079 个；拥有货船 2 艘，总吨位 95120 吨，载重吨 157876 吨；拥有办公大楼、客运大楼、码头、站房、仓库、停车场等 11 处，建筑面积达 15842.84 平方米。

三、创新战略

(一)经营模式创新

舟山海星轮船有限公司创新的方向主要依托于产业结构调整的总体部

署。2003 年以来,海星全面实施经营结构调整,走出了单一的水上客运经营模式,逐步形成了海上客运、水上货运、陆上旅游客运和水上旅游客运四大经营格局。海星提出"客货并举,水陆并进,多种经营,持续发展"的经营方针,固定资产从 2002 年的 1.3 个亿元上升到 5 亿元。可以说,激烈的市场竞争和多样化的消费选择是促使海星积极开拓创新的原动力,而寻求新的海上客运经营方向和新的经济增长点是海星始终如一的关键点。

公司根据市场的状况(货运市场非常好)和公司经济实力有限的情况,由员工出资成立了一家货运公司从事货运经营。

(二)制度创新和文化创新

任何企业的发展壮大必须面对创新问题,毕竟现代企业要发展,要做到与众不同,就要有敢于创新的勇气和理念,要发挥企业团队精神,合力向前。在有了创新的初步设想之后,海星首先以制度创新、文化创新来带动全员意识创新。

1. 提高客运服务质量

公司始终坚持"以诚为本,用心服务"的理念,于 2002 年 4 月开始启用了新的客运服务质量考核规定,实行"星级服务员"激励机制,树立"全员搞客运"的服务意识。公司还积极与行风监督部门合作,定期邀请行风监督员对公司所属客船进行客运服务质量暗访,并对检查出的客运服务问题及时进行整改和处理,促进了客运服务质量的进一步提高。

2. 加强企业内部信息畅通

2004 年 9 月起,海星利用局域网络,实行无纸化办公。机关各部门、各船舶、下属单位都配备了电脑。通过网络信息化建设,海星建立起完善的电子台账系统,并创立了"海星论坛",为公司员工搭建了一个"网民"式的交流平台,成为当时舟山市唯一实现无纸化办公的企业。

3. 提升企业文化意识

2005 年 3 月,海星制订了企业文化建设实施方案,以营造浓郁的海星文化氛围。公司为培养和树立全体员工的主人翁意识,增强生产、工作的自觉性和积极性,大力开办讲座和员工知识培训。在培训上,海星公司也力求创新,尝试体验式培训并获得了成功。

(三)以经营模式创新、战略方式创新来带动经营理念的创新

1. 拓宽营销形式

近年来,面对竞争激烈的普申航线,海星通过到苏沪主要中心城市旅游

集散中心进行促销,积极推出网上售票、淡季包舱、团队优惠及旺季提价等措施,力保客运形势的稳定。同时,海星通过开辟营运普陀山经小洋山至上海南浦大桥高速客运航线、沈家门至朱家尖白沙旅游航线,积极致力于客运形式和规模的完善部署,以促进多样化营销战略。

2. 创新技术设备

海星船舶技术部根据舟鹰系列船舶不锈钢尾轴经多年使用后容易断裂的特点,对原先断裂的尾轴加装短节轴,使尾轴得到再次利用,节约成本近20万元。这一技术工艺的改进不仅节约了成本,也缩短了因尾轴断裂而引起的修理周期。

(四)管理模式创新

在企业利益和社会利益的权衡中,国有企业创新势必会带有更多社会利益的权衡,这其实也是一种长远的发展性战略,有时甚至会给整个行业的良性竞争带来强劲的动力。例如,海星在2002年组建了舟山海星外事旅游客运有限公司,以"海星大巴"超前的硬件建设和航空式优质特色的服务,带动舟山旅游交通服务档次的整体提高。另外,围绕舟山海岛丰富的旅游观光资源,海星开始着眼于游船及游艇产业的开发。面对一项新兴的产业经济,海星本着带动和开拓舟山整体旅游项目提高的职责,紧紧把握市场发展趋势,成立舟山市普陀海星游艇俱乐部有限公司,开拓环岛观光、海上娱乐、婚宴、旅游商务、宴会等经营项目。通过近三年的建设,截至2007年9月已全部结束游艇游船的基建项目。2007年6月,海星投资650万元打造的"爱琴海"号豪华游艇投入"金三角"遮蔽航区运营。2007年9月,作为舟山市的"旅游大使",总投资2280万元建造的"普陀之星"号游船与舟山市委、市政府新闻办、舟山旅游局等共同完成"舟山群岛大型品牌形象宣传——普陀之星号豪华游船沿长江首航之旅"大型宣传活动后,正式投入"沈家门渔港夜游"项目运营,成为舟山市第一艘豪华海上观光休闲游船。

在企业的经营发展过程中,政府政策环境可谓是企业创新创业的坚强后盾。对于企业来说,适应和遵循政府部门的政策是推进自我约束和完善的一个过程。在这个过程中,政策环境对企业产生的利弊是肯定存在的。海星自2002年4月起,正式运行实施国内全新的安全管理模式NSM体系,在安全管理体系的指导下,海星多年来没有发生一起重大事故,有力地保证了生产经营的正常运转。

案例 10　舟山一海海运有限公司

一、公司改革和发展情况

(一)企业改革和隶属关系变更

1989 年前,公司名称是"浙江省航运公司舟山分公司"。1989 年,浙江省航运公司进行体制改革,所属内河分公司全部下放到所在地市,沿海分公司由调整后的"浙江省海运总公司"领导管理,公司同时更名为"浙江省舟山第一海运公司"。

2000 年 7 月,根据浙江省政府《关于加快省属企业改革的通知》精神,企业改制为国有控股(占 51%)、职工持股(占 49%)的有限责任公司,公司名称变更为"浙江省海运集团舟山一海海运有限公司"。公司注册资金为 1000 万元,总资产 1.3 亿元,职工 1300 余人,为浙江省海运集团控股子公司。2006 年 10 月,公司完成增资扩股,注册资金增加到 3500 万元。

2005 年 12 月,根据浙江省国有资产监督管理委员会和浙江省交通投资集团公司与舟山市人民政府协议,公司正式划转舟山市交通委管理,公司由省属企业转为舟山市属企业。

(二)企业基本情况

1. 企业结构

公司法人治理机构齐全,有股东会、董事会、监事会和管理层。公司内设办公室、运务部、海监部、船技部、财务部、劳人部、安全办、党群部 8 个管理部门。

2. 运力情况

到 2005 年底,公司拥有散(杂)货轮 9 艘,总载重货吨为 9.62 万吨,其中 2.5 万吨级 1 艘(728 轮)、1.5 万吨级 3 艘(721.722.723 轮)、6800 吨 1 艘(716 轮)、5500 吨 1 艘(712 轮)、4600 吨 3 艘(704.清波、清泰);平均船龄已达 24 年。

3. 经营情况

公司以承运煤炭为主,主要航线有北方的秦皇岛、天津、黄华、京唐等港到浙江、上海及长江下游煤炭运输,山东岚山到宁波石灰岩运输,青岛到长江下游铁矿石运输。电煤运输是主要任务,承担了浙江省特别是舟山电厂(浪洗)和定海电厂大部分电煤运输任务,对保障舟山经济发展作出了一定贡献。

1989 年完成货运周转量 79 万吨,4.1 亿吨公里,完成营运收入 0.307 亿元,实现利润 576 万元。2005 年完成货运周转量 327 万吨,39.7 亿吨公里,完成营运收入 1.547 亿元,实现利润 600 万元。2006 年完成货运周转量 339 万吨,43.1 亿吨公里,完成营运收入 1.626 亿元,实现利润 612 万元。2007 年完成货运周转量 407 万吨,49.9 亿吨公里,完成营运收入 2.639 亿元,实现利润 5109 万元。

4. 资产情况

到 2005 年底,公司账面资产总额 1.5 亿元,净资产 4073 万元,负债率 73%。2006 年,企业总资产 28698 万元,负债率 49.65%;2007 年,企业总资产 43402 万元,净资产 19271 万元,负债率 55.60%。

二、2007 年公司经营情况

(一)企业主要经济指标完成情况及主要特点

1. 货运生产实现快速增长

全年完成货运量 407 万吨,49.98 亿吨公里,分别比上年增长 19.95% 和 15.99%。

2. 营运收入大幅增加

全年完成营运收入 2.64 亿元,比上年增长 63.2%;其中货运收入 2.54 亿元,比上年增长 70.8%,增收超亿元。

3. 安全生产基本稳定

2007 年未发生各类上报安全事故,海损千吨公里经济损失金额 0.02 元,低于 0.16 元的控制指标。

4. 节能降耗取得实效

全年船舶燃油千吨公里消耗 3.86 千克,比上年下降 7.74%。

5. 劳动生产率继续提高

按实物量计算,全员劳动生产率为 504.8 万吨公里/人,比上年提高 19.86%;按产值计算,全员劳动生产率为 26.66 万元/人,比上年提高 68.65%。

6. 实现利润 5109 万元,创历史最高水平

此外,资产保值增值率、资本金利税率等指标也高于上级考核要求。

(二)主要创新工作

1. 加快大吨位货轮发展

按照集团确定的"加快发展大吨位、节能型船舶,逐步淘汰老旧船舶"的发展战略,公司千方百计筹措资金,积极争取金融部门的贷款支持。同时,注意引进战略投资者,2007 年运力发展取得重大进展:投资 6600 万元建造的"新一海 1"轮于 2007 年 2 月 8 日出厂投产;总投资 2 亿元的两艘 2.3 万吨散货轮分别于 2007 年 4 月和 10 月开工建造;与舟山市交通投资公司合作,共同投资 2.75 亿元向舟山五洲船厂订购了一艘 5.7 万吨散货轮;投资 1900 万元向宜昌柴油机厂订购了一台适合建造 2.5 万吨散货轮的低速柴油机。

2. 实施货运拓展战略

2007 年,公司围绕扩大市场份额、提高经济效益的目标实施货运拓展战略。在继续做好嫁接大型货源基地、扩大"海进江"规模的同时,适当增加市场运输比重,把 2.5 万吨级的 728 轮由对外出租改为自主经营,购入"新一海 1"轮,为集团提供了运力保证。

728 轮自主经营后,运输收入大幅提高,现金流量显著增加,经营效益成倍增长,728 轮全年营收同比增加 3365 万元,实现运输利润同比增加 1120 万元,而且进一步增强了公司对大轮的经营能力。"新一海 1"轮投产后,公司确立了以市场运输为主的经营方针,船岸共同努力,保证其生产正常,全年生产不到 11 个月,完成货运收入 3651 万元,实现运输利润 1488 万元。704 轮全年完成北(老)前线 107 航次,比 2006 年增加 19 个航次,也创造了历史新高。此外,721、722、723 轮实现利润也分别达到 1088 万元、1293 万元和 1265 万元,均比上年有较大增长。

针对 2007 年下半年运输市场出现的煤炭资源偏紧、港口压船严重等困难,公司有针对性地开展工作,通过选择,与有实力、有疏港能力的货主开展合作,派业务人员到现场、抓动态,在签订运输合同中强化滞港制约条款,突出重点抓好大轮生产等措施,尽力减少不利因素的影响,全年的货运量、货运周转量、货运收入和运输利润都创历史最高水平。

公司船厂克服修造设施不足、人员结构不合理等困难,在做好公司船舶修理工作、完成临时抢修任务的同时,积极承揽市场修理业务,全年完成营业收入 700 多万元。

筏站在公司自修筏减少情况下,通过对外部市场的开拓,外修筏收入已占筏站总收入的 80% 以上,在激烈竞争中,抓住了生存发展的机会。

3. 努力保持安全生产基本稳定

近年来,极端恶劣天气增多,航道、港口船舶密度增大,加上公司老旧船舶较多,人员素质参差不齐,抓好安全生产难度不小,责任重大。公司采取的主要措施有:第一,进一步落实安全生产责任制,把公司年度安全管理目标和工作任务分解落实到各船舶、各基层单位,通过安全检查考核、月度安全例会、安全月活动和安全生产竞赛、消防救生演习等推动安全生产。第二,坚持全面实施安全管理体系,认真修改体系文件,用体系文件规范安全生产行为;通过内审和管理复查,重点解决培训和操作中可能出现的脱节、体系文件中的规定与实际执行可能存在"两张皮"等问题,取得积极效果,并顺利通过海事主管部门的年度审核。第三,加强设备管理和技术保障,加大对老旧船舶的修理投入,重视年度修理和平时保养,认真做好海事安检中发现问题的整改,及时解决设备缺陷,提高完好率。第四,2007年各类小事故多发的严峻形势,公司以避碰为重点,组织驾驶人员进行避碰技能培训;以排除事故隐患为重点开展安全生产专项检查;以事故处理"四不放过"为原则,及时通报事故,提出整改意见,努力遏制事故多发势头。第五,切实重视做好雾季、防抗台、防寒潮大风等季节性安全工作,及时发文布置、制订并落实应急预案,多次组织安全生产大检查,全年安全生产基本稳定,"712轮"、"清泰轮"等经考核为安全生产优秀船舶。

4. 节能降耗取得新进展。

2007年,油价持续上涨,材物料以及人工工资不断增加,带动运输成本较大幅度上升,经营压力增大。为此,公司抓好以节能降耗为重点的成本控制:一是转变观念,牢固树立"节约就是效益,节约就是环保"的观念,把节能降耗列入企业可持续发展的重要目标。二是淘汰处理了油耗较高的716轮(6760吨),新增油耗较低的"新一海1"轮(1.5万吨),仅此一项就使公司船舶千吨公里油耗下降2个百分点。三是是依靠技术进步对现有船舶设备设施进行节能降耗改造,改善主副机工况,严防跑冒滴漏。通过提高燃料油比重,降低燃油费。四是修订完善燃油消耗定额和标准,加强检测、监控和现场管理,实行节奖超罚的政策鼓励船舶节能。五是提高船舶营运率、实载率和航行率,采取措施促进船舶加快周转,通过增产降低消耗。

2007年,公司船舶千吨公里油耗在2006年下降7.35%的基础上,又下降了7.7%,单耗达到3.86千克的历史最低水平,超额完成了全年节能目标。

5. 推进和谐企业建设

针对公司富余人员多、历史遗留问题复杂的特点,公司在推进和谐企业建设中,把着力点放在依靠加快企业发展解决遗留问题上。通过建立利益协调机制化解利益矛盾。除了畅通职工利益诉求渠道、建立平等协商机制,完善企业分配制度、健全困难职工帮扶机制外,2007 年着重做了三项工作:一是以持证船员为重点,全面调整职工工资,在提高在岗职工工资时,相应增加内退、待岗人员收入水平;针对内退人员待遇偏低,十年来一直未作调整的现状,人均月增资 400 元。全年因增加职工工资多支出工资总额 600 多万元。二是通过运力发展、业务开拓创造挖掘一批岗位,先后有 30 多位待岗、内退职工通过内部竞聘重新上岗,对因伤、因病和夫妻双下岗职工尽可能优先安排上岗。三是改善职工集体福利,2007 年公司支出 20 多万元安排全体职工进行体检;投入 20 万元对停办多年的公司食堂进行维修改造,重新开办,解决了职工中午就餐难;继续做好办公楼的装修,改善办公条件;还提高了船员伙食费标准和公积金缴存金额,增发了过节费和年终奖。

(三)存在问题和困难

第一,安全管理还存在薄弱环节,一些职工安全意识不强;安全责任不落实,安全措施不到位的情况还不同程度存在。

第二,持证船员结构失衡尚未缓解,二、三副和二、三管轮很大程度依赖外聘人员,对安全生产和企业发展带来不利影响。

第三,油价大幅上涨,并且继续呈上涨趋势,成本上升压力不断加大。

第四,煤炭资源紧张,效益进一步提高。

三、公司创新战略

(一)实施嫁接大型货源基地战略,在货源基地建设上有新突破

货运要大发展,货源基地建设要先行,公司在三个方面推进实施:一是通过与有实力的大货主签订中长期运输合同,建立较为稳固的运输合作关系,既可以满足公司当前及今后运力发展对货源的需求,又可以规避市场剧烈波动带来的经营风险,实现货运生产的持续增长。二是通过与大货主的合资合作,建立更为紧密的利益共同体,既可以提供稳定可靠的货源保障,又加快了企业运力发展的步伐,实现双赢。三是通过对电厂等大货主实行稳定的运输策略,包括合理的运价定价机制、电煤和重点物资优先的运力保障体系、诚信为本的服务体系,以优质服务吸引货主,并由此打造"一海"经营品牌,塑造企业核心竞争力,为货运生产跨越发展提供货源支撑。

(二)市场创新,实施货运市场拓展战略,在经营模式上有新突破

原来由客运和货运两个市场转向货运一个市场,目前公司主要以货运为

主。主要的动力来自于市场环境的变化,2005 年由于客运市场的萎缩和利润下降,公司决定撤出客运市场,专注于货运市场。

公司按照扩大市场份额、开辟新的货运航线、提高经营效益的思路,加大力度推进实施货运拓展战略:第一,在巩固沿海运输、扩大"海进江"项目规模的基础上,创造条件,积极开拓国际航线。第一步先进入东南亚航线,在条件成熟后再开拓国际大宗散货的一程运输。第二,在稳定煤炭运输的同时,拓展铁矿砂等大宗散货运输。抓住舟山市"十一五"期间一批大型港口电厂、大型煤炭中转基地和大型铁矿砂中转基地建成投产提供的商机和有利条件,积极工作,争取市场份额。第三,在发展大宗散货运输的同时,研究开发集装箱运输的可行性,组织力量对国内外运输市场进行调研,从技术、经营、效益等方面进行综合评估,并根据评估结果,确定进入新的运输领域的时间和方式。实施货运开拓要十分注意分析把握国际国内海运市场发展趋势,密切关注舟山市临港工业和港口物流业发展动态,主动对接重大项目,在市场波动中捕捉商机,争得先机,实现率先发展。

(三)实施运力结构调整战略,在大吨位货轮发展上有新突破

根据公司的发展战略和运输市场的发展变化,"十一五"期间公司运力发展和结构调整将实现重大转变:

第一,运力发展将从注重规模扩张转变到规模扩张与提升档次同步推进的发展思路上来,加快淘汰船龄长、能耗高、吨位小的老旧船舶;以新建为主,二手船为辅的方式加快发展大吨位、节能型、高效益的船舶,逐步建成以 1.5 万吨级、2.5 万吨级、3 万吨级和 5 万吨级船舶为主体的货运船队,以满足发展大宗散货运输、开拓国际航线对大吨位、大运量运力的需求。

第二,资金筹措方式将从主要依靠银行贷款,向通过金融部门贷款、企业增资扩股、引进战略投资者合资合作、船厂带资造船等多举措结合的方向转变,以破解运力发展的资金瓶颈,提高大吨位货轮发展的速度。

第三,运力扩张形式将从拥有产权向控制产权与拥有船舶经营权并举的方向转变,开展船舶融资租赁、光船租赁和委托经营等方式的合作,使公司以较小的资金投入,在短时间内获得较大规模的运力控制权,实现公司经营能力和经营规模的跳跃扩张,博得市场话语权和市场地位,从而加快企业做大做强的进程。目前,公司在建和已签建造合同的大吨位货轮总计 15.2 万载重吨,总投资 7 亿元。公司发展目标是到 2010 年,运力总规模突破 25 万吨,新建造船舶占总运力的比重将从目前的 15% 左右提高到 75% 以上,在运力规模翻番的同时,实现运力结构优化、船舶新度系数大幅提高、船舶经营管理

能力有新突破的发展目标。

（四）用人方式创新，实施人才兴企战略，在船员管理上有新突破

公司目前允许富余人员到其他企业去工作，同时保留人员的编制，而且这些人员每年向企业上交一定的费用，实现企业和员工的双赢。员工获得更多的收入，还有公司的保障，而公司则为企业以后的发展储备了人员。

由于历史、体制等方面的原因，人才问题已成为制约企业加快发展的一个瓶颈，特别是持证船员结构失衡，给安全生产和企业发展带来了不利影响。按照立足当前、着眼长远、合理规划、分步推进的方针，推进实施人才兴企工程，公司着重从四方面寻求突破：一是以改革的思路积极探索船员管理新机制。从长远看，船员管理方式将从目前的船公司自行录用配备向更多依靠专业的船员（劳务）公司提供成套船员的方向转变，船公司从现在的拥有船员转变到使用船员，船员从"企业人"向"社会人"过渡。这种专业化分工将有利培养专业化高素质的船员队伍，使公司有更多的精力抓好经营和发展，也有可能从根本上解决持证船员数量不足、素质不高、结构失衡等问题。二是在留住用好现有人才上采取新举措。通过实施提高待遇、提升职务、提供施展才华的舞台、增进感情等措施，激励各类人才为企业服务。三是在青年职工中培养人才有新进展。通过学历教育、技能培训、知识更新和实际锻炼，提高他们的职业技能、业务水平和管理能力。四是以持证船员为重点的船舶技术人才培养使用有新突破，公司启动紧缺人才培养引进工程，制定政策鼓励船员考证，对上岗实习人员提供便利条件，并指定有经验的船长、轮机长进行传帮带，建立持证船员考试、使用的评估机制，择优选用，促进其早日成才，为海运大发展提供人才保证。

（五）实施技术进步战略，在节能降耗上有新进步

近年来，燃油价格持续大幅上升，企业面临增支减利的巨大压力，通过转变增长方式，依靠技术进步，企业在节能降耗上有了新的突破：一是转变观念，牢固树立节约就是效益、节约就是环保的观念，通过机制创新和加强管理，改变粗放经营模式，大力推进精细管理，提高投入产出比。二是依靠技术进步，对现有船舶设备进行节能降耗改造，推广行之有效的节能新技术和节能新措施。三是淘汰能耗高、效益低的老旧船舶，加快发展大吨位节能型船舶。四是瞄准国内外同行先进水平，修订完善消耗定额和标准，加强推测和监控，实行节奖超罚的政策鼓励节能。五是明确船长、轮机长在推广实施节能技术中的职责和关键作用，以技术创新保证"十一五"期间公司船舶燃油单耗年均下降3%。

案例 11　尖峰集团股份有限公司

一、公司简介

浙江尖峰集团股份有限公司是国家大型企业，全国水泥行业第一家上市公司。公司前身为创建于 1958 年的金华水泥厂，1988 年 11 月进行股份制改造后改为浙江尖峰集团股份有限公司。

公司以水泥起家，在 40 多年的发展历程中，始终依托水泥进行内涵提升和外延扩张，先后涉足了多个行业，现在逐步形成了以水泥和医药为主导，以房地产、商贸等补充的多元经营格局。目前，公司将按照"做大水泥、做优医药、多元并举、持续发展"的总体战略，进一步完善现代企业制度，积极构筑人才高地，努力加快发展。

二、公司发展历程

（一）创业初期（1958—1982 年）

在这一阶段，计划经济体制是最典型的企业外部环境特征。改革开放前，在完全的计划经济体制下，一切资源配置的权力掌握在政府手中，政企合一，企业几乎没有任何"自主选择"的权力。改革开放以后，尖峰发展的外部环境发生了变化。1978—1982 年这一阶段是中国国有企业改革的准备阶段，改革的重心是党政分开，扩权让利。总体上，在这一阶段基本上不存在企业主动的、创造性的战略行动生存的空间，企业的创立和成长、资源的投入和产出决策完全体现政府意志。同时，企业间没有竞争，也就没有竞争战略存在的必要性，企业的一切活动也都围绕生产展开。

实际上，在这一阶段企业并不是一个完全意义上的经济主体，因此，也就谈不上有明确的战略，政府完全决定了企业成长的方向和资源的配置。可以说，在这一阶段外部环境因素完全决定了企业成长，而艰苦创业和曲折发展成为这一阶段尖峰成长的主要特征。凭着革命热情，尖峰第一代开拓者在尖峰山下创业，从土法生产，到 1961 年停办，再到 1963 年恢复生产，中间又经历了 10 年"文化大革命"。在计划经济体制下，企业随着时代的风浪起起落落，到 1982 年，企业也还只是一个年产能力 10 万吨的小厂。

(二)横向联合(1983—1992 年)

在这一阶段,尖峰作为国有企业改革实践的先行者,通过"横向经济联合"、"组建集团"、"股份制改造"等一系列制度创新,在环境和资源之间探索出了一条"和谐之路",不仅获得了企业发展所需的"互补性资源",而且还使这些资源在企业内部有效配置,促成了尖峰的飞速发展,生产规模迅速扩大,1992 年水泥产量超过 40 万吨,比第一阶段增加了 30 万吨。

该阶段尖峰集团的外部经营环境发生了深刻的变化,企业已经具有一定的战略选择空间,具有一定的资源配置权力。企业受"计划"的约束越来越少,逐步成为经济主体。国有企业改革从单纯的放权让利,逐步走向了转变经营机制;从政企不分,逐步走向了企业自主经营;从内部责、权、利调整,逐步走向了外部环境创造;同时,企业外部的市场竞争环境逐步形成,市场决定价格形成的机制初步建立。企业外部也初步建立了金融环境,除了银行贷款外,企业具有更多获取外部资源的渠道。可以说,在这样的环境下,企业家的创新精神被极大地激发出来,自觉的、基于战略的尖峰发展道路自此才真正开始。

针对水泥行业的特点,尖峰集团将提高生产规模和经营能力作为这一阶段的战略选择。成长方向已经明确,但是如何围绕这一目标实现有效的资源配置呢?虽然外部环境给尖峰发展打开了一定的空间,但尖峰又面临严重的内部资源约束,资金、土地、矿产资源都是尖峰发展的瓶颈。面对内部资源约束,尖峰进行了有益的探索。现任尖峰集团董事长、时任尖峰水泥厂厂长的杜自弘先生创造性地提出了"通过资本纽带实现企业规模化发展的思路",并形象地表述为"借蛋孵鸡,养鸡生蛋"。1983 年,尖峰集团就开始了"横向经济联合",借助当地乡镇企业在土地、人力等方面的"互补性资源",实现了优势互补,解决了内部资源瓶颈。在"横向经济联合"和"组建集团"的基础上,为了实现资源在集团内部的有效配置,从 1988 年开始,集团开始了股份化的构思和尝试。值得强调的是,尖峰集团的这些做法,不仅促进了自身的发展,同时也丰富了国有企业改革的实践,推进了国有企业改革的进程,充当了国有企业改革先行者的角色。

(三)多元化发展(1993—2001 年)

在这一阶段,尖峰集团外部的经济制度环境更加规范,与市场经济有关的法律法规逐步建立,政府和企业的关系已基本理顺,而市场约束成为尖峰战略选择重要的影响因素。尤其是 20 世纪 90 年代中期以来,随着工业品供应的普遍过剩,水泥及水泥制品行业的利润空间变得越来越小。

尖峰集团的外部经营环境发生了巨大变化,水泥产品从供不应求走向了供过于求。同时,从企业内部资源情况看,1993年公司上市无疑在企业发展过程中具有里程碑的意义,但是,公司还面临单一水泥业务发展受制于宏观经济调控的影响,给企业带来的大起大落的困境;区域市场发展的限制,给企业带来扩张的困难;产品技术成熟度较高,带来很难再有技术突破的困难。为了拓展新的发展空间,形成企业发展战略的立体多元化,尖峰开始尝试走多元化发展的道路。

自1993到2001年的9年间,尖峰集团先后涉足水泥制品、药业、交通、房地产、电子、陶瓷、电缆、贸易、进出口、旅游甚至矿泉水等几十个领域。一方面,尖峰的多元化扩张付出了成本和代价,另一方面,公司也通过多元化的过程,寻找到了医药这一新的战略业务单元,大大降低了公司对单一水泥业务的依赖。此外,更重要的,由于多元化经营既是在业务单元层次经营产品的过程,同时也是在公司层面经营资产的过程,因此,在不断地扩张和收缩过程中,尖峰集团的资本运营能力大大加强,为后来尖峰的主业拓展积累了宝贵的经验。

(四)相对多元化战略阶段(2002年至今)

在这一阶段,尖峰的外部经济制度环境日趋完善,而市场竞争更加剧烈,同时,还表现出资源、环境的约束,以及局部生产过剩的新特征。从企业内部资源情况看,一方面,企业多元化经营的能力得到提升,新的战略业务单元逐渐清晰;但另一方面,也存在短期利益导向、机会导向、跑马圈地、战线拉得过长的问题。因此,"抓大放小,突出主业"就成为这一阶段的战略思想,并最终将"水泥和医药"作为公司发展两大战略业务单元。公司确立了"做大水泥、做强医药、多元并举、持续发展"的战略,以"抢占资源,合理布局"为方向做大水泥,通过"以营销和研发促生产"战略做强医药。

通过收缩经营战线,集团的资源更加集中,核心业务更加突出,产业格局由绝对多元向以水泥和医药为主导的相对多元过渡。到2005年,水泥和药业两大产业的营业收入占公司总营业收入的比重已由2002年的71.98%上升为88.5%。到2006年,公司的水泥和药业两大主业进一步突出。实际上,在这一阶段,尖峰已经形成以水泥作为现金牛业务,以医药作为明星业务,以锌空电池等风险投资作为种子业务的立体多元化发展格局。

三、尖峰水泥发展中的战略创新

（一）上市初期的发展

1993 年上市之初，尖峰的水泥生产使用的还是老式的机立窑，年产量不过 45 万吨。当时集团领导在分析了建材行业的市场走势后，作出决策：重点发展新兴干法回转窑生产线，扩大水泥生产规模，提高水泥产品的档次和质量。1994 年 12 月 18 日，年产 20 万吨的五级旋风干法回转窑第一条生产线开工。1994 年 7 月和 1995 年下半年，尖峰旗下的金松水泥厂两条生产线先后投入生产。1995 年，尖峰水泥年产达到 70 万吨。1997 年 12 月，尖峰在台州建成年产 10 万吨的熟料研磨生产线，以此为据点，抢占了台州的一部分市场，尖峰水泥向沿海地区扩展。1997 年，尖峰水泥在大环境不利的情况下，通过调整经营、强化管理、运用先进技术，使水泥生产呈现高产、优质、低成本的特点，年产水泥达 92 万吨。公司被评为浙江省"质量、服务双满意"企业，成为浙江省建材行业唯一一家四星级企业；"尖峰"牌水泥获得省名牌产品称号，全国建材系统获此殊荣的企业仅"尖峰"一家。

（二）抢占资源，合理布局

2002 年，尖峰集团在富阳筹建日产 5000 吨塑料新型干法水泥生产线。同年 7 月 30 日，该项目被国家经贸委和国家计划委联合发文批准立项，并列为 2002 年国家重点技术改造项目、第八批国债项目。尖峰登城一期 2004 年 6 月进入试产。该线年产优质高标号水泥 200 万吨，使尖峰高标号水泥的比重达到水泥总量的 85％以上。

尖峰富阳水泥生产基地区位优势明显，公司地处杭州富阳市，位于杭州西南部、长江三角洲南翼，距杭州市约 30 公里，临近 320 国道，依傍富春江，拥有丰富的水运资源，交通四通八达。除了区位优势外，富阳水泥生产基地技术装备先进，资源储备丰富，市场潜力大，各项配套设施完善。

华中市场的新型干法水泥生产能力比例不高，水泥产品的大部分依然是以机立窑生产为主。截至 2005 年，湖北省水泥生产企业有 188 家，总产能达 5200 万吨，水泥产量达到 4512 万吨，人均水泥拥有量 752 千克，略低于全国人均平均水平。根据湖北省建材"十一五"规划，到 2010 年，总的水泥产能达到 6500 万吨，算上拟建、在建的产量，还有缺口 2100 万吨。大冶的项目未来市场前景非常广阔，除了有利的市场条件外，湖北地区的矿产资源储量丰富，水利水电工程量大,重点工程和城市建设量持续增长,高质量水泥需求量大。综合考虑湖北地区的技术、资源和需求条件,2003年2月尖峰集团果断决定在湖北大冶筹建日产5000吨熟料新型干法水泥生产线。湖北大冶生产基地由大冶尖峰集团股份有限公司建设经营,大冶尖峰水泥有限公司由尖峰集团股份有限公司与尖峰水泥有限公司共同出资设立,其中尖峰集团股份有限公司占49%,浙江尖峰水泥有限公司占51%。

(三)合作创新,谋求发展

资金充裕后的尖峰也开始了产业多元化的发展模式,进入十几个投资领域,如陶瓷、通讯、旅游、贸易、电子等。虽然集团在水泥主业上也有较大投入,但相比蓬勃发展的浙江民营水泥企业来说,速度太慢。到2006年,尖峰已陷入了上市以来的低谷:外部,省内的矿山资源已经瓜分殆尽,市场过度竞争,价格持续低迷;内部,虽有响亮的品牌,但是没有强有力的产能支撑。省内扩张没有空间,走出去又缺乏资金,再加上老国有企业的包袱,如果没有医药业务的支撑,上市公司的业绩就会缺乏亮点。

就在这时,中国建材集团进入了尖峰的视野。之前尖峰也和许多企业谈过合作,但之所以最后选择中建材,原因有三:首先是双方都是国有企业,文化、历史背景有许多相通之处,同时又都是上市公司,管理规范;其次是有相同的使命感,都希望能够成为水泥产业的整合者,通过整合做大做强;再次是与中建材的管理层接触后,也感受到了对方的诚意,想干也能够实实在在地干事。

于是就有了接下来一连串的行动(见图9):2007年8月,尖峰出资1.05亿元(占3%)入股南方水泥有限公司。同时,尖峰水泥以实物资产出资1.4亿元(占35%)与南方水泥以现金出资2.6亿元(占65%)合资组建浙江南方尖峰水泥有限公司。此外,尖峰水泥与南方尖峰共同出资组建一家水泥销售公司——浙江金华尖峰水泥销售有限公司。

与中国建材的合作将使双方收到双赢效果。对中国建材来说,能够利用尖峰的品牌、技术和人才优势,加快对浙江省内的水泥企业整合步伐。特别是南方水泥在金华地区的水泥投资项目(包括投资、生产、经营、管理)都以南方尖峰为核心,利用尖峰的品牌和人力资源进行整合,以取得金华市场的主导地位。目前,兰溪三源、虎鹰、立马、松涛已纳入了南方水泥的版图。对尖峰来说,把部分资产置换出来,可降低资产负债率,增加公司的现金流。而且,没有了生存的压力,还能够加速走出浙江,到其他地方投资,比如拖延很久的湖北大冶尖峰项目进展迅速,已于2008年上半年投产。

中国建材：75%
浙江邦达投资有限公司：12.5%
江西水泥：4%
尖峰集团：3%
湖南省国资委：3%
北京华臣世纪投资有限公司：2.5%

成立

尖峰集团

南方水泥

总部：上海

运作：杭州

35%资产

65%资金

南方水泥（金华）

尖峰水泥

销售公司

中国建材

尖峰集团

35%

65%

大冶尖峰集团股份有限公司

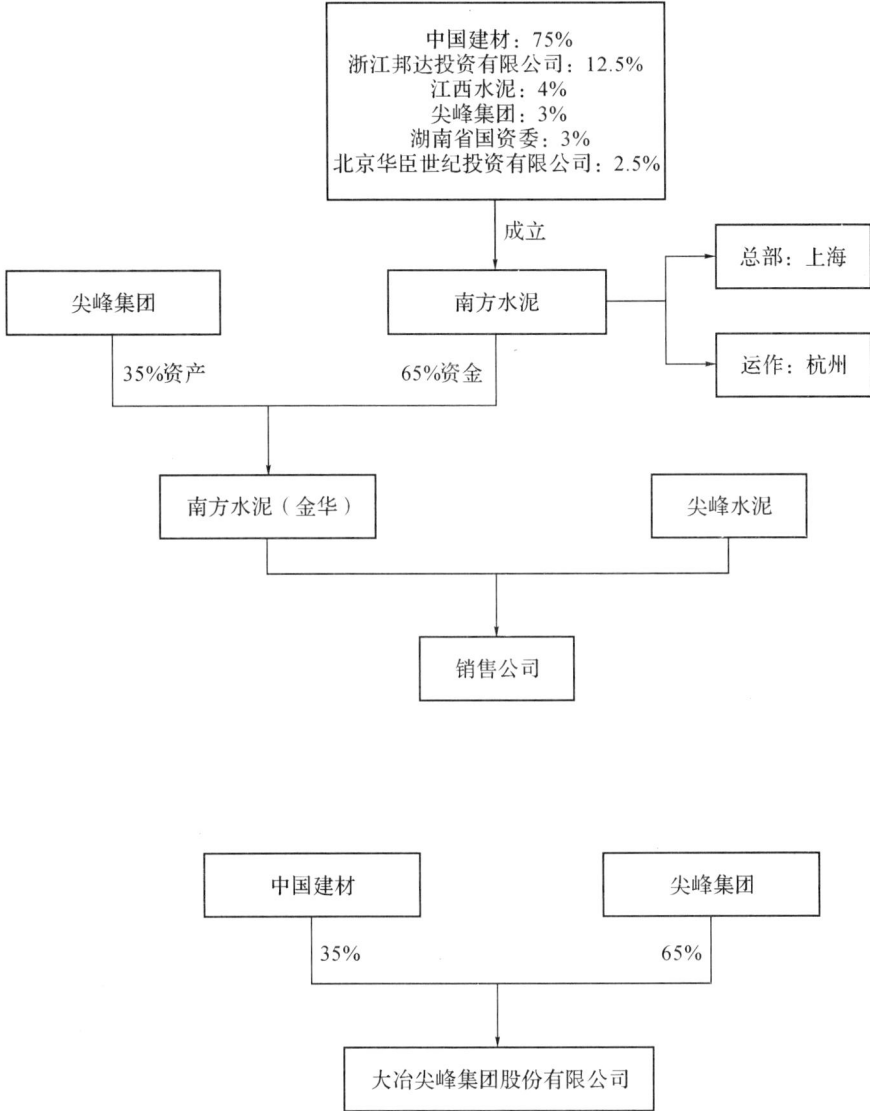

图 9 尖峰集团合作单位示意图

案例 12　金华英博双鹿集团啤酒有限公司

英博双鹿啤酒集团有限公司是由全球第一大啤酒集团英博啤酒集团(InBev 2007 年度《财富》500 强排 439 位)和中国金可达集团合资组建的一家大型啤酒生产企业。

英博双鹿啤酒集团以英博双鹿啤酒集团有限公司为核心,成员有浙江英博雁荡山啤酒有限公司、平阳英博双鹿啤酒有限公司、金华英博双鹿啤酒有限公司、温州英博双鹿啤酒技术中心有限公司等企业和科研机构,总部位于温州市。英博双鹿啤酒集团旗下有"双鹿"、"雁荡山"等啤酒品牌,2007 年实现产销啤酒 55 万吨,销售收入 10.3 亿元,税利 3.2 亿元。集团 2005 年 4 月被中国啤酒工业协会正式授予"中国啤酒行业十强企业"。2005 年 9 月 1 日,集团主导产品"双鹿啤酒"被国家质量检验检疫总局授予"中国名牌"荣誉称号(浙江省唯一的啤酒中国名牌产品)。

2005 年,在集团史美斌董事长、李旭光总经理的带领下,提出了集团 2006—2010 年的"12345"发展战略:形成或超过 100 万千升产销能力,销售收入 20 亿元,创税利 6 亿元的规模;争取打造国家级企业技术中心和中国驰名商标两张国家级名片;实施"三百人才工程"战略;巩固和开发浙南、浙中、浙西—江西、浙北高档产品四个销售主导市场;力争进入中国啤酒行业五强。为此,2007 年集团将在温州滨海开发区新建一座年产啤酒 50 万吨的现代化工厂。

英博集团有 700 多年的历史,是世界上专业的啤酒制造商,在管理方面有整套的专业模板。因此公司在技术方面吸收了很多从外国引进的经验,内控标准比国家标准更加严格。但是对于中国来讲,管理制度没有国外那么严格,因此只是借鉴国外的管理经验而不是照抄照搬。同时,公司的发展得到了金华市政府及金华市领导的大力支持,发展速度极快,半年内就建成投产,被誉为"金狮速度"。

啤酒属于快速消费品行业,市场竞争相当激烈。2005 年以来,由于原材料价格不断上涨,公司的效益不是太好,现在仍有部分亏损。但同时,公司的亏损也是集团发展战略上的一种安排,目的是通过外围公司的亏损来保护集团本部的利益,以实现整个集团的可持续发展。2005 年以来,公司的亏损幅度正在逐步减小,产品结构也进行了一些调整。原来公司的产品是以中、低档为主,2003 年以后开始生产中、高档产品。2006 年,中、高档产品占产品总量 5%。2007 年中、高档产品的比例达到 15%。公司的发展战略方向得到了英博集团的认可,目前公司还处于战略布局阶段。

案例 13　温州市管道燃气有限公司

一、企业的现状

温州市管道燃气有限公司是根据温州市人民政府《关于转发市区管道燃气企业重组方案的通知》（温政办〔2005〕263号）文件精神，由温州万家利燃气有限公司、温州新城建设燃气开发有限公司、温州市瓯海燃气建设有限公司合并注销，同时吸收股东之一的温州市煤气总公司与管道燃气营运关联的资产投资，重新组建而成。公司于2006年6月30日经工商注册开始营运。

公司隶属温州市国资委直接监管，系国有控股中型公用事业公司，注册资本8188万元，其中温州市煤气总公司持有公司54.86%股权，温州房地产联合开发有限公司持有公司31.61%股权，温州昌泰电力燃气有限公司持有公司13.53%股权。公司经营范围包括：生产销售城市燃气，燃气设施、用具及零部件销售，燃气具维修，燃气表检测，燃气管道安装，技术服务。

截至2007年底，公司总资产超过2亿元，净资产超过1.5亿元，销售收入超过1亿元，利税2400多万元。现有民用用户71000多户，公用用户260多户。

二、企业各项创新活动的主要方法和成果

（一）技术创新的情况与成果

为了降低气化站生产运行成本，切实响应国家关于节能降耗的政策，2006年10月起，在行业主管部门的支持下，公司组织技术人员对具备改造条件的南浦气化站进行了技改，引进最新技术，将原来热水循环加热式的强制汽化器改用为空温式自然能汽化器。该项新技术装备应用后节能效果显著，据统计，2007年南浦站出气6875吨，生产节约耗气82.32吨，计价值51.04万元；节约生产用电47724度，计价值3.32万元；两项合计为每年54.36万元。假如技改推广到其他所有具备改造条件的气化站，经济效益、社会效益将更加明显。

（二）组织机构改革与体制创新

公司自2007年10月开始组织机构调整工作，经过自上而下、自下而上

多次的反复讨论、征求意见以及专项调研分析,在综合考虑企业战略发展、人力资源配置与培养等因素的基础上,结合全体员工的竞争择岗活动,于2008年5月完成了公司的组织机构调整与人员的重新配置。本次机构调整一是整合了原有的生产、服务、安全技术等基本职能,原部门由11个精简到8个,充实了一线力量;二是大大强化了对公司发展有着重要龙头与引导推动作用的职能,新成立了战略规划部、市场拓展部与信息管理中心,这些部门的成立与职能的有力发挥将为企业的发展提供源源不断的动力与要素支持。其中设置战略规划部在国内国有燃气企业可以说是开了先河,公司希望通过这一部门来制定完善企业发展战略,积极协调内外部资源,监督指导企业战略规划的实施,努力实现企业的战略目标。

(三)全面推进绩效考核体系建设

绩效考核体系是激励机制的核心,也一直是企业建设的难点之一,很多时候真正被关注的只是几个经济指标而已,广泛而深入的岗位与工作考核并没有开展。为了最大限度地激发全体员工的积极性,确保各目标与生产安全的实现,公司从2007年3月开始积极探索绩效考核体系的建设与推进,取得了一些成绩,积累了一些经验,初见成效,总体框架如下:

1. 高度重视,加强领导,落实绩效考核专职部门

公司成立之初就设立了人力资源部,专门负责公司的人事管理与绩效考核体系的建设、执行与日常管理工作;同时成立薪酬绩效考核管理委员会,负责绩效考核工作的指导、监督与决策,委员会由公司总经理、分管人力资源部的副总、工会主席、人力资源部经理、财务部经理、办公室主任共6人组成,实行每月一次的例会制度,审议绩效考核工作的开展与执行情况。事实证明,职能的强化与考核力量的配备为后来考核工作的全面实施提供了有力的保障。

2. 全面改造薪酬制度,充分体现员工绩效与能力

结合企业的生产经营特点,公司出台了《薪酬管理制度》,建立了较完善的薪酬体系。该制度具有以下几个特点:

(1)实行以岗级工资制为主、计件工资制与协议工资制为补充的薪酬模式,便于分类考核。

(2)突出绩效工资在岗级工资制中的比重,普通员工绩效工资约占工资总额的60%,干部和班子成员约占70%—80%,优奖劣罚,打破干好干坏都一样的传统思维模式,保护优秀员工的积极性。

(3)拉开差距,合理体现岗位价值与员工付出。岗级工资制分为6岗43

级,每岗平均绩效工资之间的差距在 70％—80％ 之间,破除了"大锅饭"与平均主义思想,鼓励员工争先向上并取得个人的发展进步。

(4)绩效工资实行浮动制度,动态管理。每个岗位的绩效工资都有 3 级的浮动范围,其级别的确定取决于员工的工作态度、工作能力、工作业绩以及人力资源部的综合考评意见,使员工既有压力更有动力。

3. 经济目标考核与岗位工作细则考核相结合

经济目标考核主要针对可以量化的工作指标和任务,对这些工作是采用逐级分解落实并与部门签订目标管理责任书的方式,按目标的不同实行单独的、分别激励考核的办法。在报装费的收取、气费的回收等对公司经营发展非常关键的指标上,采取的就是这种考核办法并在奖励尺度上适当倾斜,取得了非常满意的成效,比如 2007 年全年报装费到账资金 4300 万余元,奖励给收费部门 18 万余元。

针对各岗位的职责与要求,企业组织部门编制了所有岗位的绩效考核实施细则。细则中力求明确每个员工日常每项工作所应达到的要求、标准与时效性以及相应的扣加分标准;细则还包括对员工工作态度与工作能力的综合评价与考核,同时罗列了 10 种员工可以额外加分的行为表现,鼓励员工独立地、主动地、创造性地开展工作。

4. 多角度、全方位地开展绩效考评工作

为了保证考评的客观性、真实性与有效性,企业多角度地开展考评工作。除了上级对下级每月的考评外,还有人力资源部每月对其他部门定期的工作抽查考评、安全专项考评、财务与行政的专项检查、部门之间的互评、计划协调会轮值部门的考评等,各个方面考评意见汇总后报薪酬委员会确定最终考评结果。这样做的目的除了力求保证考核的公正性外,也是想通过相互监督、相互沟通达到部门之间加强协作、相互促进、共同提高的目的。

5. 建立考核台账,实施干部日工作台账记录制度

绩效考核刚开始推行时碰到的最大问题就是,几乎所有的干部都凭印象去考评下属和别的部门,考评的有效性没有保障,缺乏考评依据。为此,企业建立了考核台账制度,要求班组长以上干部要记录日工作台账,将每天的管理活动、主要工作、对员工的评价、监督检查中发现的问题等等反映在台账中,一方面作为自己管理痕迹的记录,另一方面作为考核打分的依据。一开始,大部分干部并没有从心里真正接受这项做法,嫌麻烦,不愿动手,但经过一段时间的执行后,大家都切身感受到了好处:一是工作有追溯,有记录,条理性日益清晰;二是考核有依据,更具体更真实;三是自身工作的计划性与重点更加明确。

(四)以信息化建设促进企业管理水平的提高

运用现代计算机技术和信息处理技术,重新梳理、完善各项工作流程,提高企业管理的技术含量与水平,将企业信息化建设作为企业核心竞争力的重要组成部分,已经成为企业经营班子的共识。自 2006 年初起,公司先后投资建立了管网地理信息系统、场站管网设施生产运行监控系统(SCADA 系统)、客户服务系统、手持机抄表系统,正在建设 OA 协同办公平台和手持机巡检系统,使公司的信息化管理成为提高总体组织效能,改进工作效率的重要技术支持。

1. 管网地理信息系统(GIS)

GIS 系统在原有埋地管网及设施的定位、属性查询的基础上,增加了管网电子巡检、抢修车辆 GPS 定位指挥、管网安全评估系统等模块,增强 GIS 系统对于城市燃气的日常维护管理和抢修指挥的能力。

2. 场站管网设施监控系统(SCADA 系统)

SCADA 系统的建成,形成了抢修调度与各燃气场站、阀室及其他监测点的远程连接,实现了统一的数据采集及集中监控,通过对几个气化站及管网的运行状况进行实时监控,提高燃气管网设施整体的安全运行可靠性。

3. 客户服务系统

客户系统增设了手持机抄表功能,提高了抄表、安检及营业厅人员的工作效率,降低了人工成本。2008 年 6 月正在最后测试阶段的客服系统二期工程,基于对服务流程的优化完善、重新设置,将实现所有客户服务业务的电脑受理、动态控制、电脑派单与统计管理,减少后台数据处理与手工记录的工作量,进一步提升客户服务的工作效率和管理水平。

4. OA 协同办公平台

OA 办公自动化系统是实现企业基础管理协作平台的知识办公系统,可使企业内部事务、流程和信息及时高效、有序可控地协同处理,创建企业电子化、无纸化工作环境,提供企业信息统一发布平台,实现高效流程作业,提高行政事务处理和管理效率,帮助员工实现高效的个人事务管理,满足员工、部门内部、领导的实时沟通需要。2008 年 6 月进行需求调研后的再确认,2008年 7 月投入试运行。

案例 14 温州市工业资产管理有限公司

一、公司简介

温州市工业资产管理有限公司是根据中共温州市委、市政府关于机构改革要求和市府(温政发〔2002〕60号)文件精神,于2002年底由原机械、轻工、电子、化学、纺织和二轻总公司合并组建的国有独资公司。公司所属企业272家,其中国有企事业单位75家,集体企业197家,所属企业在职员工44540人,退休人员39778人,公司本级现有在职人员52名,离退休人员351名,公司现有本级净资产10561万元。根据市政府60号文件要求,公司的主要职责是:一是进行本级国有资产的经营管理和收取国有资产和集体资产投资收益和占用费,确保国有资产和集体资产的保值和增值。二是受市府及有关部门委托,负责原机械、轻工、电子、化学、纺织和二轻工业总公司所属的全部企业和市经贸委及原医药管理局、乡镇局所属企业的改革改制及日常管理工作。

二、推进国有企业改革改制

(一)改革背景

改革开放以来,温州国有工业企业曾经为温州市的国民经济作出过重要贡献。随着我国改革开放的深入和市场经济的发展,特别是20世纪90年代以来,温州民营经济迅速崛起,与其形成鲜明对照的是国有经济特别是国有工业经济,由于体制机制的种种原因,如国有资产出资人的缺位,企业经营者经营能力不足,职工思想观念的陈旧和历史包袱重等导致企业产品创新能力弱化,经营效益逐年滑坡。企业在市委、市政府的领导下,抓住温州市工业资产经济结构调整的机遇,开始了国有企业改革改制的实践。

(二)规范改制程序,稳步推进国有企业改革

为了使改制更加有序进行,温州市工业资产管理有限公司提出了改制要严控五个环节,严把"三个关口"。五个环节是:企业改制方案要由企业职工代表大会通过;企业改制资金要有保证;职工的生活要切实得到落实;资产处

置的公开、公平;企业注销要严格审计清算。"三个关口"是:一是资产评估透明关,纺织资产漏瞒现象;二是资产处置公平关。资产评估后一律要进入产权交易场所进行挂牌上市;三是改制程序规范关。企业改制须经市政府有关部门批准,改制方案须经职工大会或职代会讨论通过。

这些做法既维护了职工利益,又有效地防止了国有资产流失。据统计,自 1999 年开始改制以来,截至 2007 年底,已启动和完成改制企业 155 家(其中国有企事业单位 58 家,集体企业 97 家);已解除劳动关系的职工 37674人,占职工总数的 85%;退休人员进社保 28839 人,占退休人员总数的 72%。

(三)建立托管制度,解决改制遗留问题

在国有企业的改革与改制中,有一部分企业通过改革重组获得了发展动力,再现生机。而相当多的改制企业,必将是彻底退出市场,直至注销。为了处理改革改制中出现的遗留问题,温州市工业资产管理有限公司在已形成了改制企业托管制度的基础上,对托管企业实行 ABC 管理制度,根据托管清理的进度分为三类:A 类或 A 阶段,数据进入或在清理过程的企业,这些企业需要进行资产处理(评估、拍卖)、企业审计、财务接收托管、档案整理移交、国税、地税注销、银行销户等;B 类或 B 阶段,属于托管清理工作基本结束,包括审计已完成,财务已接收托管,会计、人事文书档案已移交,税金、银行债务还未偿还,拆迁房未安置等;C 类或 C 阶段,属于企业已清算批复,工商注销、已经重组。到 2007 年底,进入托管的改制企业有 104 家,其中 A 类或 A 阶段 48 家;B 类或 B 阶段 24 家;C 类或 C 阶段 32 家。已经注销改制企业 19 家。改制托管制度的建立,使改制企业遗留的资产得到有效监督和处置,也为改制企业的平稳有序退出,提供了有效保障。

(四)公司现阶段面临问题

1. 公司资产管理的职能有待进一步加强

公司设立已 5 年多时间,主要精力偏重代表政府对企业的管理和服务以及大量企业改制、改制遗留问题的处理上,在某种程度上影响了资产管理职能发挥。其次,公司资产规模不大,资本运作能力不强。

2. 改制完毕后的企业难以注销

据统计,公司系统 155 家改制企业已办理注销的有 19 家。由于改制企业历史欠税、银行债务及滞纳金和应付款无法偿还等遗留问题,使该注销的企业注销不了。据统计,所属 155 家国有、集体改制企业至 2007 年底止,共计欠税金 4798 万元,滞纳金 1364 万元,欠银行债务 5412 万元,欠贷款 8078

万元。

3. 困难企业难以解困

自温州市 1999 年启动改制以来，所属企业 272 家，仍有 107 家未列入改制。这些企业面临的困难主要有：历史债务因转让资产公司名下后频频向法院起诉追讨，社保基金系数的数年上调而不堪重负，出租厂房无资金维修而带来严重的安全隐患。

4. 改制遗留的问题和矛盾还比较突出

近年来，公司虽然取得了一定的成果，但仍存在一些改制遗留问题有待解决。如退休人员医保投诉成为当前民生热点问题，也是上访的主要群体。在 50 家困难企业 3766 退休人员中，仍有 822 名退休人员未享受医疗保险。

案例 15　金可达集团公司

金可达集团公司前身是成立于 1991 年 7 月的温州饮料食品工业集团公司。1995 年,该公司吸收了原温州火柴厂、温州玻璃厂两家企业,成立了金可达集团有限公司,注册资本 1 亿元,属国有独资法人企业。集团公司现有独资子公司、参控股公司共 12 家,截至 2008 年 4 月底,员工 3344 人。自成立以来,集团公司秉承着"以改革求生存,以创新促发展"的理念,锐意进取,改革创新,重点抓好主业啤酒做大做强。2007 年,集团实现销售收入 15.75 亿元,利税 4.04 亿元,利润 1.47 亿元。其中主业啤酒实现产销量 65 万吨,销售收入 11.32 亿元,利润 0.98 亿元%,利税 3.25 亿元。各项经济指标继续位居浙江省啤酒行业龙头地位、全国啤酒行业十强行列,主导产品双鹿啤酒是浙江省啤酒界唯一的中国名牌产品。集团还是温州市唯一一家实缴国税首超 2 亿元的企业、中国大企业集团竞争力 500 强、全国五一劳动奖状获得企业、浙江省模范集体、浙江省综合治理先进集体、浙江省"五个一批"重点骨干企业。

回顾集团创业历程,主要得益于党的改革开放的政策和机遇。通过紧密结合温州改革发展实际,集团先后历经"六大创新"举措,使企业逐步走上了稳步健康发展的道路。

一、运营决策的创新——舍罐扶啤,突出主业

1992 年是"金可达"走向发展的关键起点。此前一年,原温州啤酒厂和温州罐头厂两家国有企业组建的温州饮料食品工业集团公司(金可达集团公司前身),亏损达 270 万元。在这关头,集团领导班子经过市场调研、缜密分析,认为在啤酒与罐头两业之间,啤酒产业更具发展前景。面对此况,调整结构已不容缓。集团领导痛下决心,排除种种阻力,果断决策:停产曾经辉煌的地方传统名牌罐头食品产品,集中人力财力,重点转向未来更有市场、有潜力的啤酒行业。

这一决策成效显著。在接下来的调整产业结构、扩大拳头产品规模的经营实践中,集团坚持把技术提升与品牌战略结合起来:率先引进浙江农业大学(现已并入浙江大学)啤酒新菌种,开发更适合当代消费者口味的干啤产品,又推出颇具亲和力的"双鹿"品牌。市场销路由此打开,啤酒厂进入高速

发展轨道,当年即盈利 90 万元,次年达 600 万元,至 1994 年突破 1400 万元,一举成为温州市税利大户。这一"敢想敢干,拿得起、放得下,突出主业"的创新思维,无疑是奠定"金可达"今日啤酒优势产品的关键一步。

二、资本运营的创新——招商引资,借梯登高

(一)用开放的观念做好发展的大文章

1994 年,当时的集团核心企业温州啤酒厂逐步走出困境,呈现出产销两旺的喜人局面,年创利润达上千万元。面对供不应求的市场形势,集团领导保持清醒头脑。其时中国啤酒市场竞争进入新的阶段,国内外多种品牌啤酒在温州展开剧烈的市场争夺战。而"双鹿"啤酒年产销量虽扩大到超负荷运转的 4.5 万吨,但在当地市场上所占有的市场份额和行业地位实乃微不足道。面对此种情况,集团领导决定搞技改、扩规模、上产能。在这关键时刻,遇上了国家投融资体制改革带来的贷款难问题。在市政府的支持下,集团领导以开放的观念大胆地引进外资,几经艰苦谈判,最终选择了与马来西亚金狮集团合资组建了中外合资温州金狮啤酒有限公司。这一次的引资决策与实践,为集团的发展抢得了十分宝贵的发展机遇,引资人民币 2.3 亿资金,对原温州啤酒厂进行了脱胎换骨式的技改,使新的合资企业迅速进入全国啤酒行业第一方阵。合资建厂以来,企业连续以每年 20% 以上的增长速度快速稳步发展,使一个在行业中名不见经传的破旧、落后的地方小厂成为拥有 4 个啤酒公司、跨地区经营、集团化运作的大型啤酒企业——金狮啤酒集团。

这其中值得体味的是,当时国内企业界还鲜有人注重品牌的无形资产概念,而集团在当时已将"双鹿"品牌作价 500 万元入股。

(二)科学的系统化滚动决策保证了集团持续稳定地向前发展

集团领导班子始终以对国家、企业、职工高度负责的态度,在市场经济的大潮中兢兢业业、如履薄冰,每一项决策力求科学,力戒独断专行。在保证每一项重大决策成功率的同时,注重各项决策之间的滚动效应。

如在 1992 年,温州饮料食品工业集团(金可达集团前身)正处在连年亏损的困难时期,领导班子经过市场调查,果断作出"舍罐扶啤"的正确决策,使集团扭亏为盈,走上了良性发展的轨道。

1995 年,正当"舍罐扶啤"决策收到成效时,却又遇上资金不足的发展瓶颈。集团领导班子审时度势,在温州国有企业中率先作出决策,冲破国有体

制束缚,大胆走中外合资、"借鸡生蛋"谋发展的新路子。通过合资,在引进资金的同时,更重要的是引进了一系列国外先进的管理模式、经营理念和国际化的技术、人才,极大地提升了集团整体实力。

集团领导班子以"全局大系统经济思维",运用资本经营进行"合资嫁接",这是集团主导产品啤酒业做大做强的一个关键的转折点,利税从此一路飙升:1998 年利润达 5005 万元,1999 年税利突破 1 亿元,使温州工业企业税利"不过亿"成为历史。金狮啤酒集团 1995—2007 年累计上缴税金 20 多亿元,相当于 30 多个合资前的温州啤酒厂。

2003 年,国内外啤酒业的巨头在国内啤酒市场的并购重组活动,又掀起了新一轮高潮,在他们纷纷轮番抢夺温州市场的严峻形势下,集团领导班子经过认真调研和权衡,认识到若不在这一轮竞争中抢得先机,就有可能在下一轮中被淘汰出局。为此,2004 年 1 月集团与世界 500 强企业、全球啤酒第一强、比利时英博啤酒集团进行全面战略合作,并于 2006 年 5 月将金狮啤酒集团正式更名为英博双鹿啤酒集团。4 年来,从磨合到融合,集团无论在技术装备、品牌形象、人才队伍和经营管理等方面得到了较大幅度的提升。

这一系列滚动决策环环紧扣,有很强的连贯性和联动互补性。科学正确的滚动决策,充分体现了集团领导班子突出重点的科学决策思想,以及对企业现状与今后发展的系统性认识和把握。

(三)合理分工、互补互进的工作方法是合资企业成功发展的关键

据目前国内啤酒业统计,大多数由外方控股的合资企业经营业绩普遍不理想。为什么由外方控股的英博双鹿啤酒集团却能创造连续十多年高速发展的奇迹呢?其中很重要的一条经验是中外双方精诚合作,合理分工,互补互进。集团的做法是:一是在资本运作中中外双方合理分工。在低成本扩张中,发挥中方的国有企业自身优势,负责先期操作,并购完成后由集团主导运行一段时间,外资再进入,中方将资产评估后入股。这样的分工既加快了并购的速度,降低了成本,又使国有资产在并购中增值。二是在集团董事会和总经理室之间明确分工。由于文化差异和价值观的不同,外方管理人员在经营管理中难免会碰到一些困难。加上外方董事会成员基本上在国外,不可能随时给总经理室以必要的现场支持。而集团主要决策者兼任英博双鹿啤酒集团董事长及董事会成员,对此与总经理室分工,年度的计划和投资发展规划等重大事项由董事会决策,集团日常的生产经营由总经理室负责。正是中外双方这种在两个层面上的合理分工,互补互进才保证了长期合作能持续稳定地发展下去。

三、发展模式的创新——兼并联合，满盘走活

在集团与"金狮"携手合作的几年间，中国啤酒业界风起云涌，如同群雄纷起、诸侯割据的"战国时代"。面对"后有狼，前有虎，中间还有小老鼠"的残酷竞争局面，集团以变应变。以品牌无形资产和外方经济实力作后盾，及时调整战略思路，对外曲线联合，实行低成本扩张；对内引进人才，强化企业管理。继成功兼并亏损国有企业平阳啤酒厂，形成年产"双鹿"啤酒5万吨后，1998年起，集团花了1年多的时间，又合并、兼并联营组建了浙江雁荡山啤酒厂、金华澳特酒业有限公司，形成三面拓展之势。

通过盘活存量、清产核资，集团有限公司净资产从1991年的2066万元增加到2007年的8.23亿元，年均增长29.70%，与成立初期相比，净资产增长41倍，确保了国有资产保值增值，实现了低成本扩张。

四、人才机制的创新——只选对的，不选贵的

集团领导班子认为"企业不同阶段需确定不同历史任务，而不同历史任务需要引进、起用不同人才完成"，由此，企业人才接力棒在集团内部得以顺利传递。

（一）高级人才

集团以开放的心态，先后通过引进不同人才担任啤酒集团总经理，为集团跨越式发展作出积极贡献。如：

职业经理人李泽文提升了企业档次。1995年集团与马来西亚金狮集团合资成立中外合资温州金狮啤酒有限公司时，要实现产能从3万吨到10万吨的飞跃，当务之急是完成技改，扩大生产。集团经过多方对比、筛选，在选人用人上开了温州先河，跨地区引进了首位职业经理人李泽文。他当时是武汉一家年产40万吨啤酒公司的常务副总，工人出身，从基层一步步走上领导岗位。在他的带领下，企业迅速完成了技改，很快就从制度、管理上为"金狮"发展提升了一个档次。

职业经理人苏瑞福使企业迈上新台阶。迈入新世纪后，啤酒界规模化、集团化的经营模式给传统的单打独斗的经营模式带来了冲击。此时的金可

达集团已经在1996年、1999年先后兼并了平阳啤酒厂、浙江雁荡山啤酒厂、金华澳特酒业有限公司。企业考虑的是加快集团化、国际化的进程。职业经理人、马来西亚金狮集团的董事长助理苏瑞福进入了集团视野。他先后担任过IBM公司、恒基伟业等多家公司的高管。开放的心态和国际化的背景,为"金狮"的集团化运作、接轨国际的管理理念带来了质的提升,让"金狮"又迈上一个新台阶。

"营销专家"李旭光使企业实现了品牌提升。2004年,金可达集团与世界500强企业、世界啤酒第一强英博啤酒集团达成战略合作,集团随后金狮啤酒集团改名为英博双鹿啤酒集团。此时集团面临的突出问题是如何加大营销力度,迅速扩大市场和提高产品品牌形象。集团随后引进李旭光先生担任总经理,在此之前他曾担任英博亚太区营销副总监。李旭光上任后,着力抓品牌建设和营销渠道改革,迅速扩大了市场份额,使双鹿啤酒的发展重点转移到品牌提升和营销上,市场策划纳入了企业发展战略。

"海归"卓思昭使企业实现国际接轨。随着市场竞争的进一步加剧,掌握渠道、掌控终端成为竞争的重要措施和企业当前的主要工作。曾担任百事可乐中国营销总监的单思昭来集团前是英博亚太区营销副总监。他把世界500强英博啤酒集团精细的终端管理引入了企业,再一次拉近了英博双鹿啤酒集团与国际大公司之间的差距。在品牌国际化战略和目标的实现方面取得了突破性的进展。实施的WCCP计划,极大地提高了对终端的掌控力。

回顾这四位总经理的工作,在每一个关键时期,集团领导班子均能审时度势,抢抓机遇,适时吸引不同人才为企业发展服务。他们都在扛起双鹿啤酒帅旗时,出色地完成了企业在特定历史阶段的艰巨任务,使企业从小到大,从大到强,走上了持续快速健康发展的高速路。当然无论是海归还是MBA,集团绝不会罔顾企业发展的现实阶段,不盲目聘用管理"新贵",而是只选择对企业最合适的人。

(二)科技人才

对企业而言,学识广博固然重要,但更需要的是能利用已有的知识,创造出新的价值和构思的具有创新精神的人,刘中山博士就是其中一位。他把从德国学回来的技术在企业发挥得淋漓尽致,并迅速转化为巨大的生产力。双鹿啤酒的技术创新进入行业领先地位,其研究的"提高啤酒非生物稳定性的方法"创造了双鹿啤酒史上第一个获得国家专利、具有自主知识产权的酿造技术,目前已在集团公司的"双鹿纯清"、"双鹿新鲜代"、"双鹿晶爽"产品上投入使用,为企业创造了巨大利润,高浓啤酒酿造突破了17.5°P的英博全球标杆,达到了 20.5°P 的水平。他开发的新干啤获全国啤酒新品优质奖,6 年创利税 11.3 亿元;开发的双鹿纯清通过省级和中国啤酒专业委员会的国家级鉴定,技术水平国内领先,低温快速糖化填补了国内空白,获温州市科技进步二等奖、中国啤酒创新产品奖、世界食品品质 MDND ESELECTON 酒类银奖。至 2008 年,已累计销售 12.5 万吨,销售收入突破 4.1 亿元,利税达 1.05 亿。他带领的技术中心于 2003 年 9 月顺利升格为省级企业技术中心,先后通过 ISO9001：2000 质量体系、ISO14001 环境体系和 HACCP 食品安全体系认证。2006 年建立了集团博士后工作站,现正积极向国家级企业技术中心冲刺。他本人也屡获殊荣,如"全国食品工业科技进步先进管理工作者"、"浙江省有突出贡献中青年专家"等等。

除上述人才外,翻开金可达集团这几年来在引进职业经理人方面的精英榜,硕士学位的职业经理人王泽、史志汉等一大批高级人才均记录了集团在开放的人才观念指导下的丰硕成果。

(三)基层人才

企业不仅需要高层次的人才队伍,同时也需要稳固的基层人才队伍。在打造金字塔人才结构方面,集团积极注重内培外引,按照岗能匹配原则,通过竞争上岗、优化组合、民主评议等方式,让一批年轻的优秀员工走上了领导岗位。同时,由知名咨询公司设计的人力资源管理工程,正在集团成员公司英博双鹿啤酒集团全面应用。一个职责明确,规范有序,机制完善的选人用人体系正在逐步形成。

五、理念创新——承担责任,回报社会

国有企业的性质和地位决定了其自觉履行社会责任的义务。作为国有企业,应当积极实践企业社会责任,做优秀的企业公民,实现经济责任、政治责任和社会责任三个责任的统一,积极把承担社会责任纳入企业发展战略。从集团的角度出发,就是要努力发展企业,创造价值,并不断提高自主创新能力,坚持以人为本,建设和谐企业,保障就业机会均等和薪酬公平,为员工提供安全、健康的工作环境和生活环境,提供技能培训和职业发展机会,促进劳资关系的和谐稳定,推进企业的和谐发展,进而推动社会的和谐。

集团在这方面的工作也得到了政府和社会的肯定,2007 年 4 月 23 日,在温州市委、市政府召开的温州市首届慈善大会上,集团作为机构奖的获得者，代表全市企业界宣读了"企业承担社会责任"倡议书，带头向社会作出树立"企业公民"理念，综合运用社会影响、资金和人才等资源，为民众带来福祉，为构建和谐社会贡献力量的承诺。

集团始终坚持科学发展观，一贯重视环保工作，走在环保工作前列，积极发展废酵母、啤酒糟废物再利用等循环经济，取得了一定成效。与此同时，不忘回报社会，10多年来，还先后向浙江省青少年发展基金会、温州市慈善总会、温州市见义勇为基金会、温州大学助学解困基金、贫困地区教育事业及各项帮扶济困等捐款共计1000多万元。另外，还积极参与社会主义新农村建设。

集团的发展也得到了社会各界的肯定，分别担任了温州市工业经济联合会、温州市企业家协会、温州市企业联合会、温州市农业产业联合会、温州市反不正当竞争协会会长单位及中国啤酒工业协会、浙江省企业联合会、浙江省企业家协会、温州市慈善总会、温州市劳动和社会保障学会副会长单位等。

回顾创业历程，从确立啤酒作为主业那一天起，集团就认准目标，一直努力把它"做大、做强"，同时带动其他产业快速发展。其中一条很重要的经验就是：改革创新是国有企业发展的根本动力，不改革就没有出路，不坚持创新就不能发展壮大。这也充分体现了集团领导班子能时刻保持居安思危、居危思变的清醒头脑，保持主动变革、持续创新的进取精神和求真务实的工作作风。

案例16　三变科技股份有限公司

一、公司概况

三变科技股份有限公司(以下简称三变)是经浙江省人民政府企业上市工作领导小组以浙上市〔2001〕121号《关于同意发起设立浙江三变科技股份有限公司的批复》批准,由三变集团作为主发起人,联合台州市电力开发有限公司建立。

公司前身是浙江省三门变压器厂,创建于1968年10月,是国家生产电力变压器的重点企业和浙江省重点骨干企业。公司占地20万平方米,拥有资产总值8.5亿元,具有年产1800万千伏安变压器的生产能力,现有员工900多人,其中大中专学历的员工比例达60%,各类技术人员占30%以上。经过多年的苦心经营,"三门"牌商标于1998年被认定为浙江省著名商标,"三门"牌变压器于1994年被评为浙江名牌产品并保持至今,于2005年获得国家免检产品称号。

公司是一家生产中、低端电力变压器的中型地方国有企业,主营变压器,也参与电机、化工产品制造、工程安装和技术咨询等业务,产品规格覆盖高、中、低等多个产品档次,中、小型产品种类齐全。公司产品包括110千伏大型变压器、35千伏及以下中小型油浸式低损耗电力变压器、全密封低损耗电力变压器、树脂绝缘干式变压器、非晶合金变压器、欧式变压器、组合式变压器、电缆分支箱、防腐型石化专用变压器、单相(三相)卷铁芯变压器及特种变压器等11类产品、1600多个规格品种。公司为国家生产电力变压器的重点企业、浙江省骨干企业,2003年4月,公司S11-MR型三相卷铁心配电变压器被科技部列入"国家级火炬计划项目";2005年5月,S11-M全密封配电变压器被科技部列入"国家级火炬计划项目",SC(B)10型三相树脂绝缘干式变压器被科技部列入"国家级火炬计划重点项目"。2004年5月,公司被科技部认定为"国家重点高新技术企业"。

根据中国变压器行业信息网的统计数据,2005年公司的主营产品110千伏变压器产品全国排名第9位,35千伏油浸式变压器全国排名第5位,10千伏油浸式变压器全国排名第2位。本公司2005年工业总产值全国行业排名第8位、产品销售收入全国行业排名第11位,人均销售收入全国行业排名第4位。

2004 年 8 月 30 日,公司通过国家质量监督检验检疫总局授权机构的 ISO9001、ISO14001、OHSAS18001 标准认证。2004 年度,公司被中国机械工业质量管理协会评为"全国机械工业质量效益型先进企业";2005 年 12 月,公司中小型油浸式变压器产品被国家质量监督检验检疫总局授予国家免检产品证书;2006 年 2 日,公司被中国机械工业企业管理协会授予"中国机械行业企业管理创新成果奖";2006 年 3 月,公司被中国机械工业联合会评为"中国机械工业管理进步示范企业"。

2007 年 12 月 12 日,在浙江省科技厅公布的《浙江省科学技术厅关于下达 2007 年第三批重大科技专项和优先主题项目计划的通知》中,公司和浙江大学联合开发的新型固态短路限流装置研制课题位列其中。2007 年 11 月 23 日,公司生产的 ZFS-Z、F-1000/35 风力发电用组合式变压器获 2007 年"浙江省加快发展装备制造业首台产品"称号。2008 年 2 月,公司 SZ11-50000/110 电力变压器获 2007 年国家火炬计划立项项目。这是继 SH12-M 非晶合金变压器、SC(B)10 型三相树脂绝缘干式变压器等 8 个项目列入火炬计划后,所获得的殊荣。2008 年 6 月,公司入选浙江省装备制造业重点培育企业。

2007 年 2 月 8 日上午,"三变科技"挂牌上市,三变昂首步入国际资本市场,在"打造国际精品,构筑百年三变"、铸就中国输变电设备制造业龙头企业的征程中又迈出了重要的一步。自 1968 年以来,公司保持每年 25% 以上的增长速度,没有一年亏损的历史,一直都是盈利的,2008 年预计销售额 10 亿元。

公司坚持传统优势,争做 35 千伏以下细分市场的龙头企业。公司积极加大科技创新力度,致力于开发高效节能、绿色环保型的高端产品和高附加值的产品,进一步提高产品科技含量,并开发相关的电气产品,积极进行产品结构优化调整,提升公司的竞争实力,使得公司具备与国内外一流同行业企业进行产品竞争的能力,为公司未来的发展开创良好局面。

二、创新历程

(一)技术创新

1985 年,三门变压器厂产值刚刚超过 1000 万元时,厂领导就顶着压力大胆斥资 1600 万元,从德国乔格公司引进具有国际一流水平的全斜铁芯横剪生产线和波纹油箱生产线。之后开发出的 S7 系列、S9 系列低能耗电力变压器,成为当时的拳头产品,使企业扩大了生产规模,提高了产品的技术档次,为生产高质量、高效益的全密封变压器创造了条件,为企业的发展赢得了先机。

"七五"以来,三变继续以赶超国际先进水平为目标,大力进行新产品开发和技术改造。依靠先进的设备和雄厚的技术力量,公司不断推出技术含量和技术档次更高的新产品,做到生产一代、开拓一代、储存一代、研制一代。在相继开发出 S9 系列低损耗电力变压器和 S9 系列低损耗电力变压器之后,1990 年三变又推出 BS7 系列全密封低损耗电力变压器,成为全国第一家通过部级鉴定的产品,1994 年该产品又荣获"浙江名牌产品"称号。

"七五"期间,三变投资近 2000 万元,实施大规模的技术改造和设备引进,企业从中小型进入大中型企业生产规模,年生产能力从原来的 50 万千伏安提高到 150 万千伏安。"八五"期间,三变又投资 3500 万元实施技术改造,完善了测试设备,扩大了起重能力,添置了环氧树脂浇注设备和 CSY 单相自保护变压器设备。整个"八五"技改工程竣工投产后,企业年产变压器能力上升到 230 万千伏安,从此拥有了更大的规模优势。

"八五"期间,该厂技术改造总投资 3000 万元,完善了测试设备,扩大了起重能力,其中包括 1200 千伏冲击电压发生器,2000 千伏安试验发电机组,谐波分析仪,介损分析仪等测试设备,以及环氧树脂浇注设备,CSP 单相自保护变压器设备。"八五"技改完成后,具备年产变压器 230 万千伏安的能力,将发挥更大的规模效应。"九五"、"十五"期间,公司共投入 1.5 亿元资金用于技术引进和改造,拥有了行业领先的技术研发、检测分析设备和产品试验条件。2006 年 8 月,SZ11−50000/110 大型电力变压器顺利通过了国家级鉴定,三变的大型变压器生产跃上一个新的台阶。

高强度地引进、整合和创新,很快形成了技术创新的独特优势。2008年,公司已拥有 12 大系列、1600 多个规格品种的各类变压器。许多新产品被国家经贸委列入城乡电网改造产品推荐目录。公司主营产品 S11−M.R 型三相卷铁心配电变压器、组合变压器、SC(B)10 型三相树脂绝缘干式变压器等多种产品被列为国家火炬计划项目、国家级重点新产品计划,有 20 多个项次的产品获得国家级、省部级科技进步奖,有 30 个产品获得省部级优质产品和国产精品称号,产品性能符合国际电工委员会 IEC 标准,达到国际同类产品先进水平,成为市场上的"抢手货"。

公司还与沈阳变压器研究所、清华大学、浙江大学等著名科研机构和院校建立了长期科研项目合作关系。从 2006 年开始,公司与浙江大学电气工程学院联合启动"磁浮交通直线电机长定子"研制项目。"长定子"是磁悬浮列车推进系统和悬浮系统的关键部件,是列车前行的"动力源"。项目核心技术日前已经取得突破性进展,性能可与目前世界最先进的德国同类产品相媲美,填补了国内空白。

(二)管理创新

三变在企业内部建立并实施了一套行之有效的质量管理体系,制订了质量内控标准,完善了质量保证措施,对产品开发、设计、工艺、采购、生产制造、质检、销售及服务等一系列活动进行质量控制,使每一个环节都纳入规范考核范围,并实行重奖重罚。企业专门组织人员不定期抽检入库成品,专门设立不合格产品曝光台,对不合格产品予以曝光,对责任者做经济处罚,对一等品以上者予以奖励,并将检验结果通报全厂。

为尽快与国际标准接轨,从 1993 年 10 月开始,三变在厂内积极开展 ISO9000 质量管理体系贯标认证工作。经过两年多的艰苦努力,贯标活动历经组织发动、文件编写和体系认证三个阶段,做了大量认真细致扎实的工作,终于在 1995 年 9 月 17 日,公司顺利通过了 ISO9000 质量体系认证,成为全国变压器行业第一家正式通过 ISO9000 国际标准认证的企业。这标志着公司的质量管理工作迈上了一个新台阶,产品质量保证能力已达到国际通用标准水平,从而为公司参与国内外市场竞争,扩展市场创造了更加有利的条件。此后,公司的质量管理不断升级换代:1998 年通过 ISO9001 质量体系认证,2001 年通过 ISO9001∶2000 版认证。2004 年又通过 ISO9001∶2000、ISO14001、GB/T28001 和 OHSAS18001 职业健康安全管理体系等综合管理体系认证。2005 年 5 月,又将 JJF1112-2003 计量检测体系纳入整个体系中。至此,质量、环境、职业健康安全"三合一"综合认证体系,已经完全与国际接轨。

公司推出"倒逼成本法",使各种膨胀的成本得到有效"瘦身"。"倒逼成本法"要求在成本及定额管理网络下,各部门全面开展经济核算,并将成本控制及效率指标进行细化到每一个岗位,纳入绩效考评和薪酬管理体系之中,发动每一位员工共同来降低成本。

(三)人才培养

早在 1981 年,三变就制定了《职工教育制度》,从战略高度规划人才的培养,经过多年发展,逐步形成了多渠道、多形式、多层次的人才开发体系。企业根据实际需要,长年不断举办质量管理、计算机操作、财务统计、安全生产等专业培训班,平均每个职工培训 4 次以上。同时,三变精心挑选优秀青年到清华大学、浙江大学、哈尔滨电工学院等高校深造。

人才引进是企业创新发展的生命力,而研发中心则为人才充分发挥作用提供了展示舞台。公司是三门县最早建立研发中心的企业,公司的技术中心是省级高新技术研发中心,企业技术创新体系的核心。自 2002 年 8 月成立以来,中心已从原先的"小打小闹",变为如今的大型研发机构,集聚了 165 名国内一流的变压器设计、研究、开发人才,瞄准国内外变压器行业的前沿技术。其中直接参与产品研发的有 49 人,攻克了数十项技术难题,仅 2006 年研制新产品的销售收入就接近 6 亿元。

案例 17　台州高速公路集团股份有限公司

一、企业简介

浙江台州高速公路集团股份有限公司原名浙江台州高速公路建设开发股份有限公司,成立于 1993 年 11 月 28 日,是浙江省首家采用股份制形式建设高速公路的企业,为地方政府在市场经济条件下如何组织大型基础设施项目建设作出了成功的探索,提供了有益的经验。

公司的权力机构是股东大会,决策机构是董事会;公司设有 11 个部、室,3 个全资及控股子公司,4 个收费所、2 个隧道所和 1 个施救中心;并建立、健全了党委、纪委、工会、女工委、团委等党群工作机构。公司共有员工 417 名。

经过 10 多年的创业,公司完成了甬台温高速公路台州段的建设任务,实现了台州高速公路"零"的突破,完善了台州交通网络,极大地促进了台州经济和社会的发展。

经过 10 多年的创业,公司从 2 亿元股本金起家,不断发展壮大。尤其是 2003 年以来的近 5 年里,公司不断创新思路、挖潜增效、规范管理、服务股东,实现了公司全面、快速发展,取得了良好的经营业绩:从 2003 年初至 2007 年上半年,公司总资产从 19.55 亿元增加至 24.86 亿元;每股收益从 0.048 元增加至 0.538 元;实现主营业务收入 17.9 亿元;实现净利润 4.87 亿元;向股东每股现金分红 1.55 元;上缴国家税收 2.88 亿元。

2007 年 8 月 2 日,浙江台州高速公路集团成功组建。浙江台州高速公路集团成员单位包括:母公司——浙江台州高速公路集团股份有限公司;子公司——台州高速公路房地产开发有限公司、台州高速公路物资贸易有限公司、台州高速公路玉环大酒店有限公司、台州祥云传媒广告有限公司、台州高速旅游开发有限公司。

观念创新,诞生了台州高速公路建设开发股份有限公司;体制改革,创造了台州高速公路这个新台州的杰作;管理创新,又赢得了公司各项事业的蓬勃发展,经过几年的共同努力,公司的工作得到了省市各级政府的肯定和社会各界的认可。1997 年和 1998 年,公司连续两年被台州市人民政府评为市直先进单位。1997 年还受到市政府的通报嘉奖。一期工程大溪岭隧道荣获浙江省重点工程质量奖,二期工程被评为 1999 年度全省重点工程完成任务最好的项目之一,二期工程指挥部还被评为"1999 年度浙江省重点建设先进集体"。

目前,公司在抓好主营业务、全面启动房地产项目的同时,积极寻找"基础性、资源型、环保型"的投资项目,继续向其他行业拓展;同时积极筹划上市,努力实现全体股东 10 多年来的最大心愿;公司还着力制订 3 个五年计划,描绘 15 年发展蓝图,用 5 年时间初步建成具有综合竞争力的企业集团,实现做强、做大、做精,努力将公司打造成基础性、资源型、环保型、房产品牌型、资本资产运作型的百年企业,从而实现"二次创业",创造新的辉煌。

公司的发展定位是:产业多元化,经营集团化,管理规范化,发展集团化。

公司总体战略目标是:以经营收费公路为核心,立足浙江、面向全国、走向全球,向基础型、资源型、环保型、工业园区型产业渗透,全面推进实业经营与资产资本运作相结合,构建以环保产业为重点,以矿业开采和房地产为两翼的产业格局,通过品牌塑造和系统创新,培育和提升企业的核心能力,奋斗 15 年,逐步把台州高速集团建设成为一个实力雄厚、具有国际竞争能力的投资控股集团公司。

二、创新历程

(一)体制创新

台高速体制创新的典型体现就是台州高速一期工程建设所形成的股份制形式。1999 年 9 月,台州高速一期工程建成通车。这条高速公路按照"谁投资、谁受益"的原则和自行筹款、自行建设、自行收费、自行还贷的"四自"办法实施,走出了一条用股份制建设高速公路的成功路子。这在浙江是首例,在国内也罕见。

台州高速公路是交通部规划建设的国道主干线黑龙江同江至海南三亚中的一段。工程起自三门麻岙岭,止于温岭大溪岭,全长 82.8 公里,工程概算造价 38 亿元。工程分两期建设,一期工程起自临海青岭止于温岭大溪岭,全长 40 公里,于 1994 年开工,1999 年全线建成通车;二期工程起自三门麻岙岭止于临海青岭,全长 42.8 公里,于 1998 年开工,2001 年底全线建成通车。但完全依赖国家银行和地方有限的财政落实巨额的建设资金,显然行不通。经反复研究,1993 年台州市政府决定把这项工程推向市场,按照"谁投资、谁受益"的原则和自行筹款、自行建设、自行收费、自行还贷的"四自"办法,采用股份制形式兴建台州高速公路,这在全省尚属首例,在全国也是第 2 家(广佛高速公路是全国首创)。

1993 年 7 月,浙江省股份制试点工作协调小组同意台州市政府建立浙江台州高速公路建设开发股份公司的申请。公司股份总额为 2 亿元,每股 1 元,合 2 亿股。股权均为法人股,发起人法人股 8000 万元,占股本总额的 40%,由台州市交通投资公司、黄岩区财务开发公司、台州市财务开发公司、临海市财务开发公司、温岭市财务开发公司等七家发起人认购,其余 60% 即 1.2 亿元采用向社会法人定向募集,按股票面值 1:1 发行,所有资金主要用于工程建设。1993 年 8 月全面开展募股,在短短一个月里,股份公司筹委会就顺利地筹到了 2 亿元股本金,股民达 6 万多。1993 年 11 月 28 日,浙江台州高速公路建设开发股份有限公司诞生。公司主营高速公路投资、收费和养护,兼营与高速公路配套的各种服务等。台州高速公路股份公司的七家发起单位中,有 5 家是国有企业。公司成立后,直属台州地区政府领导,为正处级的单位,公司领导由市政府派遣,保留行政级别。

公司成立之初只有 2 亿元股本金,只占一期工程总造价的 15%,工程资金严重短缺,更谈不上二期工程建设。股份公司在台州市政府的支持下,多方寻求融资合作伙伴,以各种各样的方式吸引投资,尤其是外资,但由于政策不明朗而没有结果。但是,公司陆续争取到交通部、省交通厅低息贷款、补助。1998 年公司及台州市政府抓住中央加大地方基础设施投资力度,以及取消国有商业银行贷款额度限制这一良机,充分利用股份公司拥有路产路权的特性,以收费权抵押为条件,争取到台州市工行的项目贷款,落实了台州高速公路一期工程建设资金。而二期工程则通过公司与省交通厅下属的交通投资集团以 25:75 的比例共同投资。

由于股份制的优势,台州高速公路工程项目从报批到开工仅用了 1 年时间,完成了按常规需两三年才能完成的工作,在省内独创用 50 天完成了施工图设计,在征用土地和建设中,把政府优势和民营化项目法人优势有机结合,降低了征地成本,创造了良好的施工环境,加快了建设进度。

股份制方式也使台州高速公路建设更规范。工程实行了项目法人责任制、公路招标制度、公路工程监理制度,即引进以国际通用的菲迪克(FIDCI)土木工程合同为基础,形成以建设单位、施工单位、监理单位三方相互制约、以监理单位为核心的管理模式。这种模式与国内传统做法相比,建设各方的权利、义务和责任更为合理、明确,使建设各方克服随意性,增加合同意识,提高管理水平;突出了监理单位的管理作用,减少了扯皮纠纷,促进建设活动顺畅进行;突破了建设单位"自编、自导、自演"小生产管理方式的局限,促进建设项目管理向专业化、社会化方式转变。规范管理使台州高速公路工程质量优良,并节约了 5% 的工程建设成本。

在管理制度的健全完善方面,公司的力度也是比较大的。2003—2004
年,公司在原来 4 项制度基础上新制订了 17 项制度;2005 年,公司更是积极
通过管理咨询,规范运作,提高管理效率,形成以制度管人、以制度管事的局
面;2006 年,公司改革一线员工薪酬分配体制。公司原有的一线员工工资制
度已经运行多年,在实际操作过程中存在着弊端,不利于发挥员工的工作积
极性,日常考核也难以真正执行;2006 年公司对征费系统的工资制度和考核
奖惩办法进行了改革,既充分考虑了公司的实际情况,又打破了原有的分配
体系,实现以岗定薪,多劳多得,真正体现了收入和岗位挂钩、考核挂钩。
2007 年公司重点加强了以下三个内部制度的修订完善:

一是根据新《公司法》和相关法律法规规定,结合公司的实际情况,进一
步明确了公司各级议事的权限,规范公司内部治理。对《公司章程》、《股东大
会议事规则》、《董事会议事规则》、《授权管理与财务控制制度》进行了修订和
完善,制订《子公司管理办法》,实现了规范治理的基本要求。

二是制定和完善《收费所内控管理制度》、《隧道管理手册》、《工程养护管
理考核制度》等,规范收费、工程养护等操作环节。并加强制度执行力度,使
制度真正发挥效力。

三是建立并实施立体考核。对经营班子,实施绩效考核;对部门,继续实
施目标责任考核;对一线员工考核办法进行重大改革,实施新的征费系统工
资制度和考核奖惩办法;对在编员工,采取量化测评和领导评价相结合的考
核办法。从经营班子到员工,从公司到部门,形成了立体考核新体系。

(二)技术创新

台州高速公路建设中积极采用新设计、新工艺、新技术,促进了建设的高
效率和高质量;同时取得了许多新成果,有的被交通部、省交通厅在全国、全
省范围推广应用。

大溪岭隧道全长 4116 米,在 1994 年时是全国最长的,中间的排气就是
一个大问题,灯光、电话、警报、监控器等都是难题。通过技术创新,不仅解决
了问题,还获得了国家级奖励。

(三)管理创新

在工程施工组织上,公司通过目标管理实施对施工的指挥。在抓目标管
理上,有两点值得一提:一是公司每年都明确提出工作重点,1994 年抓开工,
1995 年抓进度,1996 年促平衡,1997 年保通车。1998 年抓"两保"(确保一期

通车,确保二期开工),1999年抓质量。这种抓重点的办法目标明确,十分有效,有利于矛盾和问题的解决。二是自加压力,每年的计划都满打满算,不留余地。

在质量控制上,公司提出了全线达到优良等级的创优目标,并提出了采用新技术、新工艺、新材料的五大措施和质量控制思路,使工程做到内实外美,并且注重隐蔽工程的质量,加强这方面的监理和检查。同时注重原材料的检测,强化对质量源头的控制,使工程质量提高到了一个新的档次。

根据2005年建立的主体管理制度新框架,2006年公司在总经理负责制的前提下,实行了总监分工直线执行制和职能要素管理矩阵式的模式。同时在新的管理模式下,对原有的配套制度进行了适当的调整或废旧立新,提高管理效率。此外,还采取了多种有针对性的管理创新对策,提高管理效率。一是严格实施预算管理。全面完善年度、季度、月度和专项预算管理,采用事前、事中、事后监管的方式,严控费用支出;并于年终专门组织预算考核,作为衡量各部门年终工作绩效的依据;二是全面进行清产核资,整合资源,提高实物资产的使用效率,并与各部门负责人签订《固定资产委托管理协议》,更好地防止资产流失;三是继续加强信息化建设,成功建立办公自动化系统,提高公司信息化程度,节约管理费用,同时提高办公效率。

三、创新制约因素

(一)体制制约

在台州,除台州高速公路股份公司之外,还有两家高速公路管理单位:台州甬台温高速公路公司和台缙高速公路指挥部。台州高速公路股份公司负责台州高速公路一期的建设、管理、运营、收费、养护以及二期工程的建设,因台州市政府是公司最大的股东,所以公司虽是企业,但归属台州市政府管理。台州甬台温高速公路公司在台州高速公路二期工程建成后成立,负责二期工程的管理、运营、收费、养护,归属二期工程控股公司省交通投资公司管理。台缙高速公路指挥部负责建设台缙高速公路,因是政府投资,归属台州市政府管理。此外,台州高速公路开通后的公路交通安全由高速公路交警大队负责,其归属浙江省高速公路交警察支队。而公路路产、路权维护又由高速公路路政大队负责,其归属台州市路政大队管理。只是一个地级市的台州,目前仅拥有两条高速公路,而高速公路的管理单位却是如此之多,且政企不分,这种混乱的管理体制,带来的直接结果就是高速公路管理政出多门、机构重复、人员冗杂、各自为政、资源严重浪费、成本大大增加等种种弊端,同时因政企不分而使企业的权责利不分、经营机制缺乏活力。

（二）政策制约

台州高速公路的民营化,是以政府特许的 50 年经营收费权及未来可观的预测投资回报率为基础的。虽然 1997 年国家颁布了《公路法》、2004 年 11月 1 日实行了《收费公路管理条例》,对收费公路作出了一些规定,但对公路民营的投资人、债权人的合法权益还缺乏明确的法律保护,比如,政策风险问题:台州高速公路股份公司成立时,台州政府在国家没有明确的高速公路经营年限的情况下,许诺给台州高速公路公司 50 年的经营年限,并在税收等方面给予了政策优惠。这些税收的优惠政策大部分已兑现,但 2004 年国家颁布的《公路收费管理条例》却规定:“经营性公路的收费期限,按照收回投资并合理回报的原则确定,最长不得超过 25 年。”按照这一规定,台州政府原承诺的 50 年收费年限就无法兑现了,使投资者预期收益无法达到。

（三）历史制约

公司成立之初的股东很多,在将股份分解到个人之后,公司的股东超过5 万个。加上公司的每股收益也比较高:2004 年时由于有房地产的贡献,分红是最高的,达到 0.66 元/股,2007 年达到 0.61 元/股,2008 年可以达到0.81 元/股,2003 年以来,分红已经达到 1.8 元/股。

由于分红高,股东更加不愿意转让股权,因此想要满足上市所需的 200个股东以下的条件也就更难,在一定程度上影响了公司的发展。

浙江改革开放三十年研究系列·理论篇

30年

附录四　调研提纲

一、国有企业调研所需准备资料

1. 企业发展历程的简要介绍（改革开放 30 年来的主要发展阶段、行业地位、主要优势和劣势等）；

2. 企业在发展的各阶段体制创新方面的步骤、举措和成效；

3. 企业技术创新的经验总结（如近年来专利数、技术人员占比等、新产品数、R&D 投入、技术投入和引进的外资等这方面的数据）；

4. 企业技术创新的主要情况介绍，包括模式（自主创新、引进创新、合作创新等）、动力和成果；

5. 企业主要的技术创新合作伙伴，具体的合作过程；

6. 企业管理创新的主要方法和成果（市场、人力资源、信息化和文化等方面）；

7. 企业目前技术创新、管理创新等方面存在的困难和不足；

8. 企业对政府的区域创新环境、创新支持政策与国资监管方面的建议。

二、国有企业调研提纲

1. 企业在体制创新方面的步骤、举措和过程介绍，如可以按照"1978—1986 年放权让利、1987—1992 年经营权向所有权改革转型、1993—1998 年建立现代企业制度、1999 年至今国有企业战略性重组"进行介绍，也可以按照企业自有的实际情况展开；

2. 企业在战略、文化、组织与流程、市场、技术等方面的创新及全面协同创新方面的措施，有特色的创新模式介绍；

3. 企业创新动因和动力源介绍。企业如何在企业文化(思想上)、资源管理上支持创新行为,若创新行为需求与企业现有资源相矛盾时,企业如何应对;

4. 企业在非技术创新方面的大事记:组织、市场、战略、制度、文化创新方面的介绍;

5. 随着改革开放的深入,企业所获得的政府宏观政策有哪些,它们是如何作用于企业创新发展的。

三、国资委调研主题及所需准备资料

1. 关于国资委成立及其职能演变方面的有关政策文件;

2. 与省国资委在国有企业监管方面职责权限划分的相关政策文件;

3. 国资委下属国有企业 30 年的发展和改革总体情况介绍,历年与企业相关的统计资料(比如专项统计数据,最好能够提供该市国有企业经济生产总值、利润情况等介绍或概括的材料);

4. 国资委对当地国有企业创新发展的总结性材料(如以往的调研、课题、负责科技工作的部门进行的工作总结等);

5. 国有企业技术创新方面的统计数据、总结和分析等;

6. 国资委在国有企业监管体系建设及其具体运作方面的总结性材料或规划性纲要(包括对企业财权和人事权两方面);

7. 国资委对国有企业及其经营班子具体监督管理方面的相关文件(比如财务管理制度建设、经营班子考核、审计制度建设等);

8. 对国资委成立以来所取得的成就回顾以及制度完善的反思方面的总结性或专项调研材料。

四、国资委调研提纲

1. 国资委基本情况简介(国资委的成立、职能的确定、组织结构及部门职能等);

2. 下属国有企业基本情况简介(资产规模、行业分布、竞争地位等),与省内兄弟城市比较本地国有企业的整体实力,在全省的地位、作用及发展前景;

3. 国资委对国有企业创新的支持（政策、资金、人才等方面）的简介和典型事件举例；

4. 国资委在与当地政府相互协调合作、共同支持国有企业创新发展方面的成功经验以及存在的不足，以及由此可能给国有企业创新带来的有利和不利影响（因为国资委实行垂直管理，而国有企业却受国资委与当地政府的双重领导）；

5. 现行国有企业监管政策与措施简介，及其在促进国有企业创新发展方面的效果评价；

6. 对国资委当前职能定位和职能发挥的评价，以及国资委未来职能转变的建议和构想。

参考文献

［1］Chowdhury，S. *Organization 21C：Someday all Organizations Will Lead This Way*. New Jersey：Prentice Hall，2003.

［2］Shapiro，Stephen. M. *24/7 Innovation：A Blueprint for Surviving and Thriving in an Age of Change*. McGraw-Hill，2002.

［3］Tidd，J，Bessant J，Pavitt K. *Managing Innovation：Integrating Technological，Market and Organizational Change*. New York：John Wiley & Sons,1997.

［4］Tucker，R B. *Driving Growth Through Innovation*. San Francisco：Berrett-Koehler Publishers，2002.

［5］Wheatley，M J. *Leading for Innovation and Organizing for Resulters*. San Francisco：Jossey-Bass，2001.

［6］Daft，R L. A Dual-core Model of Organization Innovation. *Academy of Management Journal*,1978,21.

［7］Djankov，Simion and Peter Murrell. Enterprise Restructuring in Transition：A Quantitative Survey. *Journal of Economic Literature*，2002，（3）.

［8］Dewenter，Kathryn and Malatesta，Paul H. State-Owned and Privately-Owned Firms：An Empirical Analysis of Profitability，Leverage and Labor Intensity. *American Economic Review*,2000,91(1).

［9］Sheshinski and Luis F. Lopez-Galva. Privatization and Benefits：Theory and Evidence. Inform Global,2003,49(3).

［10］陈昌柏.知识产权战略.北京:科学出版社,1999.

［11］陈佳贵,金碚,黄速建.中国国有企业改革与发展研究.北京:经济管理出版社,2000.

［12］傅家骥.技术创新学.北京:清华大学出版社,1998.

［13］林平凡,詹向明.企业文化创新——21世纪企业竞争战略与策略.广东：

中山大学出版社,2002.

[14] 李燚.管理创新中的组织学习.北京:经济管理出版社,2007.

[15] 马建堂.中国国有企业改革的回顾与展望,北京:首都经济贸易大学出版社,2000.

[16] 彭纪生.中国技术协同创新论.北京:中国经济出版社,2000.

[17] 芮明杰.国有企业战略性改组.上海:上海财经大学出版社,2002.

[18] 王珏.国有企业改革新探.上海:远东出版社,1996.

[19] 王雪苓.当代技术创新的经济分析——基于信息及其技术视角的宏观分析.成都:西南财经大学出版社,2005.

[20] 王凤生.中国国有企业改革之探索.北京:社会科学文献出版社,2001.

[21] 许庆瑞,陈重.企业经营管理基本规律与模式.杭州:浙江大学出版社,2001.

[22] 许庆瑞.研究、发展与技术创新管理.北京:高等教育出版社,2000.

[23] 周绍朋,丁德章,许正中.国有企业改革与发展.北京:经济科学出版社,2001.

[24] 周景勤.管理创新二十三讲.北京:北京大学出版社,2002.

[25] 张平华.中国国有企业管理创新.北京:中国发展出版社,2004.

[26] 张钢.企业组织创新研究.北京:科学出版社,2000.

[27] 黄速建,王钦.浙江尖峰集团考察.北京:经济管理出版社,2007.

[28] 陈畴镛,胡宝清,石洪斌.推进浙江国有企业改革和战略性改组的探讨.数量经济技术经济研究,2002(6).

[29] 陈劲等.中国国有企业技术和市场协同创新机制初探——基于"环境—管理—创新不确定性"的变量相关分析.科学学研究,2006(4).

[30] 陈劲,王毅,许庆瑞.国外核心能力研究述评.科研管理,1999(5).

[31] 陈正兴.坚持"两个毫不动摇"方针加快发展浙江国有经济.今日浙江,2006(19).

[32] 丁娟.创新理论的发展演变.现代经济探讨,2002(6).

[33] 戴娟萍,俞吉兴,蒋主力,等.浙江国有商业企业改制经验启示.商业时代·理论,2005(2).

[34] 戴娟萍.改制后的国有商业企业发展对策刍议.湖州职业技术学院学报,2005(1).

[35] 郭斌,蔡宁.从"科学范式"到"创新范式":对范式范畴演进的评述.自然辩证法研究,1998(3).

[36] 胡晓鹏.企业技术创新的模式选择与动态均衡.科学学研究,2007(6).

[37] 胡晓鹏.不同产权安排下联合生产决策的比较研究.数量经济技术经济研究,2005(2).

[38] 胡锦涛.坚持走中国特色自主创新道路为建设创新型国家而努力奋斗——在全国科学技术大会上的讲话.求是,2006(2).

[39] 金国娟.改制使浙江国有企业充满活力.今日浙江,2006(19).

[40] 江辉等.集成创新:一类新的创新模式.科研管理,2000(5).

[41] 柯清芳.国有企业二十多年改革的分析与评价(上).福建商业高等专科学校学报,2003(4).

[42] 刘芍佳等.超产权论与企业绩效.经济研究,1998(8).

[43] 林毅夫等.现代企业制度的内涵与国有企业改革方向.经济研究,1997(3).

[44] 刘星,魏锋.建立国有企业创新机制的现实选择.商业研究,2002(10).

[45] 李军.国家创新系统与企业创新关系分析.数量经济技术经济研究,2001(7).

[46] 李勇.当前国有企业改革中需要注意解决的几个问题.企业经济,2001(3).

[47] 李从国.从三年脱困看国有企业改革.瞭望,2000(4).

[48] 李玉海.试论国有企业集团产权制度改革与市场定位.审计理论与实践,2002(8).

[49] 李柏洲,刘鹏.技术创新的动力和障碍分析.学术交流,2003(8).

[50] 祁汉忠等.浙江国有经济改革专题片《大路朝天》解说词.浙江广播电视报,2007(41).

[51] 宋养琰,吕林.现阶段国有企业改革的出路.经贸导刊,2002(9)

[52] 邵云飞,唐小我,陈光.我国技术创新研究综述.电子科技大学学报,2002(1).

[53] 陶传平,林玉海.国有企业改革历程述评.山东省青年管理干部学院学报,2000(8).

[54] 王国益.杭州汽轮机集团公司改制方案的基本特点.浙江经济,1995(8).

[55] 许庆瑞等.企业技术与制度创新协同的动态分析.科研管理,2006(4).

[56] 许庆瑞等.全面创新管理:创新管理新范式初探——理论溯源与框架.管理学报,2006(2).

[57] 许庆瑞等.全面创新管理:21世纪创新管理的新趋势.科研管理,2003(5).

[58] 许庆瑞,刘景江,赵晓庆.技术创新的组合及其与组织、文化的集成.科研管理,2002(6).

[59] 徐友龙.国有企业民主建设新收获.观察,2004(1).

[60] 徐震.加快浙江国有企业战略性改组.浙江经济,1999(6).

[61] 以创新创业为主线努力促进省属国有企业再创业再提高发展.浙江国资,2007(3).

[62] 袁爱武,郑晓松,王斌.国有企业创新体系研究.电子科技大学学报(社科版),2007(3).

[63] 虞锡君,吴梦蛟.浙江国有企业法人治理结构及其效率实证分析.嘉兴学院学报,2002(7).

[64] 俞云峰,石洪斌.浙江国有企业战略改组的实证研究.中共浙江省委党校学报,2002(4).

[65] 银温泉.国有企业治理机制改革的建议.宏观经济研究,1999(2).

[66] 赵林中.深化国有企业改革,建立和谐且有竞争力的企业.当代经济,2005(6).

[67] 浙江省属国有企业改革发展综述:改革和发展.浙商,2006(12).

[68] 浙江省属国有企业进一步明确今后五年奋斗目标.浙江日报,2007(8).

[69] 北京大学中国经济研究中心发展战略研究组.中国国有企业改革的回顾与展望,2000.

[70] 国资监管工作与国有企业改革发展.浙江省国资委系统优秀调研报告及论文集,2005—2006.

[71] 国务院国资委和浙江省国资委的国资统计报表,2001—2007.

[72] 浙江省统计局.浙江统计年鉴(2006).北京:中国统计出版社,2006.

[73] 浙江省统计局.浙江统计年鉴(2007).北京:中国统计出版社,2007.

[74] 浙江省属国有企业2008年度工作会议.浙江省国资委办公室,2008.

[75] 浙江省国资委.浙江省国资委工作情况,2007.

[76] 浙江省体改委"国有企业改革现状"课题组.浙江国有企业改革状况分析.2004(6).

[77] 浙江省国有资产管理协会.浙江国资.2007(1)－(12).

[78] 贾亚男.区域创新环境的理论初探与实践,西南师范大学博士学位论文,2001.

[79] 宋智勤.我国国有企业技术创新环境研究,武汉科技大学博士学位论文,2002.

[80] 谭昕.温州市与宁波市中小企业技术创新环境比较分析,吉林大学博士

学位论文,2007.

[81] 万伟平.区域创新系统的科技创新政策研究——基于系统论的视角,重庆大学博士学位论文,2007.

[82] 王影.企业技术创新环境及其评价研究,吉林大学博士学位论文,2005.

[83] 易成栋.区域创新环境研究,华中师范大学博士学位论文,2001.

[84] 姚静洁.我国国有企业技术创新政策的特征和实施效果分析,东南大学博士学位论文,2005.

[85] 姚凌.中小企业集群区域创新环境研究,福建师范大学博士学位论文,2004.

[86] 张功震.民营科技企业技术创新环境研究,湖南大学博士学位论文,2003.

[87] 郑刚.企业创新过程中各创新要素全面协同机制—基于全面创新管理的研究视角,浙江大学博士学位论文,2004.

[88] 朱凌.基于全面创新视角的企业子文化创新协调机制研究,浙江大学博士学位论文,2005.

[89] 从浙江实践看我国国有企业改革的方向.新华网浙江频道,2007(1).

[90] 浙江省科技厅门户网站:http://kjt.zjinfo.gov.cn/html/.

[91] 中华人民共和国科技部:http://www.most.gov.cn/.

后　　记

改革开放30年来,浙江国有企业在资源禀赋缺乏的情况下取得了令人瞩目的成绩,在不同产业及领域发展迅猛,全省国有经济总资产、净资产、所有者权益、利润总额及净利润均居全国前列。全面总结和提炼浙江国有企业近30年来的发展经验,深刻把握浙江经济社会发展规律,具有理论和现实意义。本书从创新的视角展开分析,理论结合实际,研究结论不仅对进一步推动浙江国有经济的持续稳定发展具有引领作用,也对国内其他省份国有企业的发展有着借鉴作用。

本书由蔡宁负责全书构思及统领提纲,周颖负责统稿及协调。全书撰写分三个小组进行,按章节顺序排序如下:第一小组由沈奇泰松负责,沈奇泰松、刘晓彤、章珊捷、蒋千、高开和周楠撰写并修改完成前言、第一章至第四章及案例1、2、4、5、6、7、8、9、10的编撰;第二小组由潘松挺负责,潘松挺、孙晶、徐梦周、李晨撰写并修改完成第五章至第六章及案例11、12、13、14、15的编撰;第三小组由杨跃负责,杨跃、刘祺、闫春撰写并修改完成第七章至第九章及案例3、16、17的编撰。在本书的前期调研准备、调研实施及后期成稿工作中,得到了浙江省国资委、浙江省各地市国资委及调研企业的大力支持及热情周到的安排,在此谨致衷心的谢意,同时对罗高峰、葛笑春、王永跃、姜志华、吴义爽、王聪聪在前期调研中所付出的辛勤劳动一并表示感谢! 最后要感谢浙江大学出版社吴伟伟老师为本书出版所付出的辛苦劳作!

受知识积累、学养和时间等多方面条件的限制,本研究不可避免存在疏漏甚至谬误,恳请读者不吝指教。

蔡　宁

2008 年 11 月

图书在版编目（CIP）数据

协同创新:浙江国有企业发展之路 / 蔡宁,周颖等著. —杭州：
浙江大学出版社，2008.12
（浙江改革开放三十年研究系列·理论篇）
ISBN 978-7-308-06447-7

Ⅰ.创… Ⅱ. … Ⅲ.地区经济－经济发展－研究－浙
江省 Ⅳ.F279.275.5

中国版本图书馆 CIP 数据核字（2008）第 199075 号

协同创新:浙江国有企业发展之路

蔡 宁　周 颖　等著

出 品 人	傅　强
丛书策划	徐有智
丛书主持	袁亚春　王长刚
责任编辑	张　琛
文字编辑	吴伟伟
封面设计	俞亚彤
出版发行	浙江大学出版社

（杭州天目山路 148 号　邮政编码 310028）
（E-mail:zupress@mail. hz. zj. cn）
（网址:http://www. zjupress. com
　　　　http://www. press. zju. edu. cn）
电话:0571－88925592　88273066(传真)

排　　版	杭州中大图文设计有限公司
印　　刷	杭州杭新印务有限公司
开　　本	787mm×1092mm　1/16
印　　张	16.50
字　　数	296 千
版 印 次	2008 年 12 月第 1 版　2008 年 12 月第 1 次印刷
书　　号	ISBN 978-7-308-06447-7
定　　价	32.00 元